"十三五"国家
重点图书出版规划项目

南方主要少数民族乡规民约与社会治理研究丛书

南方少数民族村规民约汇编

上卷

高其才 池建华◎编

湘潭大学出版社

汇编说明

一、本村规民约汇编系《南方主要少数民族乡规民约与社会治理研究丛书》的资料篇，分上、中、下三卷。

二、本汇编收录 1949 年中华人民共和国成立以后南方少数民族地区的村规民约。

南方少数民族为居住在广西、云南、贵州、四川、湖南、海南、广东、湖北、浙江、江西、福建、重庆、安徽、西藏等地的少数民族，包括壮族、苗族、彝族、土家族、侗族、布依族、瑶族、白族、哈尼族、黎族、傣族、畲族、傈僳族、仡佬族、拉祜族、佤族、水族、纳西族、羌族、仫佬族、景颇族、布朗族、毛南族、普米族、阿昌族、怒族、京族、基诺族、德昂族、门巴族、独龙族、高山族、珞巴族三十三个民族。

三、本汇编收入的村规民约主要为多数人口为少数民族的村屯的村规民约，也包括部分人口为少数民族村屯的村规民约。

四、本村规民约汇编依据以下几点确定排列次序。

1．主要按照南方少数民族人口多少进行排列。

根据2010年11月1日第六次全国人口普查的统计，南方主要少数民族的人口为壮族（16926381）、苗族（9426007）、彝族（8714393）、土家族（8353912）、侗族（2879974）、布依族（2870034）、瑶族（2796003）、白族（1933510）、哈尼族（1660932）、黎族（1463064）、傣族（1261311）、畲族（708651）、傈僳族（702839）、仡佬族（550746）、拉祜族（485966）、佤族（429709）、水族（411847）、纳西族（326295）、羌族（309576）、仫佬族（216257）、景颇族（147828）、布朗族（119639）、毛南族（101192）、普米族（42861）、阿昌族（39555）、怒族（37523）、京族（28199）、基诺族（23143）、德昂族（20556）、门巴族（10561）、独龙族（6930）、高山族（4009）、珞巴族（3682）等。

2．同一民族的村规民约按照主要聚居地、散居地次序进行排列。如壮族的村规民约，按照广西壮族自治区、云南省、广东省、贵州省、湖南省等次序进行排列。

3．同一地区的村规民约，按照县（自治县、市）、乡镇（街道）、村（居委会）次序进行排列。

4．同一村的村规民约，按照全面性村规民约与专门性村规民约的类型进行排列。

5．同一类型的村规民约，按照制定、实施的时间先后的次序进行排列。

五、本村规民约汇编主要由编者搜集和《南方主要少数民族乡规民约与社会治理研究丛书》的其他作者提供，部分由学界和民族地区的朋友提供，有些来自公开出版的著作、期刊论文、学位论文、微信公众号、网络资料等。

六、本村规民约汇编为南方主要少数民族地区部分村规民约的汇编，汇编时主要考虑村规民约的代表性、典型性。

七、汇编时，我们原貌收入村规民约，仅对个别的文字、标点符号的错漏进行了订正，并用括号进行了标示。村规民约的个别文意通过注释进行了说明。

总序

一

《中华人民共和国村民委员会组织法》（1998 年 11 月 4 日第九届全国人民代表大会常务委员会第五次会议通过，2010 年 10 月 28 日第十一届全国人民代表大会常务委员会第十七次会议修订，2018 年 12 月 29 日第十三届全国人民代表大会常务委员会第七次会议二次修订）对村规民约的制定、效力等进行了较为全面的规定，如第 27 条规定：“村民会议可以制定和修改村民自治章程、村规民约，并报乡、民族乡、镇的人民政府备案。村民自治章程、村规民约以及村民会议或者村民代表会议的决定不得与宪法、法律、法规和国家的政策相抵触，不得有侵犯村民的人身权利、民主权利和合法财产权利的内容。村民自治章程、村规民约以及村民会议或者村民代表会议的决定违反前款规定的，由乡、民族乡、镇的人民政府责令改正。”第 10 条又规定：“村民委员会及其成员应当遵守宪法、法律、法规和国家的政策，遵守并组织实施村民自治章程、村规民约，执行村民会议、村民代表会议的决定、决议，办事公道，廉洁奉公，热心为村民服务，接受村民监督。”第38条还规定：“驻在农村的机关、团体、部队、国有及国有控股企业、事业单位及其人员不参加村民委员会组织，但应当通过多种形式参与农村社区建设，并遵守有关村规民约。”

2014年10月23日，中国共产党第十八届中央委员会第四次全体会议通过的《中共中央关于全面推进依法治国若干重大问题的决定》明确提出“增强全民法治观念，推进法治社会建设”的目标，强调“推进多层次多领域依法治理”，要求“发挥市民公约、乡规民约、行业规章、团体章程等社会规范在社会治理中的积极作用”。这表明，在法治国家、法治社会建设中，需要进一步提高乡规民约、村规民约的地位，高度重视乡规民约、村规民约的价值，全面发挥乡规民约、村规民约的作用，在社会治理中充分运用乡规民约、村规民约。

2017年10月18日，习近平同志代表第十八届中央委员会向大会所作的报告中提出了实施乡村振兴战略，强调加强农村基层基础工作，健全自治、法治、德治相结合的乡村治理体系。2018年中央一号文件《中共中央 国务院关于实施乡村振兴战略的意见》（2018年1月2日公布并实施）也明确提出“发挥自治章程、村规民约的积极作用”。

乡规民约是乡村民众为了办理公共事务和公益事业、维护社会治安、调解民间纠纷、保障村民利益、实现村民自治，民主议定和修改并共同遵守的社会规范。乡规民约包括乡规民约、村规民约等，在当代中国农村以村规民约为主体；既有根据《村民委员会组织法》由村民会议制定和修改的村规民约，也有由村老年协会等制定和修改的规约，还包括若干村民议定的某种规约；既包括行政村的村规民约、村民小组即自然村的规约，也包括跨村的乡规民约；既包括成文的村规民约，也包括不成文的规约；既包括全面性的村规民约、乡规民约，也包括如计划生育规约、环境卫生公约等专门性的村规民约。

乡规民约、村规民约在农村社会中发挥着实现村民自治、发展乡村民主、保障村民权益、团结村民群体、维护乡村秩序、保护生态环境、弘扬良善道德、传承优秀文化、改善村风民俗的重要作用。

二

南方主要少数民族为居住在广西、云南、贵州、四川、湖南、海南、广东、湖北、浙江、江西、福建等地的少数民族，包括壮族（16,926,381）、苗族（9,426,007）、彝族（8,714,393）、土家族（8,353,912）、侗族（2,879,974）、布依族（2,870,034）、瑶族（2,796,003）、白族（1,933,510）、哈尼族（1,660,932）、黎族（1,463,064）、傣族（1,261,311）、畲族（708,651）、傈僳族（702,839）、仡佬族（550,746）、拉祜族（485,966）、佤族（429,709）、水族（411,847）、纳西族（326,295）、羌族（309,576）、仫佬族（216,257）、景

颇族（147，828）、布朗族（119，639）、毛南族（101,192）等。①

1949年中华人民共和国成立时，我国南方主要少数民族的社会发展是不平衡的，主要有四种类型：第一种为封建地主所有制，主要是那些与汉族交往密切的民族，如壮族和彝族、黎族等民族的大部分。第二种为封建领主制，包括部分傣族、彝族、纳西族等。第三种为奴隶制，基本上保留在四川大凉山和云南小凉山地区的部分彝族中。第四种为保留浓厚的原始公社制残余，主要存在于云南边疆山区的独龙族、怒族、傈僳族、佤族、布朗族、基诺族、德昂族、哈尼族，中东南地区的瑶族，海南岛的黎族，台湾的高山族等民族之中。② 在1949年中华人民共和国成立前，这些少数民族主要通过习惯法进行社会的自我治理。③ 而少数民族习惯法中的主要规范为乡规民约、村规民约。乡规民约、村规民约成为南方主要少数民族分

---

① 据2010年11月1日第六次全国人口普查统计，大陆31个省、自治区、直辖市和现役军人的人口中，各少数民族人口为113，792，211人，占8.49%，同2000年第五次全国人口普查相比，各少数民族人口增加7，362，627人，增长6.92%。人口在10万人以下的南方少数民族有普米族（42,861）、阿昌族（39,555）、怒族（37,523）、京族（28,199）、基诺族（23,143）、德昂族（20,556）、门巴族（10,561）、独龙族（6,930）、高山族（4,009）、珞巴族（3,682）等。参见 http：//www. stats. gov. cn/tjsj/pcsj/rkpc/6rp/indexch. htm，2018年7月29日最后访问。

② 参见林耀华：《民族学通论》，中央民族学院出版社1990年版，第260－261页。

③ 本文所指的习惯法为非国家法意义上的习惯法，是指独立于国家制定法之外，依据某种社会权威和社会组织，具有一定的强制性的行为规范的总和。参见高其才：《中国习惯法论（第3版）》，社会科学文献出版社2018年版，第3页。

配社会资源、调整社会关系、解决社会冲突、维护社会秩序的重要规范，在社会生活中发挥着广泛的作用。在中华人民共和国成立以后，受历史传统、民族文化等的影响，乡规民约、村规民约的意识、观念、思维和规范仍然在我国南方主要少数民族中客观存在，以各种方式、多类途径在社会治理中发挥着作用。

对南方主要少数民族乡规民约与社会治理进行研究，有助于全面掌握和认识南方主要少数民族乡规民约、村规民约与社会治理的现实状况和具体表现；对南方主要少数民族乡规民约、村规民约在社会治理中积极作用和实现障碍的分析，有助于充分挖掘乡规民约、村规民约的价值，进一步推进和完善村民自治制度、发扬农村基层民主。对南方主要少数民族乡规民约、村规民约具体内容、规范特点的分析，对南方主要少数民族乡规民约、村规民约在全面推进依法治国、建设法治国家和法治社会中地位和价值的探讨，有助于发挥民族法文化的现代价值、协调少数民族习惯法与国家法律的关系，以加快我国的法治建设进程，全面建设法治社会。

作为全国少数民族的主要部分，南方主要少数民族数量多、地区分布广、民族特色鲜明、社会治理任务多样。探讨南方主要少数民族乡规民约与社会治理，对于总结南方主要少数民族乡规民约的社会治理手段和经验，思考南方主要少数民族乡规民约与社会治理的特点和规律，推进民族地区现代化建设和社会和谐发展，建立健全党委领导、政府负责、社会协同、公众参与、法治保障的现代乡村社会治理体制，健全自治、法治、德治相结合的乡村治理体系，实施乡村振兴战略并最终实现产业兴旺、生态宜居、乡风文明、治理有效、生活富裕目标具有重要意义。同时，通过对南方主要少数民族乡规民约与社会治理的分析，对于保护固有民族文化、传承优秀民族文化、促进民族文化发展具有积极作用。

中华法系是在我国统一多民族的土地上生长和发展起来的，在形成和发展过程中吸收了不同民族法文化的内容。它不仅包括以汉族为主体的中原王朝法律，也包括中国少数民族习惯法，少数民族对中华法系的形成作出了重要贡献，历史上形成了数量庞大的少数民族法典及习惯法。① 少数民族法制是中华法系发展历史中的有机组成部分，“中华法系是中国各民族法律原则和法律意识长期融合的产物”②，“中华法系正是融合了各民族的法律意识与创造力才形成的”③。研究中华法系、探讨中华法制文明的现代意义，不能缺少对少数民族乡规民约、村规民约等习惯法的关注，否则就无法揭示中国法制发展的全貌与发展规律，认识不同社会形态条件下各种类型法的本质和特点，理解不同历史时期、不同社会发展阶段各民族法文

① 参见杨一凡、田涛主编，张冠梓点校：《中国珍稀法律典籍续编·少数民族法典法规与习惯法（上、下）》，黑龙江人民出版社 2002 年版。该书将民族法律文献资料分为法典法规篇、地方法规篇、乡规民约篇、习惯法篇、司法文书篇。

② 张晋藩：《再论中华法系的特点》，载《政法论坛》1985 年第 4 期。

③ 张晋藩：《中华法制文明的演进》，中国政法大学出版社 1999 年版，第12 页。

化及在中国共同文化范围内各民族法文化并存的条件。① 因此研究南方主要少数民族的乡规民约、村规民约等习惯法对中华法系内容的丰富、中华法系成果的传播、中华法系精神的弘扬具有重要意义。②

探讨南方主要少数民族的乡规民约、村规民约，研究南方主要少数民族乡规民约、村规民约与社会治理的关系，这对于拓宽法学研究领域、丰富法学理论、深化法学研究，正确处理现代化发展中的少数民族法文化是有一定意义的。同时，有助于推进民族学、政治学、人类学、社会学、历史学等学科的发展，为这些学科提供系统、全面的研究材料。

三

《南方主要少数民族乡规民约与社会治理研究丛书》（以下简称《丛书》）包括资料篇和研究篇。资料篇主要对南方主要少数民族从古代到当代的乡规民约进行汇编。研究篇为专题研究，涉及南方主要少数民族乡规民约与乡村事务管理、南方主要少数民族乡规民约与婚姻家庭关系调整、南方主要少数民族乡规民约与生态环境保护、南方主要少数民族乡规民约与基层社会治理、南方主要少数民族乡规民约与固有习惯法传承、

---

① 蔡尚思先生也曾指出："现今研究中国各专门史，也不好以汉族为范围了，以汉族为范围的中国各专门史，不可能是整个的或比较完全的中国各专门史，如要认真地说，至多也只是汉民族的专门史。"见《中国各民族的血统和文化》，载《文汇报》1984 年 4 月 9 日。

② 参见李兴华《回族与中华文明》（载《回族研究》1999 年第 1 期）的有关论述。

南方主要少数民族乡规民约与社会治安维护、南方主要少数民族乡规民约与纠纷解决等专题研究。同时，专题研究又结合了族别研究、个案研究、地区研究，包括广西金秀瑶族的村规民约，贵州锦屏苗族、侗族的村规民约，云南大理等地的白族、傣族等民族的村规民约等。

《丛书》在撰写时强调以下方面：（1）全面性。《丛书》全面、系统、综合地探讨南方主要少数民族乡规民约、村规民约在社会治理中的具体表现、积极作用，力图完整地展示南方主要少数民族乡规民约、村规民约与社会治理的发展、变化关系。（2）现代性。《丛书》在分析历史上的南方主要少数民族乡规民约与社会治理关系的基础上，重点讨论当今的南方主要少数民族乡规民约、村规民约在社会治理中的积极作用，关注南方主要少数民族乡规民约、村规民约的现实样态，描述南方主要少数民族乡规民约、村规民约的实际状况。（3）民族性。《丛书》突出南方主要少数民族乡规民约的民族特色，注重乡规民约、村规民约中的民族传统，探讨乡规民约、村规民约与民族社会治理、民族地区发展的关系。（4）地方性。南方主要少数民族乡规民约、村规民约作为一种地方性知识、区域性规范，具有较为明显的地域特点。《丛书》尽力揭示南方主要少数民族乡规民约、村规民约在社会治理中的地方性因素。（5）文化性。作为社会治理的重要规范，南方主要少数民族乡规民约、村规民约体现了独特的价值内涵、文化传统。《丛书》强调从文化角度理解南方主要少数民族乡规民约、村规民约与社会治理的关系。

《丛书》在进行南方主要少数民族乡规民约、村规民约与社会治理探讨时，秉承法多元主义的理念，坚持历史进化和整体联系的观点，在方法上注意将史料分析与田野调查相结合，尤以田野调查为重；以法学、历史学方法为主，同时借鉴社会学、文化人类学、民俗学、经济学等学科的理论、技术和方法，进行综合研究，从而试图描述南方主要少数民族乡规民约、村规民约与社会治理的实际状况，把握南方主要少数民族乡规民约、村规民约与社会治理的发展趋势，探寻南方主要少数民族乡规民约、村规民约与社会治理的特点和规律，以揭示南方主要少数民族乡规民约、村规民约与社会治理的真实状况，感受南方主要少数民族乡规民约、村规民约在社会治理中的某种特殊魅力。

四

《丛书》在2016年被列入“十三五”国家重点图书出版规划项目，并获得2018年度国家出版基金的资助。在具体实施过程中，《丛书》组建了编委会，由编委会精心遴选作者，广泛吸纳在乡规民约、村规民约和民族习惯法方面有专门研究的学者加入调查、研究队伍。

《丛书》编委会在认真讨论的基础上，制订了详细的工作计划，就田野调查和资料搜集进行了具体的安排，确定了编写体例和基本要求，拟定了交稿时间和出版时间。各位作者克服种种困难，尽力进行田野调查，认真撰写书稿并按约交付，保证了《丛书》的如期出版。

湘潭大学出版社积极支持《丛书》编委会的工作，为《丛书》的出版提供了有力的支持，保证了《丛书》的顺利面世。根据计划，《丛书》分两辑分批出版。

由于作者等各种因素所限，《丛书》编委会的一些设想没能完全落实。由于受时间、能力等因素所限，加之论题较大，《丛书》可能存在一些不足，敬请读者批评指正。

高其才

2018 年 7 月 27 日于京西

目录

第一章　壮族地区村规民约

1.（广西壮族自治区河池市宜州县屏南乡合寨村）果地村村委会村规民约[①]

为维护社会治安，经全村群众讨论，特制定村规。

一、坚决拥护中国共产党的领导，热爱祖国，热爱社会主义。

二、做好规范，加强社会治安管理，各户若有外地来人，必须报经村委会批准才能住宿。

三、维护社会治安人人有责。若有偷盗案发生，本村能出动的人员应该全部出动，并按村规信号急到预定地点，听从村

① 来自：广西壮族自治区地方志编纂委员会编，蓝日基（卷）主编：《广西通志·附录》，广西人民出版社2006年版，第958页。

委会的指挥和安排，追捕盗犯。对追捕盗匪有功者，将缴获的赃款、物提10%奖给有功人员。

四、人人遵守社会主义道德。不准男女对唱风流山歌，如未婚男女乱唱风流歌，每人罚款2元，已婚男女对唱风流山歌，每人罚款10元，不准赌博，违者对聚赌、窝赌、赌头罚款10元，参赌者罚款5元，再犯加倍罚，第三层次除加倍处罚外，还送公安机关依法处理。不准偷砍国家、集体、个人所有林木，违者除强令退出偷砍的林木外，每根直径5寸以上的罚款50元，直径5寸以下的罚款10元。不准在群众定为的后龙山开石炮、开荒、割草、砍柴、放牛，违者，每分面积罚款10元，割草每百斤10元，砍柴每百斤10元。不准打架、斗殴。家庭成员或村民与村民之间、户与户之间、队与队之间、村与村之间发生的纠纷时，听从村委会的调解。如村委会调解不当的可向上级或法庭直至法院申诉，服从上级判决，不能气愤打人，违者罚款10元，还负（责）伤者医疗费。

五、对维护和执行村规民约有功者得奖，每年年终评奖，据情况分别给予精神和物质奖。

此约

果地村村委会主任　蒙光新

副主任　蒙成顺

1980年元月7日

2.（广西壮族自治区河池市宜州县屏南乡合寨村）果作村村规民约[①]

1. 必须提高思想觉悟，认真体会安定团结的重要意义。

2. 严禁赌风，不准私家、村附开设赌场，违者罚款10元。

3. 为了保苗夺丰收，严禁放猪，违者每次罚款5角，并赔偿损失处理。

4. 维护娱乐活动，禁止在村内、村附近对唱野山歌，违者，违者罚款，每人10元。

5. 不准在路边、田边、井边挖鸭虫，受损失的，罚工修补。

6. 不准盗窃，违者，按每件加倍赔偿，并罚款5元，情节严重者，呈报上级处理。

7. 遗失东西，拿回交给村管委，归还原主。

8. 不准在泉边、河边大便，不准上游洗衣、洗头、梳发，晾晒蚊帐、被单等污染东西。

9. 发扬讲卫生光荣精神，不讲卫生可耻，自觉到码头经常冲洗，保护清洁。

封山公约

1. 严禁毁林开荒，违者每平方尺罚款5角。

① 来自：广西壮族自治区地方志编纂委员会编，蓝日基（卷）主编：《广西通志·附录》，广西人民出版社2006年版，第958页。

2. 不准在封山内，砍柴、割草、挖坑、铲草皮、打石头，违者，每 100 斤罚款 10 元。

3. 村里的风景树，不准折枝乱砍，违者罚款 15 元。

4. 不准盗窃林木，违者，每 100 斤罚款 15 元。

5. 实行护林有功者奖，毁林者罚的办法，对维护林木有功者，奖 5% 的资金。

6. 不准在育林区放牧牛、马、羊群，违者，每头罚款 1 元，外村（罚款）2 元。

果作村村委会

1980 年 7 月 14 日

3.（广西壮族自治区河池市宜州县屏南乡）合寨村果地屯村规民约①

一、坚持党的领导，坚持四项基本原则。

二、维护社会治安人人有责，发现重大偷盗、拐卖妇女等犯罪分子要及时扭送公安机关。

三、严禁赌博，违者各罚款 10 元，多次教育仍不悔改的，上报公安机关处理。

四、搞好治安防范工作，不准留宿身份不明的人。不准乱砍伐国家、集体和他人的林木。

五、严禁乱放猪、牛、鸡、鸭、鹅等损坏农作物。

---

① 郭亮于 2019 年 12 月 20 日提供。

六、自觉遵守社会公德，不准破坏公共设施和扰乱公共秩序，不准擅自开坝拦水打鱼。

七、对维护和执行村规民约有功者年终进行评奖。

八、公民要自觉遵守法律法规，积极执行计划生育政策，实行“五户连保”制度，争取做到无超生现象发生。

九、不准吸毒贩毒影响青少年身体健康，违者罚款800元至1000元，上报公安机关处理。

十、严禁放火烧山，保护森林资源，村边四周封山保护六旺岩的原状，违者罚款100元~200元，严重者赔偿损失并上报司法机关处理。

十一、环境卫生人人有责，严禁在村头、村尾、行道、河床乱倒垃圾，违者每次罚款50~100元。每月的二十日为全屯环境卫生日。

十二、村民小组长要积极参加上级的各种会议，负责传达上级会议内容。村民无故不参加上级或本屯会议及公益活动达三次以上，经教育仍不悔改的，村民小组长有权不为其办理各种手续（出证明、办理宅基地等）。

十三、以上村规民约各家各户人人遵守，并盖上手印遵照执行。

果地屯村民小组

2014年7月

4. （广西壮族自治区河池市宜州市屏南乡）合寨村果作屯村规民约①

一、拥护中国共产党的领导。

二、爱护公共财物，维护公共设施，保护集体利益。

三、严禁放牛、马、羊糟蹋农作物，不准在封山育林区内盗砍林木、砍柴火、割草、烧木炭，一旦发现严肃处理，并处以价值5倍以上的罚款。

四、邻里要和睦、团结友爱、言语文明、尊老爱幼。

五、不准占用集体或其他公共场所建房，需要建房时必须获得上级有关部门审批，严禁在房前屋后乱搭乱建，违者村民小组强令拆除或报上级相关部门处理。

六、不准私自毁坏公共花圃，不准采摘花草，不准在花圃里的花草上晒衣物，严禁在公共场所堆放个人杂物、停放车辆。

七、讲究卫生，保持环境整洁，生活垃圾有序倒到指定地点，严禁随地大小便，违者每次罚款10元，并立即处理好现场。每月的10日和30日为全屯整治环境卫生日，全体村民都要积极参与，每缺勤一次，处以10元罚款，并通报批评，接受村民监督。

八、严禁在鱼塘、河道毒鱼、炸鱼、电鱼，违者没收工具，移送公安机关依法处理。

---

① 郭亮于2019年12月20日提供。

九、遵纪守法，自觉维护社会治安，严禁聚众赌博，发现重大偷盗个人或集体财产、拐卖妇女儿童、吸毒和贩卖毒品等犯罪行为要及时扭送公安机关处理。

十、夫妻双方要遵守计划生育政策，严禁非婚生育，如实申报人口出生和死亡情况。

十一、反对铺张浪费，提倡喜事新办，丧事从简，不搞封建迷信活动，不参加邪教组织，土葬不得占用农田保护区，违者强令挖掘搬迁。

十二、村民小组长要积极参加上级的各种会议，负责传达上级会议内容。村民无故不参加上级或本屯会议及公益活动达三次以上，经教育仍不悔改的，村民小组长有权不为其办理各种手续（出证明、办理宅基地等）。

十三、以上村规民约各家各户人人遵守，并盖上手印遵照执行。

果作屯村民小组

2014 年 7 月

5. （广西壮族自治区河池市宜州市屏南乡）合寨村新村屯村规民约[①]

一、坚决拥护中国共产党的领导，热爱祖国，热爱家庭，热爱生活，热爱科学，热爱卫生。

---

① 郭亮于 2019 年 12 月 20 日提供。

二、尊老爱幼，与邻为善，团结互助，和睦相处。

三、讲文明，讲道德，讲素质，讲卫生，讲公平，树新风。

四、村内公共场所不准占为已有，乱搭乱建，对已侵占的，通过村民代表大会表决，有60%以上代表通过的，当事人自觉拆除，否则作强制拆除，以恢复土地原貌。

五、人人遵守纪律，爱护公私财物，不准在宣传栏上乱张贴、乱画、乱刻等，违者每次处10～50元的罚款。

六、村集体财务收入和支出要公开透明，每年年终公开一次，接受村民监督。

七、村民的牛、马、羊、猪、狗一律不准放养，避免糟蹋农作物。不准恶意挖田地基，违者处以100～200元的罚款。

八、每月20日为环境卫生日，生活垃圾按指定地点倒进垃圾桶，发现乱倒垃圾的及不参加大扫除者（户），每次罚款50元。

九、每年农历九月初九为我屯团圆节，每户都要出席，首先祭祀祖先，后制定商议村屯发展规划，由村民组长主持。

十、村集体公益林、封山育林区，不准任何人盗砍、割草、烧石灰、烧木炭等，违者造成损失的，按市场价双倍赔偿。

十一、村屯集体荒山、荒田、荒地、鱼塘等，不准任何人侵占，如要出租或发包的，由本屯80%以上的村民同意，方可进行。

十二、村屯丧事，按风俗习惯进行，提倡火葬。土葬的不应占用耕地，安葬当天每户出一人，并负责10元的礼金，缺席户的应交纳100元礼金，由村民小组长收取并记录入账，事后交还主家。

十三、本村村民不准聚赌及参与赌博，不准有偷盗、嫖娼、拐卖人口等不良行为，一旦发现报公安机关依法处理。

十四、村民小组长要积极参加上级的各种会议，负责传达上级会议内容。对村民小组长召集召开的村屯会议及公益活动，村民要积极参与，无故不参加达三次以上（含三次），经教育仍不悔改的，村民小组长有权不为其办理各种手续（出证明、办理宅基地等）。

新村屯村民小组

2014 年 7 月

6.（广西壮族自治区河池市宜州市屏南乡）合寨村果前屯村规民约[①]

一、拥护中国共产党的领导。

二、维护屯内供电、供水、通信、有线电视、路灯、宣传栏、卫生设施等公共设施。

三、不准放牛、马、羊、狗、鸡、鸭糟蹋农作物，不能到封山育林区去盗砍林木、砍柴火、割草和烧木炭，一旦发现严肃处理，并处以价值 2 倍以上的罚款。

四、邻里互相帮助、尊老爱幼，遇事商量解决，不准口出狂言、打人和骂人。不得恶意铲田基和地基，共同维护界限。

---

① 郭亮于 2020 年 1 月 31 日提供。

五、不准占用公路、渠道及其他公共场所建房，违者屯小组强令拆除或报送国土局处理。

六、严禁赌博，发现吸毒和贩毒，偷盗个人财产和集体财产的，报公安机关依法处理。

七、不准在鱼塘、河道毒鱼、炸鱼、电鱼，违者没收工具，移送公安机关处理。

八、每月的二十日为全屯环境卫生日，生活垃圾有序倒到指定地点，严禁随地大小便，违者要立即处理好现场，并处以每次 15 元的罚款。

九、牛、马在公路拉屎，主人要及时清理，门前不准堆放杂物，停放车辆，严格执行“门前三包”责任制。

十、夫妻要遵守计划生育政策，提倡诚信计生，如实申报出生死亡情况。

十一、提倡喜事新办、丧事从简，反对铺张浪费、大操大办。不搞封建迷信，不参加邪教组织。土葬不得占用农保区，违者强令挖掘。

十二、村民小组长要积极参加上级的各种会议，负责传达上级会议内容。村民无故不参加上级或本屯会议及公益活动达三次以上，经教育仍不悔改的，村民小组长有权不为其办理各种手续（出证明、办理宅基地等）。

十三、以上村规民约各家各户人人遵守，并盖上手印遵照执行。

果前屯村民小组

2014 年 7 月

7.　（广西壮族自治区河池市宜州区屏南乡）合寨村板甘屯村规民约①

一、拥护中国共产党的领导。

二、维护屯内供电、供水、通信、有线电视、路灯、宣传栏、卫生设施等公共设施。

三、不准放牛、马、羊、狗、鸡、鸭糟蹋农作物，不能到封山育林区去盗砍林木、砍柴火、割草和烧木炭，一旦发现严肃处理，并处以价值 2 倍以上的罚款。

四、邻里互相帮助、尊老爱幼，遇事商量解决，不准口出狂言、打人和骂人。不得恶意铲田基和地基，共同维护界限。

五、不准占用公路、渠道及其他公共场所建房，违者屯小组强令拆除或报送国土局处理。

六、严禁赌博，发现吸毒和贩毒，偷盗个人财产和集体财产的，报公安机关依法处理。

七、不准在鱼塘、河道毒鱼、炸鱼、电鱼，违者没收工具，移送公安机关处理。

八、每月的二十日为全屯环境卫生日，生活垃圾有序倒到指定地点，严禁随地大小便，违者要立即处理好现场，并处以每次 15 元的罚款。

九、牛、马在公路拉屎，主人要及时清理，门前不准堆放杂物，停放车辆，严格执行“门前三包”责任制。

---

① 郭亮于 2020 年 1 月 31 日提供。

十、夫妻要遵守计划生育政策，提倡诚信计生，如实申报出生死亡情况。

十一、提倡喜事新办、丧事从简，反对铺张浪费、大操大办。不搞封建迷信，不参加邪教组织。土葬不得占用农保区，违者强令挖掘。

十二、村民小组长要积极参加上级的各种会议，负责传达上级会议内容。村民无故不参加上级或本屯会议及公益活动达三次以上，经教育仍不悔改的，村民小组长有权不为其办理各种手续（出证明、办理宅基地等）。

十三、以上村规民约各家各户人人遵守，并盖上手印遵照执行。

板甘屯村民小组

2014 年 7 月

8. （广西壮族自治区河池市宜州区屏南乡）合寨村环境卫生村规民约①

为切实做好环境卫生综合治理工作，按照“清洁环境、美化乡村、培育新风、造福群众”的要求，营造“清洁家园人人有责，清洁家园从我做起”的良好氛围，创造“天更蓝、地更洁、田更净、水更清、草更绿”的生态、宜居环境，特制定以下环境卫生村规民约。

① 郭亮于 2019 年 12 月 20 日提供。

一、卫生规范

1. 全体村民应树立“卫生关联你我他、齐抓共管靠大家”“肮脏可耻、清洁光荣”的思想，积极配合并参与村里组织的各项卫生工作，养成良好的卫生习惯。每个村民都有对破坏环境卫生、损毁公用设施的现象和行为进行劝阻、举报、制止的义务。

2. 认真落实“清洁日”制度，每月至少进行一次全屯卫生大清理。

3. 积极主动缴纳保洁费，爱护卫生设施，保证清洁卫生工作的正常进行。

4. 落实门前三包（包卫生、包秩序、包美化）责任制。村民自觉搞好家居卫生，不得乱丢垃圾，不乱丢果壳和杂草杂物，房前屋后日日清扫，户外物品摆放整齐有序，做到人畜分离，集中圈养，不得散养，对死禽畜要执行深埋处理。

5. 做好“清洁家园”工作。自觉保持好房屋周边的环境卫生，房前屋后无积水、无杂草、无垃圾、无卫生死角。做到垃圾不乱倒，粪土不乱堆，污水不乱泼，柴草不乱放，并将垃圾分类入桶，生活垃圾和蚕沙、病死蚕分开处理，交由保洁员运走处理，建筑垃圾清理由主家负责处理。

6. 做好“清洁田园”工作。蚕沙和其他农家肥按指定位置倾倒，集中进行无害处理，不准乱倒在田地边、路边、河边、沟边。不得将垃圾、农药瓶和稻草、田埂草等乱丢在田地间及大小沟渠内，要放在指定位置进行处理。严禁侵占和破坏农田及其水利设施。

7. 做好“清洁水源”工作。爱护水源尤其是饮用水源，做好水源管护工作，确保饮水工程附属设施的长效运行，发挥永久效益。不得将垃圾（袋子、蚕沙、死蚕、药瓶等）和田埂草、稻草等倒入河流、水渠和其他水源中，垃圾一律收集到指定地点进行处理，田埂草等要在合理位置堆放。

8. 爱护村屯道路。村民不得损毁、侵占公路，自觉维护道路畅通，禁止在路面堆放垃圾和杂物，禁止在道路上晒、打农作物，禁止在道路边搭建违章建筑等。如果确因建设需要堆放，要经村民小组长审批同意。

9. 爱护花草树木。做好本屯绿化美化工作，不得随意损毁公共绿地和花草树木，并由村民小组长组织全体村民定期对公共场所绿化花木进行管护，村民自家房前屋后的花木由各家自行管护。

二、处罚规定

1. 对乱扔垃圾、乱设路障的首先进行教育，要求及时纠正。拒不纠正的，在公布栏进行通报，并由村（组）安排人员进行清理，所需费用由违反者双倍承担。

2. 在道路两旁乱堆蚕沙、死蚕、猪（牛）肥粪或其他杂物的，首先要求其自行及时清理，不服从监督管理的，在公布栏进行通报批评，由村（组）安排人员进行清理，所需一切费用一概由违反者双倍承担。违反达两次的将被列入卫生公约黑名单，违反者在申请办理事务时将给予停办处理。

3. 对不参与卫生清理，又不经村民组长同意，经统计达两次的给予屯级通报批评，达三次以上的记入卫生公约黑名单，本人申请办理事务时将给予停办处理。

4. 对于损毁绿化树、草的要责成其恢复原有植被并负责管护直至植被恢复原状。

5. 对不缴纳卫生管理费、村民小组长催缴后仍不缴纳的，记入卫生公约黑名单，本人申请办理事务时将给予停办处理。

6. 以上有关处罚，自 2017 年 10 月 1 日起，由村民小组长、村委会负责监督、实施。

合寨村村民委员会

2017 年 9 月

9. （广西壮族自治区河池市巴马瑶族自治县）甲篆乡松吉村村规民约①

为了推进我村民主法治建设，维护社会稳定，树立良好的民风村风，创造安居乐业的社会环境，促进经济发展，建设文明卫生新农村，根据国家的法律法规和有关政策规定，结合本村实际情况，制定本村规民约，每个村民必须自觉遵守并受其约束。

一、国家政策要记牢，遵纪守法要做到；依法办事莫动摇，公民道德莫忘掉；

二、生产发展靠动手，发家致富靠勤劳；农林畜牧讲科技，科学发展最重要；

① 来自：肖娟：《国家治理下民间法研究——以村规民约为视角》，广西大学 2012 年硕士学位论文。该村规民约的制定时间在 2010 年左右。

三、松吉是个大家庭，一家有难大家援；邻里和睦相尊敬，互助相帮记心田；

四、家庭美德要承传，尊老爱幼不可少；夫妻平等敬如宾，少生优生育好“苗”；

五、教育孩子走正道，读书明理要多教；从小立志成大器，祖国栋梁见成效；

六、农具杂物整齐放，房前屋后要打扫；公共卫生大家管，垃圾废物莫乱倒；

七、文明礼貌大家讲，男女老少都做到；热情待客礼周全，宾至如归客如潮；

八、公益事业齐出力，众人拾柴火焰高；莫为私利降人品，积德感恩大家好；

九、勤俭持家讲节约，红白喜事莫攀比；积少成多累富裕，迷信赌博要远离；

十、做人厚道讲诚信，争做合格好公民；《村规民约》共遵守，和谐社会才安好。

10. （广西壮族自治区河池市天峨县）六排镇纳洞村防控疫情“七个一律”临时村规民约[①]

1. 红事一律停办、白事一律简办。

① 来自：罗世波：《六排镇：疫情防控村规民约凝聚群众抗疫共识》，载天峨网，网址：http：//www. tianenet. com/html/2020/zhxw＿0212/9184. html，2020年2月14日最后访问。该村规民约的制定时间大概是2020年2月初。

2. 一律不准串门、不准聚餐。

3. 一律不准聚堆打牌、聊天和任何形式的赌博。

4. 无特殊情况一律呆在家，确需外出的一律佩戴口罩。

5. 外来人员一律不允许带进村屯（除防控工作人员外）。

6. 出现发热、咳嗽等症状的，一律先报告村委会，再出证明外出就诊。

7. 对违反上述规定者，凡是不服从封闭管理，不遵守规定，无理取闹，滋事生非，造成疫情扩散等严重后果的，一律按天峨县新型冠状病毒感染的肺炎疫情防控工作领导小组指挥部令第一号文件，依法追究刑事责任。

8. 本村规民约从 2020 年 2 月 10 日 0 时起执行，解除时间另行通知。

同意上述临时村规民约的村民户代表（签字盖手印）：

（以下是村民户代表签字和手印，略）

11. （广西壮族自治区梧州市藤县）象棋镇龙凤村村规民约[①]

为了推进我村民主法制、精神文明建设，维护社会和谐稳定，树立良好的村风、民风，创造安居乐业的社会环境，促进经济发展，建设文明卫生新农村，经全体村民讨论通过，制定本村规民约。

---

① 章晓蓓于 2017 年 5 月 17 日提供。该村规民约的制定时间不详。

一、文明公民

1. 说话和气、亲切，使用“请、您好、谢谢、对不起、没关系、再见”等文明礼貌用语，不说粗话、脏话，不在公共场所嬉闹、大声喧哗。

2. 仪表庄重，文雅大方，不轻浮，不粗鲁；穿着得体，不在公共场所裸露脊背。

3. 在公共场所不拥挤、不起哄，遵守交通规则，不乱停车辆，不乱穿马路，不逆行骑车。

4. 不参与黄、赌、毒、邪教和封建送信活动，不酗酒、铺张浪费。

5. 保护自然环境，不捕杀、食用野生动物。

二、社会治安

6. 每个村民都要学法、知法、守法，自觉维护法律的权威和尊严，积极同一切违法犯罪行为作斗争。未成年人犯罪，家长要负责。

7. 严禁扰乱公共秩序，不得干扰学校正常秩序，不得打骂师生。

8. 村民之间应团结友爱，和睦相处，不游手好闲，不打架斗殴，不酗酒滋事。

9. 严禁偷盗、敲诈、哄抢国家、集体、个人财物，严禁赌博、严禁藏匿赃物。

10. 严禁非法生产、运输、储存和买卖爆炸物品；不得私藏枪支弹药，拾得枪支弹药、爆炸物品，要及时上交公安机关。

11. 爱护公共财产，不得损坏水利、道路交通、供电、通信、生产等公共设施。

12. 严禁非法限制他人人身自由或非法侵犯他人住宅，不到他人家中无理取闹。

13. 严格用水、用电管理，不私自安装用水、用电设施，要切实爱护水电设施，节约用水、用电，严禁偷水、偷电。

14. 严禁侮辱、诽谤他人，严禁造谣惑众、拨弄是非，不妨碍执法人员执行公务或处理问题。

15. 不卖淫嫖娼或者提供嫖娼场所，不制造和贩卖迷信物品，严禁巫婆神汉造谣生事，骗人钱财。

16. 严禁私自砍伐国家、集体或他人的林木，敢于同乱砍滥伐行为作斗争。

17. 严禁损害他人庄稼、瓜果及其他农作物，加强牲畜看管，严禁放浪猪、牛、马。

对违反上述社会治安条款者，触犯法律法规的，报送司法机关处理。尚未触犯刑律和治安处罚条例的，由村委会批评教育，责令改正。

三、消防安全

18. 加强野外用火管理，严防山火发生。

19. 家庭用火做到人离火灭，严禁将易燃易爆物品堆放在户内、公共场所内，定期检查、排除各种火灾隐患。

20. 对村内、户内电线要定期检查，损坏的要请电工及时修理、更新，严禁乱拉乱接电线。

21. 加强村民尤其是少年儿童安全用火、用电知识宣传教育，提高全体村民消防安全知识水平和意识。

四、村风民俗

22. 提倡社会主义精神文明，移风易俗，反对封建迷信及其他不文明行为，树立良好的民风、村风。

23. 村里喜事新办，丧事从简，破除陈规旧俗，反对铺张浪费、反对大操大办。

24. 不搞封建迷信活动，不装神弄鬼，不听、看、传淫秽书刊音像，不参加邪教组织。

25. 建立正常的人际关系，不搞宗派活动，反对家族主义。

26. 积极开展文明卫生村建设，搞好公共卫生，加强村容村貌整治，严禁随地乱倒乱堆垃圾、秽物，修房盖屋余下的垃圾碎片应及时清理，柴草、粪土应定点堆放。

27. 建房应服从村庄建设规划，经村委会和上级有关部门批准，统一安排，不得擅自动工，不得违反规划或损害四邻利益。

违反上述规定的给予批评教育，要求其作出检讨，情节严重的移交上级有关部门处理。

五、邻里关系

28. 村民之间要互尊、互爱、互助，和睦相处，建立良好的邻里关系。

29. 在生产、生活、社会交往过程中，应遵循平等、自愿、互惠互利的原则，发扬社会主义新风尚。

30. 邻里纠纷，应本着团结友爱的原则平等协商解决，协商不成的可申请村调解委员会调解，也可依法向人民法院起诉，树立依法维权意识，不得以牙还牙，以暴制暴。不得非法越级上访。

六、婚姻家庭

31. 遵循婚姻自由、男女平等、一夫一妻、尊老爱幼的原则，建立团结和睦的家庭关系。

32. 婚姻大事由本人作主，反对包办干涉，男女青年结婚必须符合法定结婚年龄要求，提倡晚婚晚育。

33. 自觉遵守计划生育法律、法规、政策，实行计划生育，提倡优生优育，严禁无计划生育或超生。

34. 夫妻地位平等，共同承担家务劳动，共同管理家庭财产，反对家庭暴力。

35. 父母应履行抚养、教育未成年子女的义务，禁止歧视、虐待、遗弃女婴。子女应尽赡养老人的义务，不得歧视、虐待老人。

七、土地管理

36. 村辖区内的一切土地，如承包地、自留地，宅基地、国有土地除外，均属集体所有，任何单位或个人不得随意侵占使用或出让、出卖。

37. 认真执行《中华人民共和国土地管理法》和《广西壮族自治区土地监察条例》及党中央、国务院有关规定。

38. 不随意乱抢、乱占宅基地，违者给予经济处罚，违法乱建者予以拆除。新建房屋一定要经过上级部门审批。

八、村民义务

39. 适龄男、女青年要积极报名应征参军。

40. 积极参与公益事业建设，自觉搞好家庭内外环境卫生，美化住宅前后环境，自觉维护公共卫生，无粪土乱堆、柴草乱垛、禽畜乱跑、污水乱流、垃圾乱倒和厕所、禽畜圈舍乱建等现象。

41. 村民应主动参加村党支部、村委组织的各种活动。

12. （广西壮族自治区梧州市藤县）象棋镇龙凤村村民环境卫生公约[①]

为建设美丽龙凤，建成小康社会，增强群众卫生意识，进一步搞好环境卫生工作，预防疾病，提高群众健康水平，促进社会进步和经济发展，经全体村民讨论通过，特制定本环境卫生公约。

一、做好个人卫生，不随地吐痰，不乱丢果皮、纸屑，不乱张贴，不乱挂晒衣服，不乱堆放杂物，保持环境整洁，养成良好的卫生习惯，自觉遵守公共卫生规则。

二、搞好房前屋后绿化，种树、种花、种草，绿化、美化家园。

三、做好田间生产环境卫生，田园垃圾、粪坑要加盖。

四、定期喷洒和投放灭“四害”药物，做好灭“四害”工作，把“四害”密度降到最低点。

五、妥善处理防范突发性公共卫生事件，正确认识疫情和疾病的危害，发现疫情或可疑病例要及时向卫生防疫部门报告。

六、以讲卫生为荣，破坏环境为耻。坚持做好家庭环境卫

① 章晓蓓于2017年5月17日提供。该村规民约的制定时间大概为2016年。

生保洁，室内经常打扫，清洁明亮，家具干净，摆放有序。

七、室外保持整洁，房前屋后无杂草、无乱堆乱放、无果皮纸屑、无污泥恶臭、无人畜粪便，畜禽圈舍保持清洁，劳动用具摆放整齐，墙体无乱写乱画、乱钉乱挂。

八、负责对自己生产生活区域内每天所产生的果皮、纸屑、烟头、塑料袋和废旧电池、灯管、建筑垃圾、玻璃、金属废弃物等一切垃圾进行分类、收集，所有垃圾定时定点放进垃圾桶，待村垃圾转运人员定期清运。

九、努力争当卫生文明户、文明家庭。敢于同一切不讲文明卫生、破坏环境的行为作斗争。

十、自觉接受社会监督和邻里监督，强化环境卫生意识，积极协作，为共建和谐生态新农村做贡献。

象棋镇龙凤村全体村民

13.（广西壮族自治区来宾市金秀瑶族自治县六巷乡青山村）六甲一队村规民约[①]

（一九八二年十二月二十日通过）

为了保障人民生命财产的安全，稳定社会秩序，维护安定团结，共同搞好社会主义四化建设，搞好两个文明建设，根据形势需要和人民群众的迫切要求，现制定村规民约如下：

1．生产队和村委会必须经常对社员及每个村民进行社会

① 高其才于2006年12月18日搜集。

主义思想和共产主义道德的教育，做到“三热爱”（即热爱党、热爱社会主义祖国、热爱社会主义制度）和“三兼顾”（即兼顾国家、集体、个人三者的利益），正确处理好国家、集体和个人三者之间的关系。

2. 坚持“三个不变”（即社会主义方向不变、主要生产资料集体所有制不变、生产责任制不变），维护集体经济、财物不受侵犯。各种经济合同要如实兑现，单方违反合同的，每起罚款30元，并要追究法律责任。

3. 保护国家、集体和个人的财产人人有责，发现偷窃财物，应立即扭送村民委或村公所。见者不报，以参与偷窃论处。

4. 一个犯法，全家负责。凡因犯法的经济赔偿、误工补助等一切费用，犯法者全家不得抵赖。

5. 凡盗窃耕牛、农具以及一切公私财物者，除退回原物外，另按所盗窃赃物折款加倍罚款。凡撬门盗窃，参与赌博，拦路抢劫，诈骗、拐卖妇女者，每起罚款100元以上，并退回赃款赃物，另按所盗窃赃物折款加罚2倍。

6. 凡偷窃集体或个人的茶籽、桐子、生姜、香草、八角、罗汉果等，除退回原物外，一律罚款10元，另按所偷赃物折款加倍罚款。

7. 偷猪、鸡、鹅等，除退回原物外（吃去的按市场价格折款），每只罚款10元，偷猪的加罚款50元。

8. 偷瓜菜、果类的，除退回原物外，每起罚款5元。

9. 偷砍集体、个人的杉、松、杂木等，除退回原物外，另按根部直径每寸罚款5元。毁林开荒的，幼林每株罚款2

元，中林（根部直径 8 ~ 14 公分）每株罚款 4 元，成林（根部直径 15 公分以上）按根部直径每寸罚款 5 元。

10. 严禁炸、电、毒鱼（除小闹外），违者罚款 15 元，并没收其炸、电鱼用具。

11. 不许破坏他人家庭和睦，不准调戏妇女。通奸者，男妇双方各罚款 50 元。

12. 严格控制人口增长，执行计划生育，禁止生育第三胎，违者罚款 100 元，并按超生处理条例交纳超生费。

13. 不准搞投机倒把，不为投机倒把销赃，违者除没收产品外，罚款 30 元，知情不报者，以同案犯论处。

14. 凡二、三类农副产品，即桐油、茶叶、灵香草、八角、云木耳、香菇、罗汉果、毛（楠）竹、桂类、木薯干（条）片、木薯淀粉、山苍子油等，要拿到当地供销社交售，不准卖给私商，违者没收其产品，并一次性罚款 20 元以上。

15. 加强民族团结，不准以公报私，无中生有，制造矛盾，非法打骂他人，违者除对伤者负全部医药费和误工费外，罚款 20 元以上。

16. 加强对耕牛的看管，不准放牛和家禽损坏农作物，凡损坏者，除赔偿损失外，每次罚款 5 元。

17. 不准进别人的责任田糟蹋农作物和毁坏田基，不得进别人的田挖老鼠，违者除赔偿损失外，并罚款 5 元。

18. 严禁放火烧山，烧地不能违反“五不烧”，如有意烧山，社员帮救火，失火者要付给每人人工费 2 元，并追究刑事责任。

19. 凡检举揭发有功者，在罚没款中奖励 50%，20% 奖励参加处理人员。凡属偷窃犯，一律写悔过书20～40份，视情节轻重，拍照片进行张贴，费用由犯者负责。

20．凡对检举揭发人员进行报复的，除负刑事责任外，视情节加以罚款。

21．凡违犯上述各条被罚款的金额，一律限10天交清，过期加罚20%，从重惩处。

14．（广西壮族自治区来宾市金秀瑶族自治县六巷乡青山村）六甲二、三队村规民约[①]

（一九八二年十二月二十二日通过）

为了保障人民生命财产安全，稳定社会秩序，维护安定团结，共同搞好社会主义四化建设，根据形势需要和人民群众的迫切要求，我六甲二、三队通过全体社员的讨论，现制定民约如下：

1．生产队和村委会必须经常对社员及每个村民进行社会主义思想和共产主义道德的教育，做到“三热爱”“三兼顾”，正确处理好国家、集体和个人三者之间的关系。

2．坚持“三个不变”（即社会主义方向不变、主要生产资料集体所有制不变、生产责任制不变），维护集体经济、财物不受侵犯。各种经济合同要如实兑现，单方违反合同的，每起罚款30元，并要追究法律责任。

3．保护国家、集体和个人的财产人人有责，发现偷窃集

① 高其才于2006年12月18日搜集。

体或他人财物的，应立即扭送本生产队、村委会或大队。见者不报，以参与偷窃论处。

4. 一人犯法，全家负责。凡因犯法的经济赔偿、误工补助等一切费用，犯法者全家不得抵赖。

5. 本生产队的松树社员有需要用时，可砍些用，但不得出卖和送礼，杂树任何人不得砍作柴火，如砍松树偷卖者，按每框罚款 5 元、杉村每框罚款 10 元、杂木每框罚款 5 元处理。

6. 砍水源山（屋背大乐岭到屋背止）中的林木，不管大小每框罚款 1 元，但在水源山内允许砍些作家具用的木材笤、犁弓、犁母、扁担、锄头、刮子柄等。

7. 七岁以上的人偷果类的，每偷一个李子果罚款 2 分，其他果类罚款 5 分，偷茶籽的每斤罚款 2 角，并退回原物。

8. 偷竹子和笋每条罚款 5 角。

9. 两队共有牛场地，不准任何人在内开荒，有在牛场地开荒种上东西的，牛吃了一律不赔。

10. 牛吃他人的东西，吃 5 尺以上的谷子罚款 2 元，并照价赔偿损失；吃各种菜类 5 尺以上罚款 2 元，并按各种菜类照价赔偿，5 尺以下赔物不予罚款。

11. 晚上牛无意从栏中打出，以及打架所损失的东西要按物赔偿不罚款。

12. 各户猪不准放出，如有农户把猪放出，头两天不罚款，第三天罚 3 元，鸡鸭在谷子下头时应关好，不准鸡鸭放出，如有放出者，头两天不罚款，第三天罚 3 元，鸭子在洒（撒）秧时不准放出。

13. 在田边开荒造林者，要离田一丈远才能种上林木。

14. 凡检举揭发有功者，在罚款中奖励50%，参加处理人员在罚款中奖励30%。知情不报或参加处理人员徇私舞弊者，以同案犯论处。凡属偷窃犯，一律要写悔过书20～40份，视情节轻重，拍照片张贴。

15. 凡对检举人进行报复的，除负刑事责任外，视情节加以罚款15元，乱报情况者罚款30元。

16. 凡违犯上述各条罚款的金额，限于10天内交清，过期加倍罚款，从重惩处。未满10天来报告的，不加倍罚。

此民约于公元一九八二年十二月二十日起生效。

村长：覃兴华

村委：覃家旺　覃家瑞　覃道生

覃兴周　覃兴信

户主：（各户主签字盖章）

15.（广西壮族自治区桂林市龙胜各族自治县和平乡）龙脊村治安管理村规民约[①]

为了实现全村生活治安的根本好转，为村民造就一个良好的生产和生活环境，挽救和保护龙脊的水林资源，维护村民自留山的自主权益，合理调节和缓和一千亩良田用水和村民的长

① 来自：罗波：《壮族当代乡规民约与乡村整合：以龙脊村为例》，广西民族大学2010年硕士学位论文，第48页。

期生活用柴问题，经广大党员、组干的充分讨论，村党支部、村委会研究特制定如下公约：

一、凡盗砍集体林场、村民自留山内的杉树一株，均按《森林法》第六章第三十四条规定：除原物归还原主外，责令违者补种幼苗十株，罚款五十元，或者处以三至十倍的罚款，并写检讨书张贴全村。

二、龙脊屋背右凭平安山场、上凭水库倒水；左凭盘古倒水为界作本村水源林保护区，此范围内的村民的自留山，要积极予以保护，在水源林内不得成片乱砍生柴、林木，开辟新地。成片砍柴、开辟新地教育不听，每分地罚款十五元，其他村民在水源保护区偷砍柴火、林木一次，每次罚款十元，并责令补种幼林。

三、凡盗砍他人青竹一株，罚款十元，偷挖春笋（包括牲畜踏食）每根罚款五元。

四、除林业部门按合同收购杉木外，任何单位或个人在本村内盗购木材，违者作没收处理。

五、凡破坏“两户一体”或学校物资者，按物价处以五倍罚款。

六、凡属盗窃或无理侵占他人物资者（包括鸡、鸭等），按物价处以五至十倍罚款，

对于横野无理，抗拒罚款，打击报复者，予以加倍罚款，并交群众自行处理。

七、严禁各种形式的赌博活动，凡发现一次，赌头罚款五十元，参加者罚款十元；赌场罚款五十元。

八、本村楼房密居，必须安全用火用电，凡属乱玩火、偷电、玩电者，发现一次，罚款二十元，并且写检讨书三百份，发至各户。

九、凡种有杉木林的荒山，一律禁止放火烧山，是属有意或无意失火烧山，视情节严重，交政法部门处理。

十、以上九条，对检举揭发者，处理单位予以保密，（检举者必须实事求是，不得将公报私、谎报），并按每次所得罚款提取50%作奖励金。

以上公约自一九八五年十二月一日实行生效，如果没有以上群众自己的村规民约，水源没有得到有效保护，我村将要受到大自然的严厉惩罚，我们就无法生存下去，多么危险！村民们必须大胆地、齐心合力地维护和遵守以上公约，坚决与各种的不合法作为作斗争，保证我村的经济建设的顺利进行。

龙脊村党支部

龙脊村村委会（盖章）

一九八五年十二月一日

16. （广西壮族自治区桂林市龙胜各族自治县和平乡龙脊村）封山育林公约[①]

为了响应党和政府的号召、十年绿化龙胜的宏伟目标，保

① 来自：罗波：《壮族当代乡规民约与乡村整合：以龙脊村为例》，广西民族大学2010年硕士学位论文，第49页。

护本村的森林资源，为了子孙后代造福和今后增加群众的经济收入，经全村党员、队干的充分讨论，党支部、村公所研究同意，特制定如下公约：

一、龙脊屋背山林，按山的座向，左凭兴盆平安山场；上凭水库倒水；右凭盘古坳倒水；下凭四队屋背为界，作为本村的长期封山育林区。面积100亩左右。

二、凡在封山育林区内偷砍生柴一次，罚款二十元，并责令补种幼林。

三、凡偷砍杉树一斗，均按《森林法》第六章第三十四条规定：除归还原物外，责令补种幼苗十株，并罚款五十元，或者处以三至十倍罚款，并写检讨书张贴全村。

四、凡偷砍青竹一根，均罚款十元，偷挖竹笋一根（包括牧畜蚕食）均按每根罚款六元。

五、凡在封山育林区内的村民自留地，都要积极予以保护，不得乱砍生柴、林木或者开辟新地。凡乱砍生柴或开辟新地，经教育不听的，均按砍一次生柴罚款十元，每开辟新地一分罚款三十元。

六、以上几条，对检举并抓到事实证据者，按每次所得的罚款提取50%作奖金给检举人。

以上公约自一九八九年八月一日起生效，希望全村群众共同遵守。

龙脊村党支部

龙脊村村公所

一九八九年七月十五日

17. （广西壮族自治区桂林市龙胜各族自治县和平乡龙脊村）廖家屯屯规民约[①]

（1996 年 5 月）

近年来各种各样破坏群众利益的现象在我地时有发生，为了稳定我屯秩序，制止一切破坏行为一再发生，对于危害群众利益的一切犯罪活动必须以严厉打击同时，给予严格的经济制裁，为此，廖家屯屯委会以及各组代表讨论决定通过，群众一致同意，特制定本屯屯规民约，今后在我屯范围内对违反屯规民约的行为作出如下处理：

一、防火重要，严禁放稻草在屋内，违者每次罚款壹佰元。

二、凡在封山育林区内砍伐生柴，一次罚款伍佰元，在本人山场乱砍一次罚款叁拾元，未在封山育林区内盗砍他人生柴一次罚款叁拾元。

三、盗砍杉树 10 公分以上每蔸罚款伍佰元，10 公分以下罚款二百五拾元。

四、盗砍成林松树每蔸罚款叁拾元。

五、盗砍青竹、春笋每根罚款贰拾元。

六、盗牛壹头按价值加倍罚款。

七、盗生猪壹头按价值加倍罚款。

---

① 来自：罗波：《壮族当代乡规民约与乡村整合：以龙脊村为例》，广西民族大学 2010 年硕士学位论文，第 50 页。

八、盗羊壹头按价值加倍罚款。

九、盗狗、猫每只按价值加倍罚款。

十、盗鸡、鸭每只罚款壹佰元。

十一、盗塘鱼一次罚款贰佰元。

十二、盗农作物按价值十倍处罚。

十三、盗现金按价值十倍处罚。

十四、盗贵重药材一次罚款壹仟元，盗水果一次罚伍拾元。

十五、盗割园草、田草一次罚款拾元。

十六、稻谷成熟时期故意放家禽糟蹋，每只每次罚谷十斤。

十七、盗室内电线、灯泡、各种机械及日用品等按价值五倍处罚。

十八、如故意破坏凉亭、桥梁、风景树，每次罚款壹佰元。

十九、在常年过程中家长必须严格教育子女，不要玩火玩电，□□□□□□，电工员乱接线造成短路损坏变压器，后果自负。

二十、如无故生端殴打他人，按情节轻重从严处罚。

二十一、每年必须在清明节后五天内起实行看管□□□□□□□。

18.（广西壮族自治区桂林市龙胜各族自治县和平乡）马海村村规民约[①]

为促进我村经济、文明等各项建设发展，构筑社会和谐稳定的环境，切实保护集体、个人的合法权益，积极推进依法治村、守法治（致）富，使人民群众安居乐业。根据《村民委员会组织法》的有关规定，实行村民自我管理、自我服务、自我教育、民主监督的原则。经村民酝酿、提议，村民代表大会表决通过，特制定如下村规民约：

一、凡有盗窃集体、个人财产或林木、竹类、果木、药材、家畜家禽和损害粮食、经济作物的行为，只要有人举报，且证据确凿的，由村治安队进行调处，所盗财物全部追回归还失主，无法追回的财物按现行价即时赔偿。情节严重的（价值 500 元以上）移交司法机关依法追究法律责任。

二、凡打架斗殴、寻衅滋事、酗酒闹事，打击报复、侮辱、诬陷、破坏他人家庭团结或侵害集体、个人权利等行为的，由肇事者负责赔偿因其所造成的一切经济损失。情节严重的依法追究法律责任。

三、严禁家畜家禽放浪，凡无人看管的家畜家禽造成他人农作物和经济作物损失的，由其饲养人负责赔偿所造成的一切损失（包括调处人员的误工费）。养狗咬伤他人的，由饲养者

---

① 来自：徐连栋：《壮族习惯法惩戒条约研究——以龙脊十三寨为例》，广西民族大学 2008 年硕士学位论文。该村规民约的制定时间大概在 2007 年。

个人负责医疗费、防疫费和交通费、误工费等。狗咬死他人家畜家禽，按市场价赔偿。

四、严禁捕杀各种鸟类和国家规定保护的野生动物，违反者报林政和政法部门严肃查处，严禁在公共河流毒鱼、炸鱼、电鱼，一经发现，除没收工具外，每人次可处 200 ~ 500 元罚款，并按损失情况购买鱼苗投放河流（交款由治安队购买投放）。

五、严禁放火烧毁牛坡和在林区内用火，稻草及易燃物品不准堆放在屋内，凡不按规定用火造成他人损失的，必须负赔偿责任，小孩玩火造成损失的由家长负责赔偿责任。因救火造成他人伤亡事故的，依法追究肇事者的经济负担和法律责任。

六、讲究环境公共卫生，不准乱倒垃圾和丢弃废旧农药瓶等物，各组须有统一规定固定的地点倒放垃圾，并按时处理。

七、保护森林，严禁乱砍滥伐。

1. 凡盗挖他人竹笋每根罚款 10 元，盗砍竹子每根罚款 20 元。

2. 不准到他人承包山故意砍伐林木及柴木，凡是被人举报，证据确凿的，林木、柴火或非法所得归山主承包人，并按实际损失的 2 ~ 4 倍处罚，情节严重的，上交林政部门处理。

3. 田围：按历史管理的习惯，原先修到哪里，现在只能修到哪里。扫墓时，所修的范围只允许坟前修 2 米，后、左、右修 1 米。

八、保护各种公共设施，凡故意造成公路、桥梁、电信、电视专线、高低压电线、学校、村组等公共财产损失的，除限期恢复或赔偿一切经济损失外，情节严重的交有关部门处理。

九、对发生的农田、耕地、水利、山林及各类纠纷，先由生产组负责调处，组未能调处的再由村调解委进行调解，村级不能调解的，由村调解委出具书面调处意见再移交上级有关部门调处，在未经调解或调解未达成协议前，纠纷当呈（事）人必须保护现场和维持现状不变，不得有意破坏。

十、崇尚科学，坚决打击黄、赌、毒和邪教组织，一经发现要及时检举揭发，或报村治安队、公安机关依法查处。

十一、凡违反上述规约中任何一项，经村调解委和治安联防队进行调处的，由当事人或肇事者负责付给参加调处人员每人每天20元的误工费（包括交通、通信费等）。

本规约发至全村各农户一份，自公布之日起生效施行，同时报乡人民政府备案，村民委、村民代表监督实施，由村调解委、治安联防队负责实施。

19. （广西壮族自治区桂林市阳朔县福利镇）马头垌村新型冠状病毒肺炎疫情防控村规民约[①]

一、及时如实向村干部报告家中有无来自广西区外返乡及探亲人员，不瞒报、不漏报。

---

① 来自：石红梅：《“一约四会” 阳朔县织牢基层疫情防控网》，载桂林生活网手机客户端，http：//m. guilinlife. com/news/article/docid/137 - 456825，2020年2月13日最后访问。该村规民约的制定时间大概在2020年2月初。

二、禁止聚集聊天，禁止聚集打牌，禁止聚餐、聚会、办酒，不串门，不信谣、传谣。

三、外出戴口罩、勤洗手，讲卫生，如有发热、咳嗽等不适症状，立即与村干部或村医报告并及时就医。

20.（广西壮族自治区崇左市大新县）榄圩人民公社荣圩生产队公约①

为了维护生产队集体经济利益，经社员群众大会讨论通过，订出如下公约六条，共同遵守。

一、晒场、仓库的谷物、农药、化肥、油料（包括机油）、小农具以及各种工用具等，不经保管员过秤登记和同意，任何人都不准乱拿，违者处罚。

二、各种农机具，机手人员下田回来后要收拾存放好。不是机手人员不准乱驾驶和拿走一切农机具，违者批评或处罚。

三、生产队的耕牛除了集体统一安排使用（包括统一安排社员自留地的犁耙）外，不经管委会同意，任何人都不得乱拉耕牛去犁自留地、踩砖瓦泥浆等等，违者要负劳役报酬责任，耕牛伤亡的必须照价赔偿。

四、集体猪场养的猪，以及集体饲养的鸡、鸭、羊只，池塘活的鱼，不经社员群众讨论通过，任何人都不得擅自宰杀、

① 来自：广西壮族自治区大新县志编纂委员会编，童健飞主编：《大新县志》，上海古籍出版社1989年版，第451－452页。

打捞，违者处罚，或以偷盗论，严重的追究刑事责任。

五、集体经营种植的农作物（包括谷粟稻麦、豆类、红薯、芋头、花生、芝麻、甘蔗、果蔬等），任何人都不准私自收割，违者处罚。全体社员有防偷和检举盗窃集体农作物的共同责任。

六、社员家庭自养的猪、鸡、鸭、鹅、羊等，各家各户要管理好，不准到集体田边、晒场边去放牧。如有私人养的家畜家禽践踏、啄食集体农作物，要按价赔偿损失。

以上各条自公布之日起生效，希全体社员共同监督遵守。

榄圩人民公社荣圩生产队管委会

1975年10月19日

21. （广西壮族自治区崇左市大新县）新江苗圃规则①

五月三十日召开了社员代表座谈会，为保护国家财产，特订出本规则：

一、为了保护国家财产不受侵犯、破坏和损失，对苗圃内所有的林木、竹子、果树、苗木，不经本单位许可，任何人不得进入林区乱砍伐、摘果子和毁坏各种林木，违者按情节轻重进行罚款，每毁坏一棵树罚款三至五元。

---

① 来自：广西壮族自治区大新县志编纂委员会编，童健飞主编：《大新县志》，上海古籍出版社1989年版，第452页。

二、社员放牧和进入林区打柴的，必须遵守公约规则，不准放牛入苗圃地踩踏幼苗，不准乱砍伐竹子、树木、果树代柴。如护林员发现制止不听的，按第一条进行罚款，并要补种，损坏一棵要补种五棵，保种保活。

三、凡进入林区的国家机关人员、社员群众等，都要爱护国家财产，不得毁坏树木、果树，要听从护林员的指挥和劝阻，不得用任何理由进行对抗，违者罚款一元。

四、群众、社员向我单位揭发、检举有偷砍竹子、树木行为者，经查属实，将偷得的财物全部归公，并按政策将罚款的30%作为奖金奖给有功人员。

五、保护林木，人人有责。

以上公约，希广大社员群众、国家机关人员共同遵守，以维护国家财产的安全。

1984 年 5 月 31 日

（参加会议代表一致通过。代表中有大队、生产队干部，社员代表和苗圃职工共 14 人签名。）

22.（广西壮族自治区崇左市大新县榄圩乡康合村）三合屯村规民约①

1. 东家户户要做到牛马羊有栏，猪有圈，鸡鸭鹅有舍。

① 来自：广西壮族自治区大新县志编纂委员会编，童健飞主编：《大新县志》，上海古籍出版社 1989 年版，第 452－453 页。

不许随意放养家畜家禽残害农作物，违者除向受损户道歉外，还要按损失赔偿。

2. 按政策落实的自留山，各户种下的竹木、果树谁种谁收，任何人不得侵犯和破坏。如受破坏必须赔种，保证成活。

3. 未分配落实的山林地和未封山育林的林地，其天然山林、果树（包括木棉树、苦楝树、桐树、樟树、香椿树、龙眼树，橄榄、柠檬、番头果树等）任何人都不得乱砍滥伐，违者按木材市场价值赔偿。

4. 在不妨碍晒场、交通和公益事业建设前提下，各户在零星小块土地上种的竹木果树，谁种谁收，不得侵犯。

5. 饮水的水源，不准任何人洗澡、洗涤其他污物，也不准放养鸡、鸭和在附近拴绑牛马。

6. 凡瘟疫、食物中毒死亡的家畜家禽和带有毒性的物品，必须深埋，不准丢入池塘、水沟，以免毒害人畜。违者处罚。

7. 鱼塘已落实到户承包，除承包户外，他人不得随意捕捞，违者除如数赔偿外，严重者要负法律责任。

8. 田边、沟边、池塘边、村边等所筑有的石堤石墙，任何人不得随意拆除破坏。

以上规约经全屯群众讨论通过，自公布之日起生效。

榄圩乡康合村三合屯

1984 年 3 月 1 日订

23.　（广西壮族自治区崇左市大新县硕龙镇）硕龙村村规民约[①]

为了恢复中华民族的光荣传统，稳定社会治安，维护社员、干部的合法权益，制止不法行为，使边境地区广大社员干部有一个安定的社会环境，经全体社员讨论制定如下村规民约：

一、热爱祖国、维护祖国尊严是每一个公民义不容辞的责任，人人要遵守边境管理政策，不准偷越国境，违者罚款20～30元，重犯者从严处理。

二、不准在外界河捕鱼，违者罚款5～10元，不准炸鱼、毒鱼，违者罚款20～30元。

三、不准搞走私、贩私、买私，违者除没收全部走私物品外，还分别给予走私罚款20～30元，贩私10～20元，买私3～5元。

四、未经有关部门许可，不准与越南人接触，互送东西，违者罚款3～5元，竹排一律不准下界河，违者没收并罚款3～5元。

五、不准收听敌台广播，收藏敌情攻心战物品，违者罚款15～20元，不得传播黄色歌曲小说，违者罚款5～10元。

六、人人遵守户口管理规定，外来人一定在当天向派出所

① 来自：大新年鉴编辑部编辑：《大新年鉴1987》（内部印行），第161－162页。

申报户口，远离派出所的，要向村民小组申报登记，凡没有边境通行证和未经公安机关批准的一律不准留宿，违者罚款6元，如窝藏坏人的罚款20～30元。

七、人人维护社会治安，不准盗、扒、窝藏、赌博、打架、斗殴。偷青菜、花生、黄豆一蔸，甘蔗一条，水果一个，玉米一个的，罚款5角～20元；偷窃家禽、家畜以及公私财物的除没收财物或按价赔偿外，另加倍罚款；进行赌博的除没收盈利外，并罚款3～5元；不准搞封建迷信骗取钱财活动，违者除退出赃物外，给予罚款10～15元；不准砍集体和他人林木，违者按价赔偿外，每棵罚款3～5元，并补种活3棵。

八、做社会公道人，买卖公平，不得弄虚作假、短斤少两、短寸少分，违者除补足外，视情节轻重进行罚款。

九、落实生产责任制后，社员承包的责任田，不得丢荒，不准出租、买卖和转用，不准在责任田、自留地建房、打砖、葬坟，违者罚款15～20元。要按质按量完成承包合同和国家征购及村干统筹、集体提留等任务，有能力而拒不完成的罚款5～10元。

十、遵守治安责任制，家长有责任教育子女，16岁以下的孩童，凡违犯本约一项者，除批评教育本人外，按所犯的条款处罚家长。自觉关好家禽、家畜，如有发生践踏他人作物的，除按价赔偿外，每头罚款2～3元。

十一、遵守国家计划生育规定，凡超生的不划给耕地，并按照有关规定给予罚款。

十二、对有意刁难、打击报复妨碍执行公约者，要从重处理。

十三、本公约从公布之日起执行，对遵守好的给予表扬，有功者奖励。具体由村委、会计、治保小组负责实施。

硕龙村村委会

1986 年 11 月 16 日

24. （广西壮族自治区崇左市大新县硕龙镇）巷口村伏隆屯村规民约[①]

为了搞好社会治安的综合治理，加强社会主义法制，建设社会主义物质文明和精神文明，促进生产的发展和进一步巩固安定团结，走勤劳致富道路，特制定如下屯规民约：

一、自觉遵守社会秩序和维护社会治安，不准偷盗扒窃、赌博、打架、殴斗，对有小偷小摸行为的人，除批评教育外，要把偷得的赃物退还原主，如原物不在的，按市价赔偿，并罚款，如偷窃玉米、甘蔗、竹笋、青菜、鸡、鸭、鹅、薯藤、衣物、果类等分别给予罚款 0.5～20 元；成材木板每平方丈罚款 15～20 元，坑木每立方米罚款 15～20 元，櫶木根据情况不同，分别给予罚款 5～30 元，情节严重交有关部门处理。搞赌博的除没收赢得的款（物）外，首次罚款 10 元，重犯加倍罚款；打人骂人，无理取闹和侮辱妇女的罚款 15～20 元。

① 来自：大新年鉴编辑部编辑：《大新年鉴 1987》（内部印行），第 162－163 页。

二、不准搞封建迷信活动，违者分别给予罚款 8 ~ 20 元。

三、个人承包集体责任田、自留地，不准在责任田、自留地中建房、打砖瓦、葬坟，违者罚 10 ~ 20 元。需要建房者经小组、群众大会讨论通过，报村委同意，报上级乡政府批准，始得兴建。

四、按时按质按量地完成承包合同和国家征购任务，凡抗拒不交者罚款 10 ~ 15 元；偷、漏、抗税款者，除责令补交外，并罚款 5 ~ 15 元。

五、家长要教育好子女，在 16 周岁以下的儿童，凡违犯本规定的一项者，除责令家长加强教育外，并按所犯条款处罚，由家长承担。

六、盗窃照明线路、广播线路、水利设施、农机、交通设备等器材，破坏或影响交通安全、学校财物、公共财产等，除按价赔偿外，并分别给予罚款 20 ~ 30 元，严重的交由公安机关处理。

七、侵犯人身安全、放火、投毒，除按价赔偿外，视不同情况分别给予罚款 15 ~ 30 元，情节严重的转交政法部门处理。

八、管好家畜家禽，不得糟蹋农作物，如有侵犯，按损失情况作价赔偿。因践踏农作物经 1 ~ 2 次教育、警告，还继续违犯的，打死的家禽不负责任，如果不服而骂人的还要罚款 5 ~ 10 元，如有报复者加倍罚款。

九、本公约自公布之日起生效。

1986 年 11 月 25 日

25. （广西壮族自治区崇左市龙州县金龙镇）双蒙村村民文明公约[①]

热爱祖国　热爱双蒙　建设双蒙
遵纪守法　弘扬正气　崇尚科学
自尊自爱　尊老爱幼　邻里和睦
尊师重教　助人为乐　团结友爱
保护环境　讲究卫生　计划生育
热心公益　艰苦创业　健康生活

26. （广西壮族自治区崇左市龙州县金龙镇双蒙村公所板池村）村规民约[②]

为深化改革，发展生产力，搞好农村商品经济，巩固安定团结的大好形势，经全村群众民主讨论，特制定如下村规民约：

一、犯有小偷小摸行为者，要严加追查处理。除将原物或照价赔还失主外，还在全村群众大会上公开检讨，并限期罚款肆拾元，拒罚或无故超期者加倍罚款，同时开除“板舍”。

二、耕畜必须有人放牧，不准乱踩，吃别人作物，如侵犯

① 来自：张元稳：《国家与社会互动中的壮族习惯法——以龙州县金龙镇为例》，广西民族大学2009年硕士学位论文。该村规民约的制定时间不详。

② 来自：张元稳：《国家与社会互动中的壮族习惯法——以龙州县金龙镇为例》，广西民族大学2009年硕士学位论文，第30－31页。

别人农作物者，要主动赔偿，并根据作物损失多少，罚款伍元至拾元。

三、不准放猪损害农作物，放猪出来损害农作物，把猪打死无罪，同时还要猪主赔偿损失，并根据损失情况罚款伍元以上。

四、鸡鸭是家庭发展经济的基础，应大力发展，严禁投放毒药毒鸡鸭，但必须执行本村的规定，在播种期间和作物成熟时，不准放鸡鸭损坏农作物，违者赔偿损失，并按每只鸡鸭罚款壹元。

五、全村所有的农田水利设施（包括水闸、建闸、拆闸等），由全村讨论决定，合理安排，任何人不得堵渠造田、养鱼改变灌溉渠道，灌溉期不准堵渠打鱼，影响农田用水，违者罚款伍拾元。

六、板池的山界林权、荒地属于全村所有，对外来人打柴，打绿肥一律没收，不准任意砍伐，违者罚款伍拾元。

七、从百马至岩怀、咘鸟、高贵等四周围的山属封山地段，严禁打柴、割绿肥等，违者罚款每担柴火、绿肥拾元。有意放火烧山者罚款壹佰元，情节严重的要追究刑事责任。

八、维护泉水卫生，严禁在饮水处洗澡、洗衣服、洗菜、炸鱼、毒鱼等，违者罚款伍元。

九、公共交通要道、便道，村民共同爱护，定期义务修补，保持畅通无阻，任何人不得占用路面作宅基地或围园场，违者罚款贰拾元。

十、已划定给学校的学农基地，由学校管理，任何人不得占用其面积作宅基地或围园场，禁止在学校四周围种果树，影响学校光线和活动。

十一、用户要按时交纳电费，不得自行偷电，违者罚款拾元，并负责交纳全村当月的电费。

十二、承包合同规定的义务劳动日（如维修水利、道路、公共设施等），户主一定派出一名正劳动力参加。若因特殊情况请假的，另找时间补上，自规定义务劳动任务之日起，超过一星期不完成的，罚款贰元。

十三，搞好精神文明建设，遵纪守法，不准调戏妇女，违者按法律制裁，对捏造事实，打击报复、陷害他人者，视情节轻重，给予罚款伍拾元。

十四、农户承包的鱼塘他人不得排水偷鱼，违者全部负责赔偿鱼塘年终预算收入的款项。

十五、各农户所种果树，任何人都不得破坏，不得把别人的果树苗移到自己的园林去种，违者要严格追查处理，每株罚款拾元。

十六、每年的植树造林节，每个劳动力要完成种植 200 棵树的义务，积极响应植树造林，成绩显著者给予适当的奖励，不完成任务者罚款伍元。

十七、按承包合同规定完成公、购粮、土地承包费上交和优待金上交任务。拒交的由村委会收回责任田转他人承包耕种。

此村规民约自一九八七年八月二十七日起生效。希望大家共同自觉遵守。凡对违犯村规民约行为给予检举揭发者，奖给应罚款金额总数的百分之四十。对发现违犯村规民约不报告者，要严加处理。

金龙乡双蒙村公所板池村村民委员会

27.（广西壮族自治区崇左市龙州县金龙镇立丑村）村规民约[①]

为了加强社会主义法制，维护社会秩序和公共安全，保护公民的合法权益，稳定政治大局，发展社会主义市场经济，保障“四化”建设的顺利进行，结合本村实际，特制定本村规民约。

一、凡有诈骗公私财物等行为的，除赔偿损失外，处二百元以下罚款或警告，明知是赃物而窝赃、销赃的，除没收其非法所得外，处二百元以下罚款。

二、破坏水利设施、电力设备、公路、桥梁以及生产、生活、教学设备的，除赔偿损失外，处二百元以下罚款。

三、以营私为目的进行赌博活动，或为赌博提供条件或场所，为赌博站岗放哨或窝藏赌资、赃物，包庇赌博或阻拦禁赌抓赌行为的，处三千元以下罚款。

四、凡参加扰乱圩场商店、机关、学校、影戏场、体育场等文化娱乐场或其他公共场所秩序的，处二百元以下罚款。

五、在公路上或村民（内）公共场所乱挖、乱堆、乱占、

---

① 来自：张元稔：《国家与社会互动中的壮族习惯法——以龙州县金龙镇为例》，广西民族大学2009年硕士学位论文，第32页。

乱搭，造成交通阻塞，影响生产、教学和群众生活的，经劝阻仍不改的，每次处五十元以下罚款。

六、结伙打架故意殴打他人致伤，侮辱妇女，勾引通奸，破坏他人团结或进行其他流氓活动的，除赔偿损失外，处一百元以下罚款。

七、凡无证驾驶伤人损物者，除赔偿损失外，处一百元以下罚款。

八、非法制造或贩卖爆炸物品或违反爆炸物品管理有关规定造成伤人毁物行为的，除没收其物器和赔偿损失外，处二百元以下罚款。

九、非法制造、贩卖、携带国家规定禁止的管制刀具者，除没收其管制刀具外，处一百元以下罚款。

十、凡乱砍盗伐公私树林木，对国家集体的房屋、土地乱占的，除退还原物、赔偿其损失外，处一百元以下罚款。

十一、凡到本村经商务工务农三日以上，户口不属于本镇的外来者，需凭身份证向治保会报告，并向派出所申请户口登记，办理户口暂时手续后方能居住和工作，违者处五十元以下罚款。

十二、凡卖淫、容留卖淫、嫖娼或为嫖娼提供场所，凡制作、复制或传播淫书、淫画和其他淫秽物品的，凡吸毒者除没收物品外，处二千元以下罚款。

十三、凡放养畜禽不管，踩踏农作物造成经济损失者，除赔偿其损失外，处以造成（损失）的总价值的一至二倍的罚款。

十四、凡打击报复基层干部和治安积极分子者或阻挠国家公务员执行公务者，除赔偿损失外，处二百元以下罚款。

十五、凡县、镇人民政府和村委会作出的规章，要求人人遵守，户户执行，如有违抗，按规章处罚。

十六、本村规民约适用在本村辖区内被查获各种违约人员时处罚的依据，且由村委会治保会及下属治安队、治安小组执行处罚。如违约人员不服从处罚或抗拒处罚，应扭送公安机关从严惩罚。

十七、凡违反规定该赔偿和罚款的，因行为人无经济能力偿还者，由其家属负责偿还，经教育仍拒绝偿还和罚款者，对该户采取行政干涉，停止对该户提供相关证明。

十八、凡触犯刑律该追究刑事责任者，不以本规定处罚，经处罚后重犯者，按本规约处罚。

十九、本村规民约自公布之日起生效，望大家共同遵守，以前的村规民约同时作废。

金龙镇立丑村村民委员会

一九九九年八月二十五日

28.（广西壮族自治区崇左市龙州县金龙镇武联村）封山育林村规民约[①]

封山育林是治理石漠化、培育森林资源、保护生态环境的重要措施，为确保封山育林成林，特制定如下规约：

① 来自：张元稳：《国家与社会互动中的壮族习惯法——以龙州县金龙镇为例》，广西民族大学2009年硕士学位论文，第33页。

一、封山育林区为公路两侧、居民点四周能见第一面坡石山。采取全封方式，死封五年，不准入山采伐、砍柴、烧山、放牧、割（铲）草、挖蔸、开荒、采石和其他一切不利于林木生长繁育的人为活动。

二、封山育林区内的荒山可植树造林，属自留山外的荒山造林，谁种谁有。

三、对违反规约受处理的人，对检举人或护林员有打击报复者，要从严、从重处理，再不服者报送政法机关处理。

四、奖罚制度

① 偷砍林木除没收外，并按每棵 100～300 元罚款。

② 马车、手扶、中拖、汽车入禁山打柴拉木，柴火、木材全部没收；另外每车次罚款：马车 30 元、手扶 50 元、中拖 150 元、汽车 200 元以上。且本人印发检讨书 1000 份发到农户。

③ 入禁区开荒种农作物亩罚 30 元，毁坏林木一棵（横条）罚 50 元，大树（一尺直径以上）一棵罚 500 元，毁坏幼树一棵罚款 10 元，并罚种被毁林木株数的 3 倍，造成严重后果者，交政法部门依法处理。

④ 干部、党员、护林员偷砍或合伙偷砍林木加倍罚款，从严处理。

⑤ 对检举有功人员按罚款的 80% 给予奖励。

以上规章条约，自公布之日起执行。

（护林面积：245.1 公顷）

金龙镇武联村村民委员会

二〇〇一年十月三十日

29. （广西壮族自治区崇左市宁明县明江镇）洞廊村村规民约[①]

一、爱国、爱党、爱集体、爱劳动、爱社会主义。

二、遵守国家政策法规，履行公民义务，积极参加各种公益活动；学科学、学文化，积极倡导文明健康的生活方式。

三、尊老爱幼、男女平等；勤俭持家、团结邻里；文明礼貌、助人为乐；爱护公物、保护环境。

四、不参加任何邪教组织，反对封建迷信，树立良好的村风、民风。

五、不拉帮结派，不仗势欺人，不打架斗殴，不酗酒闹事，不聚众赌博，不侮辱陷害他人，不妨碍公务，违者按《治安管理处罚条例》处理。

六、红白喜事从简，不大操大办，不借机敛财；违者没收礼金归村集体所有，用于公共事业。

七、自觉实行计划生育，不超生、不偷生，不为计划生育对象提供躲避场所，违者按《人口与计划生育条例》处罚。

八、严禁虐待、遗弃老人和婴儿，违者除责令赡养老人和抚养婴儿外，缴纳500～3000元养老及抚育押金，并写悔过书张贴到村务公开栏内。

九、严禁毁坏、偷盗庄稼、水产、林木、水利设施、村

---

① 来自：李澜主编：《洞廊村调查 壮族》，中国经济出版社2014年版，第322页。该村规民约的制定时间不详。

室、校舍、宣传栏等。违者除按有关规定处理外，还责令赔偿3～5倍的损失。

十、严禁侵占他人承包地和宅基地，违者责令退出多占部分，并按损失额的两倍予以补偿。

十一、严禁在路面堆放杂物，违者限期清除，并收取每平方米5元的占道费。

十二、不越级上访，不闹访集访，违者按信访条例严肃处理。

十三、本村规民约有与国家法律、法规、政策相抵触的，按国家规定执行。

明江镇洞廊村村民委员会

30. （广西壮族自治区百色市平果县城关乡）龙来村村规民约[①]

为了加强社会治安管理，维护社会秩序和公共安全，强化综合治理，保护公民的合法权益，保障经济建设的顺利进行，为搞好物质文明和精神文明建设，为改革开放创造一个良好的社会环境，特制定如下村规民约。

一、在各级党委、政府的领导下，坚持四项基本原则，以

① 来自：郭育晗：《现代化进程中的壮族社会文化变迁——以平果县龙来村必罗屯为例》，广西民族大学2007年硕士学位论文，第54－55页。2005年6月起，“平果县城关乡”改为“平果县马头镇”；2019年12月26日起，撤销平果县，设立县级平果市。

“三个代表”重要思想为指导，深入贯彻党的十六大精神，每个公民要自觉地学法、知法、用法和守法，坚决同各种违法犯罪分子和不良行为作斗争，积极响应和完成国家及上级下达的各项任务。

二、开展“五好家庭”“星级文明户”评比活动，做到家庭和睦、邻里团结、尊老爱幼、尊师爱生、以礼待人，树立社会主义道德新风尚。

三、增强法制观念，不搞违法犯罪行为。对非法组织团伙，聚众滋事，打架斗殴，谩骂干部，干扰和阻挠党和政府的各项方针、政策的正确贯彻执行和落实，给国家、集体和个人的经济、财产造成损失，经教育不改者，除按《治安管理处罚条例》处理外，重者交给公安机关处理；严禁参与修练法轮功等非法组织（活动）。

四、自觉执行国家计划生育政策，支持婚姻自主，反对买卖婚姻，提倡婚事新办，丧事从简，反对浪费。

五、凡盗窃他人耕牛、生猪、山羊和鸡、鸭、鹅等牲畜，构成刑事犯罪的，交政法公安机关处理，尚未构成刑事处罚的，一律按质论价赔偿损失，并罚款 50 ~ 150 元。

六、偷窃他人和集体农具、水电设施、家用电器，尚未构成刑事犯罪的，要赔偿全部损失，并加罚款 50 ~ 150 元。

七、盗窃集体、个人衣物的以损失多少，照价赔偿，并加罚款 50 ~ 150 元。盗窃甘蔗一根，或偷窃粮食一斤，罚款 5 元，偷窃果类一斤或偷窃杂优制种一斤或偷盗菜类作物的缴回原物外，以损失多少，照价赔偿，并加罚款 10 ~ 15 元。

八、盗窃学校、村部及其他单位公物的，除按原物赔偿损失外，还给予罚款50~100元。

九、凡以道公、巫婆进行迷信活动，挑拨民间纠纷，骗取他人钱财的，每活动一次罚款50~150元并没收其非法所得的财物。

十、严禁参与地下“六合彩”等赌博行为。凡行赌或为赌博提供场所，除没收其赌资、财物以及赌具外，每一次每人罚款50~100元，对赌头和提供赌场者除加倍罚款外，交给政法机关处理。

十一、严禁嫖娼卖淫和其他流氓行为和结伙斗殴、寻衅滋事者，除按照《治安管理处罚条例》有关规定罚款外，构成刑事处罚的，交由政法机关处理。

十二、严禁乱砍滥伐国家、集体和他人树木，违者除按规定罚款外，每砍伐一株种活三棵赔偿，凡乱砍一株用材林木，除追回材木外，罚款30~50元；砍果类树一株的，按收入价值赔偿10~20年，一次性交清罚金。

十三、严禁破坏水利设施，合理使用水源，遵守各有关用水规定，如遇严重旱情，由村民委召集村民小组组长与水管员协商用水事宜。

十四、严禁炸鱼、电鱼和用毒药毒鱼，违者造成严重后果的，除追究刑事责任外，对直接责任者处以罚款50~100元。

十五、凡盗窃电力设施和电话线、广播线的，违者按有关规定给予罚款，构成触犯刑法的，交由政法机关处理。

十六、凡放野牛、马、羊和猪、鸡、鸭、鹅践踏农作物的，违者除按损失多少和情节轻重给予赔偿和罚款外，对牛、马、羊、猪按每次罚款 20 ~ 40 元；鸡、鸭、鹅、每只罚款 10 ~ 20 元；如执意不领回牛、马、羊、猪的，每天收管理费 4 ~ 6元，五天之内不领取的，由村民委处理，属病、饿死的不负责任。

十七、严禁在集体规定牧场中、路或水利渠道上垦荒和设置各种障碍，违者除责令恢复原状外，并罚款 30 ~ 50 元。

十八、凡丢荒耕地不种农作物，不完成国家征购粮任务，故意抗粮抗税，经教育不改者，村民委、生产队有权收回其土地并再交给别人承包。

十九、严格户口管理和来客报告制度。对不按有关规定申报户口和有来历不明身份不报告者，经教育不改的罚款 30 ~ 50 元。

二十、各村民小组要做好各项防范措施的落实，同时加强防火安全措施的落实和教育管理工作，稳定本组的社会治安和杜绝火灾的发生。

二十一、保护绿化、严禁乱砍滥伐，违者按有关规定处理。

二十二、以上各条，人人遵守，互相监督，共同制约。若不满 14 周岁违约的，由其家长负经济责任。对积极举报违反本村规民约规定的人，除对举报保密外，还给予奖励；对打击报复举报人员者，要严加处罚。

二十三、本公约由村党（总）支部、村民委员会和治保监督落实，由党小组、村民小组、治保小组人员具体负责实施。

二十四、本公约自二〇〇三年元月一日起施行。

城关乡龙来村村民委员会

31.（广西壮族自治区百色市平果县城关乡龙来村）护林公约[①]

为了保护好和培育好本村森林资源，加快绿化步伐，发挥森林蓄水保土、调节气候、改善环境的作用，维护生态平衡、造就本村秀美山川，根据《森林法》及其实施条例和其他相关法律、法规的规定，特制定如下护林公约：

一、严禁在本村辖区的封山育林区内进行放牧、砍柴、割草、采石、取土、葬坟、开荒开垦等活动。

二、在本村范围内，除苗圃地以外，禁止采挖树蔸、树木和树苗。

三、严禁在新造幼林地内放牧或者进行其他非林业生产活动。新造林地有争议的，任何一方、任何人都不能以任何形式毁坏林地上的幼树或树苗。

四、严禁乱砍滥伐森林、树木及其他散生树木，包括村庄周围、田边地角上、河流水沟两岸的树木和竹子。

五、严禁乱采滥割松脂；禁止一切打枝采叶、剥皮等毁林行为。

---

① 来自：郭育晗：《现代化进程中的壮族社会文化变迁——以平果县龙来村必罗屯为例》，广西民族大学2007年硕士学位论文，第53页。2005年6月起，“平果县城关乡”改为“平果县马头镇”；2019年12月26日起，撤销平果县，设立县级平果市。

六、在本村范围内严禁携带猎枪或者其他猎捕工具到野外乱捕滥猎野生动物。

七、注意用火安全，严禁携带火种和其他危险物品进入林区，在森林内或者森林周边以及封山育林范围内的一切耕地禁止使用烧荒、烧菜场、烧灰积肥、烧田埂、烧秸秆等生产性用火；扫墓等活动需烧香点蜡和燃放鞭炮的，要先做好防火安全准备，确保万无一失。

八、凡违反上述规定之一的，除依法赔偿损失外，将交由县林业主管部门依法从重处罚，情节严重，构成犯罪的，将交由司法机关追究刑事责任。

九、每个村民都有保护森林的神圣义务，各位家长要加强对本家庭成员的教育，尤其要教育好子女，严格遵守护林公约，各村民要勇于检举揭发违规行为。对举报有功者，将按照有关规定给予奖励。

平果县城关乡龙来村村民委员会

二〇〇四年二月十六日

32. （广西壮族自治区百色市靖西市新靖镇）旧州街村规民约[①]

为保障人民群众的财产安全和各项经济建设，结合本街实

① 来自：梁莹：《生存有道：靖西旧州壮族的生计方式变迁》，广西师范学院（现南宁师范大学）2015年硕士学位论文，第44－45页。

际，经街民代表小组讨论通过，全新制定以下街规民约。

一、成立旧州街村民管理委员会，管理村规民约，监督村规民约，监督村民遵守自治章程、村规民约。

二、保护古迹、保留民族文化遗产人人有责，三街六巷民房重建的，必须报请街委讨论同意，服从街道建设规划，不准在街道长期堆放建筑材料妨碍交通，违者通知警告，否则按垃圾脏物处理。在街上乱丢牲畜牛粪一律罚款20元。

三、严禁街头巷尾倒放垃圾，不准在门前堆放杂草和障碍物，各家各户实行门前三包，配合环卫工人搞好环境卫生，环卫工作人员必须按时拉走脏物并负责处理妨碍交通的行为，实行每月一扫，即每月15日，街“两委”、党员、各屯组长责任带头，街上每户要有一人自觉参与集体清洁活动，铲除卫生死角。规定每天晚上7：30统一由垃圾车清理垃圾。

四、为维护景区和街上的道路不受破坏，严禁本地和外来大中型车辆进出街上和景区，应统一放在景区停车场和保管场，违者以罚款处理。

五、为加快旅游业的步伐，增加农民经济收入，与旅游各项基础建设需要用地的农户必须配合，服从集体统一安排，集体有征用或调换同等面积的权利。

六、农田种植季节，严禁在田埂放牧，违者踩坏作物要赔偿，耕牛发生意外不予追究，河边水淹田禁止放鹅踩坏作物，违者要赔偿产量。

七、使用电视、电话、电力、自来水的用户必须遵守单位有关部门规定和有关条例，不准私自安装和偷信号，要按时交纳费用，违者报有关部门追究责任。

八、加强街道治安管理，发现小偷小摸按情节从重处五至十倍罚款，并向群众写检讨、保证书。

九、为配合上级有关部门搞好我街景点绿化建设，已种下的各种树木、花草，每个公民都要自觉爱护，不得任何借口损坏，特别是有牛羊的农户，在放牧期间管好自己牛羊，不得损害各种树木。

十、农田水利灌溉毁渠倒坝捞虾打鱼，违者造成损失的加倍赔偿，并报县渔业行政按照《中华人民共和国渔业法》有关条例处罚，上下连田灌溉用水，上田要照顾下田，不准随意堵塞，不准刁难。严禁在河道炸鱼、毒鱼、电鱼、网鱼。自然生态环境属风景区管理范围，严禁乱砍滥伐，违者则按风景区有关管理条例规定给予处罚，情节严重的，报上级司法机关追究刑事责任。

十一、外来游客不得乱丢垃圾，破坏公共设施，违者当地群众可以当场对其行为进行罚款。

凡举报违反街规民约行为的街民将给予奖励，知而不报都视为同类处理。

以上街规民约自公布之日起实施，希望各街各户自觉遵守执行，违者该户不得享受街上的一切优惠政策和福利。

旧州街街委会

二〇一三年五月

33.（广西壮族自治区百色市田东县祥周镇中平村）村民八要八不要[①]

一要遵纪守法，履行义务；不要违法乱纪，滋事造事。
二要相信科学，反对迷信；不要听巫信教，崇邪拜教。
三要弘扬美德，尊老爱幼；不要虐待老人，歧视妇女。
四要彼此谦让，互相尊重；不要恶语伤人，以强欺弱。
五要艰苦创业，科技兴农；不要奢侈浪费，愚昧落后。
六要礼貌待人，热情好客；不要污言秽语，懒散焕弱。
七要男女平等，优生优育；不要性别歧视，违反国策。
八要美化环境，爱护公物；不要蚊蝇漫飞，陋习滥行。

34.（广西壮族自治区百色市那坡县）百合乡环境卫生管理公约[②]

为了强化农村卫生环境整治工作力度，优化农村生态环境，改善人民群众生存条件，提高健康水平，形成人人保护环境、参与清洁、监督清洁的良好氛围，按照长期管理、集中整治相结合，结合我屯实际，特制定本公约。

---

① 来自：李澜主编：《中平村调查 壮族》，中国经济出版社 2010 年版，第 32 页。该文件的制定时间不详。

② 来自：广西那坡县政府网，网址：http：//www. napo. gov. cn/xxgk/gkml/1246. html，2020 年 2 月 14 日最后访问。

一、日常清洁

（一）门前屋后，以户为单位

1．道路、水沟。⑴就近划分落实到户，各户负责清理；⑵施工不得占道，如建（修）房确需堆放建材的，须经村清洁卫生管理小组批准，且按要求堆放整齐；⑶门前屋后一律不得乱搭乱建临时建筑物；⑷车辆不能乱停乱放；⑸各种污水一律按要求排放。

2．生活垃圾。⑴禁止乱扔、乱堆、乱倒垃圾；⑵负责自家房前屋后、室内室外的环境卫生，并将垃圾收集放到自家垃圾桶里；⑶对如塑料袋、快餐盒等，要经常拾捡，进行集中掩埋处理；⑷各种柴草等杂物要堆放整齐有序，随用随清，保持整洁，注意防火；⑸保洁员每日下午6时开垃圾车到各主干道摇铃收集各农户垃圾，集中运往垃圾场；⑹条件允许还可以对自家庭院进行适当的绿化和美化。

3．田园垃圾。包括各户田间地头产生的生产垃圾各户负责收集统一放置到垃圾场。

4．畜禽一律实行圈养。⑴对畜禽圈舍要做到“三勤”（勤起、勤垫、勤打扫），并及时对畜禽粪便实行堆肥处理。耕作中牲畜路过公共区域所产生的粪便由主人及时负责清理；⑵做好禽畜防疫工作，防止禽畜疾病的产生和传播；⑶病死禽畜要一律深埋，不得随意丢弃；⑷牲畜饲喂拴系不得占道，门前屋后一律不得饲养各种畜禽。

（二）公共区域，聘请保洁员和村民集体清洁日相结合

1．包括道路、球场、村部、沟渠、舞台、休闲广场。保

洁员具体负责。保洁员每5日要对公共区域清扫一次。

2. 每月6日为村民集体清洁卫生日期，届时每户必须有1人参与清洁活动。

3. 线路、路灯、球场、垃圾箱等公共设施，村民要积极维护，共同管理。

4. 设卫生环境专管员，负责对全屯及各户卫生环境的监督、检查和管理。组长：黄高品；副组长：农光效、马志兵，负责那池一组；黄华照、黄山，负责那池二组。

二、垃圾分类

1. 垃圾进行分类收集，各户产生的建筑垃圾、煤灰土渣由各户进行搬运掩埋，不得倒往垃圾池，违者按规定给予处罚。

2. 食物类有机垃圾，实施生态化处置，进行发酵、堆肥。

3. 对塑料橡胶、废铜烂铁等垃圾，实行有偿回收。

4. 其余垃圾装入自家垃圾桶（筐）。

三、奖罚

1. 全屯每年从生态公益林资金拿出一定数额设立清洁工程专项基金，支出项包括保洁员聘请费用、垃圾车管护费用、奖励资金。

2. 监督机制。（1）全面落实农户包庭院整洁、包经营田地垃圾收集处理、包垃圾分类减量的农户家庭“三包”责任制；（2）每月召开一次村民小组会议对清洁卫生户进行评比，连续两月被评为“最好”的，给予物资奖励，奖金数额由村民小组会议讨论决定。（3）保洁员工作接受农户监督，当月被评为“不称职”的，扣发一定数额保洁费，具体数额由村民小组会议讨论决定；（4）鼓励农户互相监督，发现乱扔垃圾举报有奖。奖金数额由村民小组会议讨论决定。

本公约自发布之日起实行。

中共百合乡委员会

百合乡人民政府

2013 年 7 月 20 日

35. （广西壮族自治区柳州市融安县沙子乡沙子村塘头屯）村民会议决议书[①]

面临着后龙山遭受一部分贪财图利者的乱砍滥伐日趋严重的情况，经村民大会充分讨论，对后龙山柴林管护等作出如下决定：

一、为了保持我屯自然环境的生态平衡，继先辈高尚的道德和优良传统，在既往不咎的原则上，从 1989 年 7 月 11 日起，不准偷砍后龙山木柴、干柴，干藤也不准窃取。

二、家长（户主）要教育好子女、儿孙，不得纵容他们肆意偷砍，搬走后龙山的生、干木柴，如果家中成员，不管老少偷砍者，户主要担当受罚的经济责任。

三、在后龙山的封山范围内，不准毁林开荒、种植农作物，违者与砍木柴论处。

① 来自：陈家谅主编，融安县志编纂委员会编：《融安县志》，广西人民出版社 1996 年版，第 518 页。

四、树旁、路边、公共乘凉场所、洗衣、挑水码头、隘口处，已成材的风景树木，要妥善保护，不准阉萎，不准毁坏。

五、先辈留下来的石凳、石板条、公益设施，供群众乘坐歇凉，不准摧毁或搬走。自决议之日起，不管男女老少，有一人违犯者，除赔偿外，按沙子乡《治安公约》第三条规定：偷砍一根木柴者罚款捌元，毁坏一个石凳，要赔偿一个同等质量的新石凳。

36. （广西壮族自治区南宁市西乡塘区衡阳街道）友爱村村规民约[①]

为加强我村的精神文明建设，促进安定团结和经济工作的发展，特制定本村村规民约。

一、坚持四项基本原则，走社会主义道路。

二、关心集体、遵守国家的法律法规和本村制定的各项规章制度，助人为乐、尊老爱幼和勤劳俭朴。

三、讲文明礼貌，不打架斗殴和侮辱他人。

四、严禁赌博和盗窃，不得偷用水电。

五、破除“多子多福”“重男轻女”的旧观念，认真执行现行的计划生育政策，承租房屋户要与村签订外来人口计划生

① 来自：广西南宁友爱村志编纂委员会编，覃芝馨主编：《友爱村志》，广西人民出版社1996年版，第215－216页。

育合同书。

六、严禁卖淫、嫖娼、吸毒、拐卖妇女儿童和传播淫秽物品。

七、讲科学，移风易俗，不搞宗派及封建迷信活动。

八、爱护公物，不得以任何借口侵占和损害，不得乱占集体土地、水沟、公共场地。不得毁坏电线、广播线、有线电视线、道路水沟、自来水管等公共设施。

九、讲卫生，保持室内外和公共场所清洁，不得乱倒、乱堆垃圾和乱堆放建筑物在道路上，家庭污水不得流到路面上。

十、积极参加各种公益事业活动，按规定参加村组召开的各种会议，按规定交纳水电费、税金和各种承包金。出租房屋户要负责协助小组收取租房者的卫生费。

十一、出租房屋户要负责带租房者到村委登记入册办理暂住证，并协助村委搞好租房者的治安工作。

以上村规民约，全村村民及在我村范围内的各单位公民、外来暂住人口要共同遵守，如有违反，取消村组发放生活费的享受，停接集体水电，停止办理在村里的一切行政事务，不属我村村民的罚款 50～200 元。情节严重触犯刑律的交由公安部门处理。

本村规民约自一九九五年七月一日起执行。

友爱村村民委员会

一九九五年六月八日

37.（广西壮族自治区南宁市西乡塘区北湖街道办事处）万秀村村规民约①

为了加强我村的社会精神文明建设，创造有利（于）生活、工作环境和安定的秩序，确保安定团结、振兴发展万秀村的集体经济新局面，特制定如下村规民约：

一、社会治安

第一条　拥护中国共产党、执行中国共产党的各项方针和政策。

第二条　每个村民都要学法、守法，自觉地维护法律的权威和尊严，同一切违法行为作斗争。

第三条　村民之间团结友爱、和睦相处，不打架斗殴、不酗酒滋事、不侮辱诽谤他人声誉、不造谣惑众拨弄是非。

第四条　自觉维护社会秩序和公共安全，不扰乱公共秩序，不阻碍执法人员执行公务。

第五条　严禁偷盗、敲诈、哄抢国家、集体和个人财物，严禁赌博、严禁吸毒、严禁替罪犯藏赃物。

第六条　不制作出售、传播淫秽物品，不调戏妇女，遵守社会公德。

第七条　严禁非法限制他人人身自由或者非法侵犯他人住宅，不准隐匿、毁弃、私拆他人邮件。

① 来自：广西南宁万秀村志编纂委员会编，苏树远主编：《万秀村志》，广西人民出版社2009年版，第215－217页。

第八条　严格用水、用电管理，未经批准不准私自安装用水用电设施。要切实爱护水电设施、节约用水用电，严禁偷水偷电。

第九条　认真遵守户口管理规定，出生、死亡要及时申报和注销。外来人员需要在本村居住三天以上的，应向本村治保会办理申报登记手续。

第十条　违反以下社会治安条例者，按以下小法处理：

（一）触犯法律、法规的，报送司法机关处理。

（二）情节严重，但尚未触犯刑律和治安处罚条例的，由村委会批评教育外酌情罚款。

二、村风民俗、邻里关系、婚姻家庭

第十一条　提倡社会主义文明移风易俗，反对封建迷信及其他不文明行为，树立良好的社会风尚。

第十二条　大力弘扬人道主义和倡导助残为民的社会公德，切实贯彻执行、落实国家和各级政府有关扶助残疾村民的各种规定和优惠政策，为贫困残疾村民提供生活、康复、就业、教育、医疗等帮扶服务，营造扶弱助残的社会氛围，创建平安、和谐的文明村。

第十三条　建立正常的人际关系，不搞宗派和宗族活动。

第十四条　凡在村属范围的土地都属于村、组集体所有。村民只有使用权，不允许村民存在私自买卖权，也不允许在责任地上建房，违者自行拆除。否则，即停止其全家人在本村的一切享受待遇。

第十五条　搞好公共卫生和村容整洁，不得随地倒垃圾秽物，修房盖屋余下垃圾要及时清理，按指定地点堆放，严禁污水横流。各小组各自做好总排水沟，排水按自由流向排出，公厕要按三级化粪池规划修建。

第十六条　未经村、组以及有关部门批准同意办理建房手续的房屋，一律作乱搭乱盖、违章建筑。凡属违章建筑，村、组使用土地时建房者一律自行拆除，违者按第十四条执行。

第十七条　要依法使用土地，新宅地按村、镇规划执行，不得损害整体规划和四邻利益。

第十八条　邻里间发生纠纷，能自行调解就自行调解处理，不能自行处理的要依靠组织解决，不能仗势欺人，强加（于）他人。对不听劝解、制造纠纷的当事人，情节轻微的给予教育；造成人身伤害或财产损失的，必须承担医疗费，返还或修理重作，更换被损害的财产，并按实际损失的两倍以上进行罚款。

第十九条　全村村民要遵循婚姻自由、男女平等、一夫一妻、敬老爱幼的原则，建立团结和睦新家庭。

第二十条　夫妻做到计划生育、晚婚晚育。

第二十一条　在家庭中夫妻平等，反对男尊女卑，不准打骂妻子；夫妻双方要共同承担家务劳动，共同管理财产。

第二十二条　对丧失劳动能力无固定收入的老人，其子女必须尽赡养义务。对老人生病、就医、生活服务等，须由其子女负担或承担费用。

第二十三条　父母、继父母要承担未成年或无生活能力子女的抚养教育，不准虐待病残儿、继子女和收养的子女，不准许小学生辍学。

第二十四条　凡违反本村村规民约、经教育不改者，村委会停止其本人一切行政事务和福利待遇，涉及家庭的停止其所在组的一切福利待遇。

第二十五条　外来人口到本村居住的，要按本村村规民约遵守执行。

第二十六条　本村规民约经村委会、村民代表、党员扩大会议通过后实施，并做到家喻户晓，人人执行，人人遵守。

二〇〇一年三月制定

二〇〇六年三月三十日修改

38. （广西壮族自治区防城港市上思县在妙镇）联合村婆门屯村规民约[①]

为加强屯容、屯貌的管理，创造清洁、优美的生活环境，促进社会主义物质文明和精神文明建设，结合本屯实际，特制定本约：

1. 屯成立理事会。

2. 全体村民应积极配合并参与村民理事会和“村环境卫生保洁工作领导小组”组织的各项卫生工作。

3. 全屯实行包干区管理，划分为若干区块，每个区块确定一名两委干部为责任人、一名村民理事会成员为义务监督员。

4. 农户必须自觉搞好家居卫生，做到人畜分离，集中圈

① 来自：豆丁网，网址：http://www.docin.com/app/p?id=697342540，2020年2月10日最后访问。

养，不得散养，对死禽死畜要进行深埋。

5. 垃圾不乱倒，粪土不乱堆，污水不乱流，柴草不乱放，农户必须将垃圾倒入指定的垃圾桶内。

6. 自觉保持好房屋周边的环境卫生，做到房前屋后无积水、无杂草、无垃圾，确保檐沟流水畅通。

7. 各农户必须自觉维护道路、水利设施的贯通，不得将垃圾、农药瓶和田埂草倒入道路、河流、水渠、水塘中，一律堆放在指定地点。

8. 不在道路边搭建违章建筑，堆放废土、乱石、杂物，不在道路上乱挖排水沟，不得在道路上晒、打农作物等，不在路道上以其他形式侵占路面。

9. 凡发现危害和破坏公共卫生设施的人和事要积极制止并及时向村委报告。窃取或破坏公共卫生设施者（如垃圾桶、扫把等），一经查实，将以一罚十处置，严重者将移交公安机关。

联合村婆门屯村民理事会

2013 年 8 月 15 日

39.（云南省文山壮族苗族自治州文山县攀枝花镇）红旗行政村村规民约[①]

为了维护社会治安，保护全村人民及友邻单位的正常生

---

① 来自：高发元主编，杨经德分册主编，壮族调查组编写：《云南民族村寨调查 壮族——文山攀枝花镇旧平坝上寨》，云南大学出版社 2001 年版，第 157－160 页。

产、生活不受干扰，集中精力发展经济，脱贫致富，奔小康，促进农村的社会主义物质文明和精神文明建设，做到为政一方，稳定一主，管好自已的人，看好自已的门，特根据宪法和有关法律规定，结合本行政村实际，制定本公约。望全体村民共同维护遵守。

一、社会治安

第一条　积极开展治安联防。制止各种治安案件发生，全村男女老少，发现火情，要全力扑灭，发现盗情，打、砸、抢的不法分子，要见义勇为，全力擒拿，并及时向治安联防队及政治部门和上级政府报告。

第二条　公民的合法财产不容侵犯，偷盗他人财物、价值达五百元以上的，送交政法机关惩处。价值不足五百元以下的，除赔偿损失外，还要赔偿失主因寻找而造成的经济损失，并按偷盗的财物价值，交纳一至二十倍的违约金。

第三条　严格管理和控制流动人口。留宿外地人员者，必须及时向村治保小组报告，因失控和未报外地人员在本村违法作案，除追究违法人员的法律责任外。对留宿者每次处以违约金十至二十元。

第四条　严格按户籍法管理户口。出生婴儿，娶回的媳妇，招回的女婿，必须在一个月内申报户口。死亡人员也必须在一个月内申报注销户口。违反者处 20 元至 50 元的违约金。

第五条　管好生产和生活用火。因生产、生活用火引起火灾，损失数额万元以上的，报政法机关处理，损失数额在万元以上的，按责任大小，除赔偿一定数量的损失外，每次处违约金一百元。有意纵火者，送交政法机关依法处理。

第六条　严禁赌博。违者，无论赌资大小，除没收所带财物外，每次处违约金一百元以上，并处提供赌场者违约金100元以上，多次教育不改者，送政治机关处理。

第七条　严禁打架、斗殴，违者无理一方除负责赔偿损失外，每人每次处违约金五十元以上，后果严重者，送交政法机关处理。

第八条　全村农户没有打码及新购买的火药枪，必须立即到乡派出所打码或领持枪证，违反者没收枪支，并处违约金50元。

二、公共事业

第一条　为了能加快发展乡村经济，必须要有好的领导班子，因此全行政村各自然村的干部，一律按选举制产生，每届任期一至三年。群众公认选中者，不上任和任期不满退出的，处违约金一百元。其他按村公所干部管理制度执行。

第二条　村民必须按时参加会议及各种义务劳动无故（不请假）、不按时参加者，每次处违约金5元，不参加者处违约金十元，但分给的任务必须完成，不完成的加倍处理。

第三条　严禁偷砍树木，违者每次按所砍树木价值的5倍以上处违约金。

第四条　保护饮水卫生，不准在饮水池内洗衣服、洗菜和其他脏物，违者每次处违约金五元。

第五条　认真管理好牲畜、家禽，防止损坏庄稼。因牲畜、家禽管理不善，损坏他人庄稼，户主应主动向受损失户承认错误，本着互谅、互让原则，根据损失大小进行赔偿，经多次教育不改正的畜类每头（匹）每次处违约金十元，禽类每只每次处违约金三元。

第六条　从九三年元月一日起，严禁在平乐沟两侧的山坡上开荒，违者处违约金五百元。坡度在 20 度以上、20 米内已开垦的必须立即退耕，不退的处违约金二百至一千元。沟的上侧、下侧 2 米内不得种作物，违者每平方米处违约金十至二十元。

第七条　每位农户在自己承包地铲埂，自己不加埂的田埂，严禁铲埂，只能用刀割草。违者每次处违约金十至五十元。

第八条　村民必须按时交纳各种提留。无故不交纳者，强行以实物折交，并处应交数两倍的违约金。

三、土地管理

第一条　《土地管理法》规定土地是国家和集体两级所有，因此严禁私人开垦，已开垦的土地，集体需要的必须立即退出，不退出的强行退出，并处违约金二百元，集体暂不需要的土地，谁开垦的就租给谁种，每亩每年按土地差别交租金 50 至 150 元给村民委员会，作集体经济收入。

第二条　为了缩小承包户之间收入的差别，从 1993 年起每年年初各自然村将本村死亡，农转非人员的承包土地按中等性质收回，若有不给收回者，除强制收回外，并处违约金 100 元。将收回的土地租给原种者及他人耕种，用出租的收入来发展集体经济。

第三条　农户不得将土地私自出租及兑换给其他单位及个人改变土地使用性质，若是为发展集体经济，需出租兑换给他人改变土地作用性质的，须按政策申报经批准后方能出租、兑换。违反者除没收所得外，并处违约金 1000 元以上。

第四条　私人需建房扩宽占地面积，必须按政策规定程序办理申请手续，经批准后方能建占，违者除勒令退出外，并处违约金 100 元至 200 元。

四、其他事项

第一条　任何人违反本约，都必须按规定交纳违约金，无现金可用实物按价折抵。外村人及单位人员违反村公约，仍按村公约执行。拒不交纳违约金者，报法律机关强制执行。

第二条　为保证执行公约，对维护（公约）和敢于揭发坏人坏事的积极分子实行奖励：一、检举揭发违约人员者。奖给所收违约金的百分之二十。二、现场抓获违约人员者，奖给所收违约金的百分之五十。

第三条　本公约由各自然村治保小组及村公所联防队负责执行。治保小组收的违约金，入村委会的收入账，联防队收的违约金作联防队经费开支。

第四条　本公约自一九九三年元月一日开始执行，到一九九四年十二月底废止，期满后经群众大会重新修订。

攀枝花红旗行政村

一九九二年十二月二十五日

40.（云南省文山壮族苗族自治州文山县旧平镇上村）关于收回多占荒地房基地的有关规定[1]

为了保护好我队的房基地和森林风景区，经全体社员讨论决定，收回每户村民多占的房基地以及开的荒地，根据本村的现实情况，特规定以下几条：

1．先复查所有地基，多占地基的，按每平方（30）元卖给多占户，如愿要的按通知之日起，在7天之内交清所多占面积的现金。如不交清者，队上将拆出所多占的面积归队上所有。多占户不愿要的，要在规定的时间内拆出所有多占的建界房归还队上，如不拆出的村户将上报处理。

2．队上所需要的空地，被私人占为地基的，一律不得拍卖，留队上使用。

3．以前留的空地基，被边上村民占去的经复查后确查定量出后，一律不得拍卖，退还生产队。

4．收回从公路口、我寨头到瓦窑、石头地、白置地、后山、碑脚，以及盘龙河边的所有多占地，碑脚尾与腾子在界线处，每年（五元）给高忠友家种，以保护地界。

5．收回后，不准村民再继续栽种，如有违反者，按每平方处违约金（50）元整。

6．现在多占的村民户，在地内种的一切农作物，自觉

① 来自：高发元主编，杨经德分册主编，壮族调查组编写：《云南民族村寨调查 壮族——文山攀枝花镇旧平坝上寨》，云南大学出版社2001年版，第156页。

砍出。

此规定请广大群众认真执行，所有参加复查多占房基地和荒地的人员，一律由大人参如，如无故不来参加的或者叫孩子来参加的，处违约金大米10斤。

旧平镇上村村民委员会

一九九六年六月二十日

41.（云南省文山壮族苗族自治州丘北县官寨乡）水头村村规民约三字诀①

（经村民代表大会于2018年7月5日表决通过）

学法篇

自治法　是依据　立村规　有法依　要学法　记在心　要知法

不违法　要守法　不犯法　见违法　作斗争　除公害　保平安

公物篇

村小组　公物多　篮球架　健身器　棋牌乐　电视机　功放机

大音响　小话筒　小靠椅　大桌子　大门窗　电灯线　光缆线

公物品　要爱护　不小心　弄损坏　自己修　或赔偿　故意坏

要处置　依法判　爱公物　守规则　讲文明　品德好　树新风

---

① 来自：《丘北：官寨水头村自制“村规民约三字经”，朗朗上口获赞》，载文山壮族苗族自治州人民政府官网，网址：http：//www.ynws.gov.cn/info/1623/213123.htm，2020年2月10日最后访问。

卫生篇

自然村　大家庭　勤打扫　勤清理　不吐痰　不丢纸　垃圾箱
指定放　倒垃圾　投入箱　讲卫生　保整洁　不守纪　要举报
举报者　奖三十　乱放者　罚三十　公共地　忌晒粮　道路上
忌粪土　乱砂石　若用地　请报告　同意后　方可用　事完毕
清积物　还原貌　若违规　要罚款　罚五十　罚一百　交公账

护林篇

毁林者　受惩罚　每立方　罚三十　见毁林　请举报　举报者
奖三百　触法律　挨判刑　蹲监狱　受煎熬　羞亲友　毁家庭
爱树木　护森林　万人管　人人责　树长大　变成林　山上林
山下水　溪潺潺　流成河　田满水　粮满仓　虾满池　鱼满塘

护河篇

上水头　下水头　小矣勒　大矣勒　自然村　壮家人　河边居
种杨柳　搞绿化　植被好　河水清　鲤鱼跃　鱿鱼欢　爱河水
护鱼虾　管理员　勤巡河　看好家　禁挖河　防捞沙　筑牢岸
护堤坝　禁捕鱼　止捞虾　一教育　二惩罚　若不改　司法判

公益篇

村小组　公益事　项目多　集体议　大家办　人心齐　泰山移
道狭窄　扩宽路　人好走　车好过　搞脱贫　硬化路　你帮村
我帮户　齐心抓　找出路　村出列　户脱贫　奔小康　大家富

诚信篇

人相交　贵在诚　心坦荡　怀若谷　重情义　轻功利　近君子

远小人　不仗势　莫相凌　假虎威　遭人谴　宁玉碎　不瓦全
斗邪恶　正义伸　同志间　应友善　多宽容　善理解　待家人
敬如宾　共扶持　相尊重　近邻好　胜远亲　多礼让　息纷争
精诚至　金石开　招商客　要真情　三分招　七分安　有诚信
远朋来　在商海　讲商德　重信誉　价连城　有规章　共遵守

婚丧篇

婚丧事　有要求　办婚事　先报备　十天前　做申报　作承诺
办丧事　时间紧　可后报　十天内　补报完　公职员　共党人
身律己　做垂范　节俭办　不浪费　请客数　控二百　同一事
办一次　若分两　人数同　每桌菜　十二个　荤素菜　各一半
每桌费　二百元　烟酒费　占三成　送礼费　有上限　赠礼金
或礼品　一百元　礼仪轻　人意重　不欠情　不欠债　不伤风
不败俗　若违规　纪委找　约谈话　要问责　或处理　到时候
情不甘　人不愿　立规矩　同约束　有规章　要执行　共遵守

42．（云南省文山壮族苗族自治州广南县底圩乡普龙村那舍小组）村规民约[①]

（2004 年 6 月 10 日全体村民会议通过）

为贯彻落实人民群众的利益，经过全体村民会议通过的村规民约有八条：

① 卢燕于 2016 年 9 月 10 日提供。

第一条　发展人民群众的利益，必须把各项经济管理好，要把甘蔗管理好，如有牛、马、猪等践踏，一头牛罚10元，所有被踩踏的甘蔗按数目每根罚款0.5～1元，必须在调解后把现金交清。

第二条　保护好茶叶种植，八角栽培。发现一头牛在茶叶台地来回罚款50元一头；另外数牛脚印（每个脚印按0.5元计）。如有牛进八角地且撞断八角枝丫，按每棵20～50元计进行赔偿。

第三条　做集体义务工者，如修公路、修电厂等，要求年满18岁。如有哪家农户有特殊情况不能参加集体义务工，必须对组长或副组长汇报并请假，否则，少一天集体义务工者要向本村小组交付20元现金作集体公费，这是集体规定法。

第四条　保护好集体育林基金。如果有枯死，雪压、霜盖倒等，一旦发现不准乱砍、乱要、乱占。如有不听者罚一棵树50～100元，罚金归集体所有。

第五条　保护好公路，不准在公路上面或下面乱挖石头，如有违规者罚100～200元人民币，不听者后果自负。

第六条　秋分后，不管任何人在任何地里面乱吃一根甘蔗，每根罚10～20元。

第七条　集体规定小偷法。如有偷鸡、鸭、鹅等，一旦被发现将按偷一罚十处理，另外每只罚款30～50元。

第八条　集体卖河道规定在2004年旧历6月9日—2005年旧历6月9日。河道自上端红谢代涵洞上50米至下端下坝玉弄那藏上来，禁止在河里面使用电瓶、炸药、渔网、鱼钩等，违者罚50~200元。

2004年旧历六月十日宣

43.（云南省文山壮族苗族自治州砚山县者腊乡羊革村村委会）阿野小寨村卫生管理公约①

为加强阿野小寨村环境卫生管理，维护村容整洁，保障村民身体健康，创造文明优美的生活和生产环境，现根据国家有关法律法规，特制定如下规定：

第一章　总则

第一条　指导思想：以邓小平理论、党的十六大精神和“三个代表”重要思想为指导，以帮助群众尽快脱贫致富奔小康为指导，进一步解放思想，与时俱进，更新观念，以崭新的精神面貌共建文明家园。

第二条　通过卫生管理，促进全村精神文明建设，使阿野小寨村变成山绿、水清、村美、人富的文明家园。

第三条　本公约包括家庭环境卫生及公共场所环境卫生。

第四条　为了使本公约能顺利贯彻执行，成立阿野小寨示范村卫生管理领导小组，该小组在村党委、村民小组的领导下开展工作，领导小组由村民小组的领导，党小组长、村民推荐的有关人员组成，该领导小组主要是负责卫生管理的监督、检

① 胡兴东于2020年3月1日提供，该村规民约制定时间为2016年。

查，并对违约者进行处罚，以维护好本村公共及家庭卫生环境。

第二章　家庭环境卫生管理

第五条　家庭环境卫生包括厨房卫生、卫生间卫生、猪圈卫生，除猪以外的其他家畜家禽饲养厩舍卫生、堂屋卫生、房前屋后环境卫生。

第六条　厨房卫生：厨房要随时保持地板、灶台、桌子、凳子、锅、碗、盆、瓢等清洁、干净。

第七条　猪圈卫生：猪圈要早晚清理大便，长期保持猪圈干燥、干净。

第八条　其他家畜家禽厩舍卫生：凡家畜家禽必须圈养、不得放养，并且要适时除粪、清扫，保持家畜的厩舍干净。

第九条　堂屋卫生：堂屋内的桌、椅、板凳、地板、沙发等要随时保持干净、清洁，各种东西摆放整齐，给客人一种好印象。

第十条　房前屋后环境卫生：房前屋后环境卫生要做到杂物堆放整齐，地表面及果树脚无杂草丛生现象，并且要随时保持干净、清洁。

第三章　公共场所卫生管理

第十一条　公共场所卫生包括：街道、文体广场、集聚场所等公共场所卫生。

第十二条　街道卫生：严禁任何人在街道上进行乱占、乱堆、乱放，严禁各家各户的家禽家畜在道路上及公共娱乐场所乱解粪便，严禁任何人在街道上乱丢果皮、纸屑等杂物，街道卫生实现分段分户进行管理，随时保持街道干净、清洁。

第十三条　文体广场等公共场所卫生：文体广场严禁各类车辆通行和牲畜进入（特殊情况例外），文体广场等公共等公共场所卫生实行分户管理，每十户每星期清扫一次，由村小组负责实施，时时保持场所干净、清洁。

第四章　违约处罚

第十四条　在检查家庭环境卫生中，违反六至十二条中的一条，及时清理干净，否则处罚违约金 3 ~6 元，如违反两条以上的，累计加倍处罚。

第十五条　在街道及其他公共场所乱丢果皮、纸屑等杂物的，发现一次处罚违约金 5 元。

第十六条　在街道及其他公共场所，乱占、乱堆、乱放杂物的，发现一次处罚违约金 3 ~6 元，并及时清理干净。

第十七条　家禽家畜不进行圈养，在街道及其他公共场所乱解大小便，发现一次处罚当事人违约金 3 ~6 元。

第十八条　文体广场严禁各种车辆进入和牲畜进入，违者处以 3 ~6 元的违约金。

第十九条　街道及公共场所的卫生实行分段分户管理，不履行管理职责者，交纳违约金 3 ~6 元。

第二十条　以上条款如有与村规民约抵触的，按村规民约的规定执行。

44.（云南省红河哈尼族彝族自治州河口县南溪镇）南溪村马多依村规民约①

一、毒鱼一次，罚3000～5000元。

二、偷猪马一次，罚10000～15000元。

三、偷鱼一次，罚3000～5000元。

四、偷狗一次，罚500～1000元。

五、偷香蕉芭蕉一串，罚300～500元。

六、非法网鸟一次，罚300～500元。

七、偷家禽一只，罚100～300元。

八、偷甘蔗一根，罚50～100元。

九、偷菠萝一个，罚50～100元，

十、乱倒垃圾一次，罚50～100元。

十一、禁止打猎，违者重罚，举报有奖。

---

① 来自：《云南这个村子不得了，里面有上万条鳄鱼》，载“云南小村子”微信公众号，2020年2月15日最后访问。制定时间大概为2015年。

第二章　苗族地区村规民约

1.（贵州省黔东南苗族侗族自治州锦屏县河口乡）文斗村村民自治合约[①]

文斗村全村有10个村民小组。近年来，在州、县试点建设指挥部的领导下，在县消防、水利、交通、建设、电力、安监、民政等部门的大力支持和帮助下，按照“四改三保二强一高”要求实施电改、厨改、水利和路改等消防试点建设工程。各届村委带领全村群众，认真贯彻落实上级党委政府工作部署，扎实开展社会主义新农村建设，全村各项建设事业迈上了新的台阶。为进一步推进新农村建设步伐，加快实现全面小

① 高其才于2016年7月22日搜集。

康社会，特制定如下村民合约。

一、村民义务及合约

1. 认真选好村“两委”成员，无能、无谋、无德、怕事、酗酒闹事者不能进入村委班子；村民应尊重村党支部和村民委的权威，村“两委”成员有责任把地方事情办好。禁止拉帮结派，一切以“团结”为目的，共同创建美好家园。不准起哄，不准有影响本村形象的非法信访上访。

2. 加强团结，和谐共处，以歌劝和。凡家庭内部及邻里之间因生产生活产生矛盾处理不当，引发谩骂、争吵、打架行为，由全村推选“劝和”小组上门劝和，同时由引发矛盾纠纷的家庭承担吃“劝和饭”的费用。

3. 全村推行人民调解、治保处理纠纷制度，由村民委推选主任委员，负责组织协调处理村内纠纷，协助村、组治理地方。

4. 提倡从简节约，反对浪费，提倡厚养薄葬；树立尊敬长者、孝顺老人之风。有不赡养老人、虐待老人者作公开批评，责令改正。不准有损他人家庭、破坏家庭。

5. 严禁无证砍伐山上树木，违者自愿承担违约金 300～500 元。

6. 提倡文明进步，反对迷信，不准装神弄鬼、信邪入邪。

7. 各姓氏阴地（风水）按历来地方习俗进行管理使用。

8. 凡交村级调解的民事、山林权属等纠纷，双方分别上交调处费 50～200 元，作为村集体资金，专项用于村公益事业建设。

9. 未经村民委同意，随意烧山、烧田埂等野外用火的，违反者自愿承担违约金 50～100 元；引起山林火警、火灾的，除接受国家规定的民事赔偿与法律制裁外，还应安排参加扑救火人员当天的伙食。

10. 凡有易燃物（稻草等）进村进家存放和乱搭乱接电线、存在消防隐患的住户，经 2 次书面检查仍未整改者，除及时整改外，自愿承担违约金 50 元。发生火警者自愿承担违约金 200～500 元，还得写书面检查并安排参加扑救火人员的当天伙食；发生火灾者除应按每人每天 100 元的标准支付扑救人员的误工费外，还得承担自行购买（与）6 根消防栓带相等的费用，赔偿邻里受灾户所有经济损失。

11. 保护消防基础设施，不准挤占、圈占、盖压、遮掩消防设备，不准随意借拿消防器材影响村寨人饮消防用水安全的行为；不准年轻力状（壮）人员发生火情火警后不参加扑灭、只顾搬东西的行为，违者除恢复原状、批评教育外，还应上交违约金 100～200 元。

12. 实行人用饮水让路于消防用水调节管理制度，确保消防池每日满池。不准开点滴水，不准用消防水养鱼，不准私自开消防栓取水，违者每一次上交违约金 100 元。

13. 提高水陆交通安全意识，不驾驶也不乘坐“三无”船舶、“三无”车辆，不在夜间、雨冻等恶劣天气强行出车出船，违者承担违约金 30 元。

14. 凡浪放家禽、家畜造成他人损失，除赔偿他人损失外，承担违约金 50 元。

15. 加强对村寨古物的保护，凡损坏古井、古树、古碑、寨门、亭阁等公共财产，除承担修复费用外，承担违约金100～300元。

16. 凡随意在操场、公路、街道、凉亭、码头、消防池等公共场所倾倒垃圾、私自占用、存放杂物，除及时打扫清理外，承担违约金30元。

17. 村民建房及猪牛圈不得有损相邻关系，不能侵占街道或公地，临街新建房屋外露构件（阳台、檐口及雨棚等）不能延伸到道路边缘，村民不得临主街搭建有损村容寨貌的猪牛圈及厕所、放杂物，违者除及时打扫清理外，承担违约金30元。

18. 遵守计生双诚信双承诺。

19. 凡不支持本村公益事业建设和妨碍《村民自治合约》执行的人，当年或次年暂不作为民政救助对象。

二、村两委职责与义务

1. 村两委组织成立“合约执行小组”维护和完善本合约。

2. 加强村落防火设施建设，定期检查消防池、消防水管和消防栓，保证消防用水正常使用，农忙季节要解决好农田用水与消防用水的矛盾。

3. 认真落实一月两查制度。对村内、户内电线要定期检查，损坏的要监督家户请电工及时修理、更新，严禁乱拉乱接电线。要明确消防专门管理人员，开展有效的消防宣传，要组成“义务消防队”每月至少组织一次消防演练。加强“十户”联防联保的管理，发现隐患限期整改。加强村民对“老弱病残幼”“精神病人”“智障人员”的监管教育。

4. 村委有义务在重点路段、码头安插安全警示标牌，加强陆路水路教育。

5. 村两委人员无“违章指挥，违法违纪，违反劳动纪律”现象。

6. 按（安）排鸣锣喊寨人员，每晚8点左右要鸣锣喊寨，巡视全寨。

7. 尊重知识分子，关爱村里的未来。凡到入学年龄子女，必须保证上学，最少至初中毕业。考上大学要进行恭贺鼓励。

三、对违反上述自治合约者，由村委会批评教育，责令改正。对其作出相应的处罚。对没有具体处罚金额的由“执行小组”研究决定。

四、违反上述规定者所承担的违约金统一上交至村委作为村级公益事业建设资金。村委要做好资金的管理使用工作，并定期将违约金上交情况及使用情况向村民公布。

五、本《村民自治合约》于2012年12月1日村民代表会议表决通过，由户主签字认可，自2012年12月8日村两委、执约小组组织实施。

2.　（贵州省黔东南苗族侗族自治州锦屏县河口乡文斗村）村规民约[①]

文斗村史溯元末，寨辟明初，清代顺治前尚处化外“生

① 高其才于2016年7月22日搜集。

苗”之地，康熙年间“输粮入籍”归附清廷，上、下两寨分属黎平府和镇远府天柱县管辖，中华民国三年（1914年）复置锦屏县时两寨划属同一县。新中国成立后设文斗乡，辖文斗上寨、下寨和河边村，1992年文斗乡并入河口乡。2008年实行并村，上、下寨合并为一个行政村。2014年推行中心村建设，加池村并入文斗村。现辖15个村民小组、527户2369人，99%为苗族。文斗在明清时期木业兴盛，以“契”管“业”渐成规俗，勒石刊刻的公约颇多，素有立规治村的传统，地方由此民风淳朴，社会绥靖，礼法文明，文教昌盛。改革开放以来，文斗地覆天翻，文化经济跃上新台阶，先后入选中国传统村落和世界文化遗产预备名单，乡村旅游有所发展。但地方尚存一些不良莠俗，村“两委”及有识之士认为亟须矫治，遂重修村规民约，广征灼见，提交村民代表会议讨论并签字通过，名曰《文斗村村规民约》，今立碑实刻于大塘埌处，望各户依约遵守执行。

一、约定的村民义务与责任

1. 每位村民必须遵纪守法，对违法行为要挺身而出制止，积极协助执法机关执法，对违法行为检举揭发，不得纵容包庇。

2. 以礼相待和谐共处。村民之间及村民与来客之间以礼相待，与人为善，与人为伴，凡家庭内部及邻里之间因生产生活产生矛盾处理不当，引发谩骂、争吵、打架行为，同时由此引发矛盾纠纷的家庭承担相关的费用，写悔过书10份张贴。

3. 全村推行人民调解、治保处理纠纷制度，由村民委推选调解主任，负责组织协调处理村内纠纷，协助村、组治理地方。

4. 坚持履行节约，反对浪费。提倡婚丧嫁娶一切从简，反对浪费，提倡厚养薄葬；树立尊敬长者、孝顺老人之风。有不赡养老人、虐待老人者作公开批评，责令改正，并交违约金50～200元。

5. 要保护生态，保护家园。严禁砍伐村寨两边大小风景树木，不准进入后龙山砍伐干枯树木、树枝；不准进山烧炭、煤灰；不许大人、小孩在树上刻画、削皮。违者罚违约金50元～1万元。不得无证砍伐林木，盗伐他人林木，违者除交有关部门处理外，每起交违约金50～500元。

6. 提倡文明进步，反对封建迷信，不准装神弄鬼、信邪入邪。

7. 继续按原乡村民约，各姓氏坟地按老祖周围管三丈（阴地风水），田上坎管三丈、下坎管二丈（从田水口丈量起），地边管五尺（原丈量登记在册）进行管理使用。

8. 凡交村级调解的民事、山林权属等纠纷，村民写申请交村调解主任（口讲不交申请和押金，村调解委不受理），交押金50～500元，调解后退回有理方的押金。无理方押金不退转违约金。

9. 严禁野外用火。未经村民委同意，随意烧山、烧田埂等野外用火的违反者交违约金50～100元；引起山林火警、火灾的，除接受国家规定的民事赔偿与法律制裁外，还得自愿接受参加扑救火人员的当天务工费50元。

10．严禁易燃、易爆物品进寨进家。村民不得将汽油、柴油、稻草、木皮、锯木灰、鞭炮等易燃易爆物品进村进家存放。

11．严禁乱搭、乱建、乱接、乱停、乱放。村民建房、建猪牛马圈、厕所等要按村委会的规划进行，不得占用集体用地，不得占用防火通道，未经允许，不得乱拉乱接电线，房前屋后要堆放整齐，不得乱停乱放。违者交违约金 100～1000 元。

12．灶边、烟囱周边有易燃物存在消防隐患的住户，经 2 次书面检查仍未整改者，除及时整改外，罚违约金 50 元。村寨发生火警者罚金 50 元，喊寨一个月；造成受灾，承担受灾户接水拉电费用，还得写书面检查。发生森林火灾的赔偿受灾户，荒山 50 元/亩；有林地 100 元/亩；经济林 200 元/亩（国家追究除外）。到现场抢救火灾的人员由肇事者补助 50 元/人误工（费）。

13．保护消防基础设施，不准挤占、圈占、盖压、遮掩消防设备，不准随意借拿消防器材影响村寨人饮消防用水安全的行为，违者除恢复原状外，罚违约金 100～200 元。

14．实行人用饮水让路于消防用水调节管理制度，确保消防池每日满池。不准开点滴水，不准私自开消防栓取水，违者每一次罚违约金 100～500 元。

15．提高水陆交通安全意识，不驾驶也不乘坐“三无”船舶、“三无”车辆，不在夜间、雨冻、大风大浪等恶劣天气强行出车出船，违者除触犯法律由有关部门依法处理外，村民委员会可作出如下处理。

（1）予以批评教育；

（2）写出悔过书，在村各公开木栏上进行通报；

（3）视情况给予经济处罚。

16. 家畜、家禽实行圈养。严禁家禽、家畜在寨子乱窜，凡浪放家禽、家畜造成村寨卫生的，除主人家自已负责打扫卫生外，另交违约金 50 元；造成他人庄稼、财产损失，除赔偿他人损失外，罚违约金 50 元。

17. 加强对村寨古物的保护，凡损坏古井、古树、古碑、寨门、亭阁等公共财产，除承担修复费用外，罚违约金 500 ~ 1000 元。

18. 村民应自觉爱护村寨环境卫生，垃圾要统一放到公共垃圾池内，不得乱扔乱丢。凡随意在操场、公路、街道、凉亭、码头、消防池等公共场所倾倒垃圾、私自占用、存放杂物，除及时打扫清理外，罚违约金 50 元。

19. 村民建房及猪牛圈不得有损相邻关系，不能侵占街道或公地，临街新建房屋外露构件（阳台、檐口及雨棚等）不能延伸到道路边缘，村民不得临主街搭建有损村容寨貌的猪牛圈及厕所、放杂物，（违者）除及时打扫清理外，罚违约金 30 元。

20. 村民要自觉遵守计划生育政策，提倡晚婚晚育，一对夫妇只生一个孩子，要先办证再生育，遵守“双诚信双承诺”，做到“一处守信，一处受益；一处失信，一处受制”。

21. 凡不支持本村公益事业建设和妨碍《村民自治合约》执行的人，村两委当年或次年暂不给该户办理相关手续。

22. 村民新建改建房屋应向村委会写出书面申请，经村委会审批后按审批意见实施。原则上只许建木质结构房屋。建石砖混房屋，房屋外立面应作木质包装。单栋房屋一般为三间加一厦，最大五间，最高为三层，必须统一盖小青瓦。

23. 临时搭建建筑物的应到村委会登记，并写好承诺书，承诺拆除时限，在规定期限内无条件拆除，到期不拆除的由村委会组织人员强制拆除，并交违约金 500～1000 元。

24. 村民修建厕所，应建设在背街的地方，各家各户屋脚修好排水沟，不能让污水横流到街面上。

25. 村民未经村委会许可，不得随意破坏石板、水泥等道路，违者除自行恢复原状外，视其破坏程度和情节，每次交违约金 500 至 10000 元。

26. 各家房前屋后和清洁区应保持整洁，有红白喜事放炮后当天要打扫干净；柴草堆放整齐。

27. 各家各户屋前屋后须栽花种树进行绿化，各家菜园地必须设置篱笆。

28. 村民被狗咬后，养狗人应承担被咬伤人员发生的所有医疗费用，同时补助被狗咬人务工、精神损失(费)每天 10 元。

29. 各户田水按原各生产小组承包到户水头讨田水，不按原水头讨田水、偷田水的，违者每次交违约金 100 元。

30. 严禁偷摸扒窃。凡偷摩托车、自行车、偷牛盗马、家畜家禽等，除移交上级按相关法律处罚外和赔偿失主损失外，同时应向村委会交违约金 1000～3000 元。

31. 村民应加强本户老弱、病残、儿童、精神病人的管理，因无人管理，导致火警火灾发生，对该户进行重罚，交违约金3000～5000元。

32．村民要自觉交纳水费，做到以水养水；对拒不交纳水费的户，村委会有权停止向其供水，并交违约金50～100元。

33．村民要严格按法律办事，要通过正常渠道反映问题，不得非法上访，影响我村名誉；对非法上访的，对我村造成名誉损失的交违约金1000～3000元。

34．严格实行动物检疫。对凡从外村买入的家畜家禽必须进行检疫，未经检疫带病入村造成损失的，交违约金5000元。

35．村民应当关心村集体土地、山林和集体水域，对破坏集体土地、水域的行为要敢于检举揭发，对破坏集体土地、山林、水域的交违约金500～5000元。

36．村民要树立勤劳致富的观念，积极种好管好本户责任田和责任山，不能让其丢荒，对撂荒的每年每亩交违约金500元。

37．要积极交纳农村合作医疗、养老保险统筹金，要主动交纳房屋保险为自己看病，做到老有所养、减省灾害损失提供条件，不交的给予批评教育。

二、村两委职责与义务

1．村委会负责修改和完善本合约，合约通过村民大会或村民代表会或每户签字认可后实施。

2．村委会负责组织推荐由寨老和有代表性人员组成村规民约执行小组，村规民约执约小组负责对村规民约的执行。

3．村委会负责加大对防火等基础设施建设的投入，定期检查消防池、消防水管和消防栓，保证消防用水正常使用，农忙季节要解决好农田用水与消防用水的矛盾。

4. 认真落实农村消防一月两查制度。对村内、户内电线要定期检查，损坏的要监督户主请电工及时修理、更新，严禁乱拉乱接电线。要明确消防专门管理人员，开展有效的消防宣传，要组成“义务消防队”，每月至少组织一次消防演练。加强“十户”联防联保的管理，发现隐患限期整改。加强村民对“老弱病残幼”“精神病人”“智障人员”的监管教育。

5. 村委会有义务在重点路段、码头安插安全警示标牌，加强陆路水路教育。

6. 安排鸣锣喊寨人员，每晚 8 点左右要鸣锣喊寨，巡视全寨。

7. 尊重知识分子，关爱村里的未来。凡到入学年龄子女，必须保证上学，最少至初中毕业。考上大学要进行恭贺鼓励。

8. 组织兑现计划生育“双诚信双承诺”的有关事项。

9. 村委会负责组织村民进行法律、法规、政策和科技知识的培训学习，提高村民的法律意识和致富能力。

三、对违反上述自治合约者，由村委会批评教育，责令改正。对其作出相应的处罚，不签定村规民约和拒交违约金村民，村两委不为不签定村规民约、违约村民办事，签定村规民约、交清违约金，村两委方能与其办理相关手续。对没有具体交纳违约金的由“执行小组”根据具体情况研究决定。

四、本《村民自治合约》于 2015 年 9 月 10 日由村民代表会议表决通过，由户主签字认可，自 2015 年 9 月 11 日村两委、执约小组组织实施。

五、本合约一式三份，村委会、户主及乡政府各一份。

3.（贵州省黔东南苗族侗族自治州锦屏县河口乡）文斗村落保护管理公约①

2015 年 10 月

文斗村史溯元末，寨辟明初，清代顺治前尚处化外“生苗”之地，康熙年间始向官府“输粮入籍”。文斗在明清时期木业兴盛，以“契”管“业”渐成规俗，勒石刊刻的公约颇多，素有立规治村的传统，地方由此民风淳朴，地方平静，礼法文明，文教昌盛。改革开放以来，文斗经济文化跃上新台阶，先后入选中国传统村落和世界文化遗产预备名单（黔东南苗族11个村寨之一），乡村旅游有所发展，但地方尚存一些不良莠俗，村“两委”及有识之士认为亟须矫治，遂重修保护公约，广征灼见，提交村民代表会议讨论并签字通过，名曰《文斗村落保护管理公约》，望各户依约遵守执行。

一、文化遗产保护

第一条　加强对村寨文物古迹的保护，凡损坏古井、古街、古碑、古寨门、古亭阁、古树等文化古迹的，除承担修复费用外，视其破坏程度和情节，罚违约金200元以上。

第二条　加强对文斗古契约、古文书等可移动文物的保护，不得将文斗古契约、古文书等可移动文物出售给社会上的民间组织或个人，每个人要像爱护自有财产一样爱护保护文斗古契约、古文书等可移动文物。

① 高其才于2016年7月22日搜集。该公约为征求意见稿。

第三条　加强对文斗非物质文化遗产的保护和传承，现有传承人要大公无私地将自己的技艺传播给下一代人，年轻人要发扬光大文斗的非物质文化遗产。

二、营建活动管理

第四条　村民新建、改建房屋应向村委会书面申请，经村委会审批后，按审批意见实施。原则上只许建木质结构房屋，建砖混房屋的，房屋外立面应作木质包装，单栋房屋一般为三间加一厦，最大五间，最高为三层，必须统一盖小青瓦。

第五条　村民建房及猪牛圈不能侵占街道或公地，临街新建房屋外露构件（阳台、檐口及雨棚等）不能延伸到道路边缘，村民不得临主街搭建有损村容寨貌的猪牛圈及厕所；需要修建厕所的，应建在背街的地方。

第六条　临时搭建建筑物的应到村委会登记，并写拆除时限承诺书，同时交纳一定数额的保证金，承诺在规定限期内无条件拆除，到期不拆除的由村委会组织强制拆除，因此产生费用由被拆除人承担，保证金转为罚金。

三、环境保护管理

第七条　保护生态，爱护家园，未经允许，不得在村寨周围三公里内乱挖乱采石矿等，严禁砍伐村寨两边大小风景树木；不准进村寨周围三公里内烧炭、烧灰；不许大人、小孩子在树上刻划、削皮。违者罚违约金 50 元～300 元。

第八条　保护良好寨容寨貌，所有进寨车辆应自觉停放在指定位置，不能乱停乱放。未经允许，不得在进寨公路、村口等重要位置摆摊设点、乱搭乱建和堆放建筑材料。

第九条　家畜家禽实行圈养。严禁家禽家畜在寨子乱窜，凡浪放家禽家畜影响村寨卫生的，除主人家自己负责打扫卫生外，另交违约金 50 元；造成他人庄稼、财产损失，除赔偿他人损失外，罚违约金 50 元。

四、卫生管理

第十条　村民应自觉维护村寨环境卫生，生活垃圾要统一投放到公共垃圾池内，不得将塑料、药瓶、建筑废料、死禽死畜等倒入道路、河道、水渠、湖泊或水塘中。凡随意在公共场所倾倒垃圾，除及时打扫清理外，罚违约金 50 元。

第十一条　各家房前屋后和清洁区应保持整洁。

1. 各户屋脚要修好排水沟，不能在道路上乱挖排水沟，不能让污水横流到街面上。

2. 各户自觉搞好家居卫生，有红白喜事放炮后，当天要打扫干净。

五、公共消防管理

第十二条　严禁野外用火。未经村民委同意，随意烧山、烧田埂的罚违约金 50 ~ 100 元；引起山林火警、火灾的，肇事者须承担以下责任和赔偿：

1. 除接受国家规定的民事赔偿与法律制裁外，自愿承担参加救火灾人员误工费，每人每天 50 元；

2. 赔偿受灾户损失（国家追究除外）；荒山 50 元/亩；有林地 100 元/亩；经济林 200 元/亩（国家追究除外）。

第十三条　灶边、烟囱周边有易燃物存在消防隐患的住户，经 2 次书面检查仍未整改者，除及时整改外，罚违约金

50 元。村寨发生火警者罚金 50 元，喊寨一个月；造成（村民）受灾，承担受灾户接水接电费用，并写书面检查张贴。

第十四条　家庭用火用电做到人离火灭、电断，严禁将汽柴油、稻草等易燃易爆物品存放户内，定期检查、排除各种火灾隐患。

第十五条　保护消防基础设施，不准挤占、圈占、盖压、遮掩消防设备，不准随意借拿消防器材影响村寨人饮、消防用水安全，违者除恢复原状外，罚违约金 100～200 元。

第十六条　实行人用饮水让路于消防用水调节管理制度，确保消防用水每日满池。不准开点滴水，不准私自开消防栓取水，违者每次罚违约金 100～500 元。

第十七条　村民应加强本户老弱、病残、儿童、精神病人的管理，因无人管理，导致火警火灾发生，对该户进行重罚，交违约金 3000～5000 元。

六、附则

第十八条　对违反上述公约者，情节轻微的，由村委会批评教育，责令改正，并对其作出相应的处罚；情节严重的，交上级司法机关处理。

第十九条　本公约由村民代表选举产生的“合约执行小组”执行，村“两委”负责监督施行。

第二十条　本公约一式三份，村委会、户主及乡政府各一份。

4. （贵州省黔东南苗族侗族自治州锦屏县河口乡）文斗传统村落保护管理办法[①]

总　则

为了贯彻实施住房和城乡建设部、文化部、国家文物局、财政部《关于切实加强中国传统村落保护的指导意见》等文件要求，加强文斗传统村落整体保护利用工作，创新传统村落保护发展机制，发挥村民民主参与、民主决策、民主管理、民主监督的主体作用，进一步规范传统村落规划区内的建设行为，改善村民生产生活条件和人居环境质量，促进文斗经济、社会、环境的全面协调可持续发展。特制定本办法。

第一章　风貌保护

第一条　传统村落实行整体保护，重点保护好传统村落的历史功能布局、道路系统、传统空间形态和传统景观风貌，延续村落原有骨架和肌理。严格保护传统村落中的文物保护单位、历史建筑、祠堂寺庙建筑、古巷、古道、古井、古树等历史文化遗产。

第二条　村落保护范围内严禁从事破坏历史文化遗产和乡土特色的活动，严禁随意拆除翻新、拆真建假的行为，严禁“插花”混建、严禁“涂脂抹粉”的仿古建筑，传统木构建筑

① 高其才于2016年7月22日搜集。

可视危害程度适当采取临时性、抢救性保护措施。

第三条　传统村落整治应严格、科学保护历史文化遗产和乡土特色，延续和弘扬优秀的历史文化传统和农村特色、地域特色和民族特色。严禁随意拉直道路、破路、挖坡、砍树（藤）、填塘和拆除传统民居等破坏历史风貌的建设破坏性活动。

第四条　传统木构建筑是文斗传统村落最重要、最核心的物质基础，牢固树立“以古为新”“古为今用”的理念，留住乡愁，留住气脉，留住村魂。

第五条　自然景观特色风貌主要采取保护自然形貌、维护生态功能的保护措施。重视项目建设的生态环境保护，不宜使用新型建筑装饰材料。

第二章　建设活动

第六条　坚持规划先行，禁止无序建设。坚持项目先设计后施工，防止盲目建设造成浪费。坚持项目审查制度，项目设计要“接地气”，施工要细琢细磨，反对“快餐文化”。

第七条　建立村民住房准建审批制度，实行准建手续，村民建房需书面向村委会申请，经村委会初步审查同意报送乡政府及县有关部门审查，给予办理准建证，建房户与村委会签订建房协议，按规划设计准建风格进行建设，不按规划设计准建内容的，可申请依法强制拆除或整改。

第八条　历史遗存（文物古迹）保护主要采取保养维修、抢险加固、现状修整等保护措施，坚持“最小干预”原则，避免过度维修。建（构）筑物（传统民居）特色风貌保护主要采取不改变外观特征（的方式）。

第九条　基础设施建设要结合地方乡土文化特征和地域、民族特色，防止“乡村城市化”，避免新建项目破坏村落风貌，切忌将城市绿化景观生硬嫁接到传统村落。切忌“贪大求洋”和盲目扩张，切忌将大广场、大草坪、大型旅游设施建设在核心保护区，防止建造水泥凉亭、寨门等不适宜传统村落的仿古建筑。

第十条　村落内实施连户路、街巷、步道等道路建设，使用青石、卵石等铺装，严禁使用水泥等现代材料铺装；传统民居修缮使用石材、木材、石灰等传统材料，建筑物外观严禁使用铝材、钢材、瓷砖、红砖等现代材料。

第十一条　加强坑塘水环境保护，实施维修管理，定期清理保洁，种植荷花、睡莲等喜水植物，充分发挥功能作用。

第十二条　加强土地管理，集体土地（空地）、公路街道，未经批准，一律不准使用，如有发现，坚决依法查处。

第三章　监督管理

第十三条　积极探索村落管理模式，制定《村民宅基地申请和民居修建管理制度》《村寨消防管理制度》《环境卫生管理制度》等地方规章。成立“村容寨貌和村民建房监管小组”负责村落传统风貌的管控，做好村落环境卫生督查、村落宅基地申请审查、村民建房监督管理等日常工作。

第十四条　建立文斗传统村落自然和文化资源保护利用信

息监管预警机制。动态记录村落自然和文化资源保护利用、村寨整治、村民建房等实施情况，公布举报电话，及时向相关部门反馈监督管理预警信息，采取保护措施遏制违规违约建房现象。

第十五条　建立文化资源档案库，将各级文物保护单位和非物质文化遗产保护名录进行分类，编置村落文化遗产保护标志，实行挂牌建档保护。

第十六条　建立村落工作联席议事制度。构建县、乡、村三位一体的村落管理和民主决策机制，广泛邀请当地相关机构和人员参加。

第十七条　扶持建立乡土建筑工匠队，培训、指导传统工匠参与文物建筑、传统民居建筑的维修修缮，为地方传统建筑的日常保养培训乡土人才，促进村寨传统建筑的传承和发展。

第十八条　讲苗话，唱苗歌，全面“复活”地方非物质文化遗产和朴实的民风民俗，建立非遗传习所，实行非遗保护进课堂。

第十九条　建立文斗传统村落“传统民居保护和活态文化传承奖励专项基金”，探索建立“政府投入引导、社会捐助支持、社区产业发展公益提留”的保护资金募集和长效管理机制。专项基金主要用于传统民居、传统公共建筑的保护奖励及活态文化传承奖励、扶持等。

第二十条　村两委要广泛发动村民参与村落的保护与发展，做好村民思想工作，宣传村落保护的意义，听取村民对村落保护工作的意见和建议。村干要主动承担村落保护日常和项目实施监理工作，向村民公示相关规划、项目实施情况。

第二十一条　秉承诚信立村、道德立村、文化立村，继承锦屏契约精神，打造传统村落保护发展的佳作。

第二十二条　本办法从公布之日起实施。

锦屏县河口乡文斗村村民委员会

二〇一六年一月一日

5.（贵州省黔东南苗族侗族自治州锦屏县河口乡）文斗上寨鸣锣喊寨制度[①]

为了能有效地防止火灾事故的发生，规范大家安全用火、用电，确保我村全体村民的生命财产安全，结合我村村规民约，特制定本制度。

一、鸣锣喊寨人员，有权及义务禁止用火、用电不安全事故的发生。

二、义务鸣锣喊寨的安排，由于村两委以及各小组组织人员值班喊寨，每人十天，从各片制定人员喊寨将值班人员公之于众，希望大家相互监督。

三、若有火警发生，由该户户主按村规民约规定的执行。

四、造成火灾事故的，按村规民约之规定，责令其当事人鸣锣喊寨一年。

五、如有喊寨间断且在期间发生火灾火警事故的，要追究

① 高其才于2017年11月19日搜集。

喊寨人员的责任。

六、喊寨人员每天晚上20时绕寨中心喊寨。

以上规定制度各家各户共同遵守，相互监督，确保安全。

文斗上寨村村民委员会（章）

2007年1月15日

6. （贵州省黔东南苗族侗族自治州锦屏县）河口乡文斗上寨村消防器材管理制度[①]

为了保证我村消防器材有序管理，达到经常保养、油源充足、出现情况时能随时应急的目的，特制定本制度：

1. 消防器材由专人管理，管理人员保证消防器材的防盗与安全。

2. 村两委保证消防机用油不低于10公斤。

3. 消防汽油不许随意转借和他用。

4. 消防器材不准作非消防使用。

5. 消防器材存放必须规范。

6. 消防器材的保养由专人负责。

7. 消防所有器材由姜秀全、易遵发具体负责。

文斗上寨村村民委员会（章）

二〇〇七年二月十五日

① 高其才于2017年11月19日搜集。

7.（贵州省黔东南苗族侗族自治州锦屏县隆里乡）华寨村村规民约[①]

（经2007年7月11日村民代表会议通过）

为维护社会稳定，让群众安居乐业，共同走向富裕，促进社会与经济协调发展，经村民代表会议讨论制定如下村规条款，望共同遵守。

一、公益事业建设

（一）全体村民积极支持村民代表会议决定的建设事业。完成集资和投工任务，未能按时参加投工的，须承担他人的投工费。

（二）为实现一村一品的特色经济，全村人民共同走向富裕，我村全体村民共同抓好科技兴村工作，相互学习、相互帮助、相互支持。

（三）凡不支持本村公益事业建设和妨碍《村规民约》执行的当年或次年一律不作为救济和低保评定对象。

二、精神文明建设

（一）讲文明，讲礼貌，尊老爱幼，邻里和睦相处。严禁粗口骂街，夫妻、婆媳、邻里谩骂打架。违者要承担参加人员当餐伙食，交村级调解的需交调处费50~200元。

（二）热爱劳动，崇尚科学，反对迷信，反对邪教，拒绝毒品。积极参加乡、村组织的文体活动。

---

① 高其才于2016年2月21日搜集。

（三）提倡家庭庭院绿化，保持家庭清洁卫生，房屋周围整齐、大方，不乱悬乱挂，经2次检查仍未整改者、自愿承担违约金20元。

（四）严禁浪牛、浪马、浪猪。因违反造成损失者，除按损坏程度赔偿业主之外，另自愿承担违规违约金50元。

（五）学校操场、公路、街道、凉亭、消防池是公共集体场所，不准随意倾倒垃圾、废弃物，不得私自占用。随意倾倒垃圾、废弃物的，除打扫清理外，另自愿承担违约金30元。因家庭建设确需临时堆放建筑材料的，事前须向《村规民约》执行小组说明堆放时间，并交纳50元卫生保证金，建设结束后自觉清理卫生方可退回保证金。

（六）发扬本村勤劳致富的优良传统，禁止在公共场所和临街可视范围内开展打牌活动，经警告一次再犯者将没收现场的一切用具。

三、社会治安

（一）遵纪守法，为人公道正义，争做守法模范公民。敢于与歪风邪气作斗争，积极配合、协助村级组织和司法部门调查处理各类案件。

（二）发生民事权属纠纷，不得无理取闹、随意上访，应本着实事求是、互敬互让的原则和平解决。凡交村级调处的双方各交调解费50～200元。经调解后退回有理方违约金。

（三）不得参与门徒会、法轮功等邪教组织和涉及国家安全的非法组织活动，违者自愿承担违约金100元。

（四）严禁电鱼、毒鱼、炸鱼，发现在辖区内电鱼的立即没收电鱼机，发现毒鱼、炸鱼的当事人自愿承担违约金100元。

（五）严禁损害、砍伐集体风景树、风景林和村寨内绿化树，违者自愿承担违约金100元，情节严重的交上级林业部门处理。

四、安全生产

（一）消防安全，人人有责。一旦村内房屋、山林发生火警、火灾，全体村民必须积极参与扑救，影响或阻碍扑救工作的给予通报批评教育，情节严重的交上级有关部门处理。

（二）严禁5把以上稻草进寨进家存放。违者除及时整改外，另自愿承担违规易燃物违约金20元。

（三）严禁乱搭乱接电线，发现隐患立即整改。经检查未按时整改者自愿承担违规违约金20元，并作停电整改处理。

（四）加强儿童教育，严禁小孩玩火，因小孩玩火发生火灾险情的，其监护人自愿承担违规违约金50元。

（五）加强管理，谨慎用火、用电、用气，发生火警者自愿承担违约金100元，发生火灾则按村民代表会议研究决定处理。

（六）做好山林火灾的预防工作，不得随意炼山、烧田埂。凡引起山林火警、火灾的，除承担民事、刑事责任外，另自愿承担违约金100元～200元。

（七）为保证人饮消防用水，任何人不得放水养田；进户管为橡胶管、塑料管的用户凡发现其水管破裂泄漏一次，必须用钢管全部整改，违反者自愿承担违约金50元。

五、评比和奖励

村级每年开展一次“遵纪守法户”和“遵纪守法模范”

的评比活动，对家庭和睦、团结村民、积极生产和维护《村规民约》表现突出的家庭给予表彰和奖励，奖金为20元至50元。对表现特别突出的家庭，将向上级政府申报表彰。

六、违约金管理

（一）违约金由《村规民约》执行工作小组明确专人管用于集体公益事业建设、社会治安管理和见义勇为先进事迹奖励等开支。

（二）每次收到违约金均向村民公布，每季度向村民公布收支情况，接受群众监督。

七、监督与执行

（一）本《村规民约》由村民代表会议负责解释，从即日起执行，村两委负责监督并组织实施。

（二）凡违反《村规民约》条款未及时、主动交纳违约金的，自愿用家庭财产抵交，直到交足为止，由执行小组执行，本人无异议、不阻挠。

八、《村规民约》未尽事宜经村民代表会议讨论后决定

8. （贵州省黔东南苗族侗族自治州锦屏县隆里乡）华寨村自治合约①

为加强村民自治管理、维护社会稳定、促进我村社会与经济协调发展，经村民代表会议讨论，全体村民以户主签字认

① 高其才于2016年2月21日搜集。

可，制定如下《村民自治合约》，望共同遵守。

一、村民有权利有义务选好村民委成员，无能、无谋、无德、怕事者不能进入村民委班子；村民应尊重村党支部和村民委的权威，村“两委”成员有责任把地方事情办好。村民热爱家乡，相信党和政府，尊敬行政长官和知识分子。

二、加强团结，和谐共处，以歌劝合。凡家庭内部及邻里之间因生产生活产生矛盾处理不当，引发谩骂、争吵、打架行为，按地方风俗自愿承担“劝和小组”上门唱“劝和歌”、吃“劝和饭”的费用。

三、各姓氏设立族长，各姓族长由各族推荐品德优良、为人公正、热心调处的老人担任，负责组织协调处理族内纠纷，协助村、组治理地方。

四、凡红白喜事，提倡从简节约，反对浪费，提倡厚养薄葬，树立尊敬长者、孝顺老人之风。有不赡养老人、虐待老人者作公开批评，责令改正。

五、为净化风俗，树健康文明风气，除逢年过节、白事坐夜娱乐活动外，平时禁止打牌赌钱，一犯批评，再犯者将报告乡派出所处理。

六、后龙山已于2008年收归为华寨一二组集体山林，为培植地方风水，佑我华寨万古长青，此山永为公山，子孙万代不能分到户头，世代培护，保持茂盛，严禁砍伐山上树木，违者自愿承担违约金300~500元。

七、村寨风俗用地按历史各姓氏习惯管辖范围进行管理使用。

八、凡交村级调解的民事、山林权属等纠纷，每起双方分别收取调处费50～200元，调解后退回有理方调处费。

九、凡参与迷信、邪教、涉毒活动的村民，自愿承担违约金200元；触犯法律者，移交司法机关处理。

十、凡未经村民委同意，随意炼山、烧田埂等野外用火，引起山林火警、火灾，违者自愿承担违约金1000～2000元：触犯法律者，移交司法机关处理。

十一、凡有易燃物（稻草等）进寨进家存放和乱搭乱接电线，存在消防隐患的住户，经检查仍未整改者，除限时整改外，自愿承担违约金50元。发生火警者自愿承担违约金200～500元。计划生育基层群众自治按国家有关政策落实到位。

十二、凡发生损坏人饮消防基础设施、影响村寨人饮消防用水安全的行为，除修复设施外，违者自愿承担违约金100～200元。

十三、凡在村辖区电鱼、毒鱼、炸鱼，除收缴电鱼机等工具外，违者自愿承担违约金100元。

十四、凡浪放家禽、家畜造成他人损失，除赔偿他人损失外，自愿承担违约金50元。

十五、加强对村寨古物的保护，凡损坏古井、古树、古寨门、亭阁等公共财产，除承担修复费用外，自愿承担违约金100～300元。

十六、凡随意在学校操场、公路、街道、村道、凉亭、车站、消防池等公共场所倾倒垃圾、私自占用、存放杂物，除及时打扫清理外，自愿承担违约金30元。

十七、村民建房及猪牛圈不能侵占街道或公地、临街新建房屋外露构件（阳台、檐口及雨棚等）不能伸入道路边缘，村民不得在临主道路搭建有损村容寨貌的猪牛圈及厕所，放杂物，（违者）除及时打扫清理外，自愿承担违约金30元。

十八、为保持村寨原有风貌，凡村民改、扩、新建房屋，一律保持人字形坡屋顶、瓦屋面，外墙装饰不得使用磁砖，不服从管理者，村民委不给予批地建房、办房产手续时不签字盖章。

十九、凡不支持本村公益事业建设和妨碍《村民自治合约》执行的人，当年或次年暂不作为民政救助对象。

二十、在村“两委”的领导下，建立“合约执行小组”，负责合约的执行惩罚工作；建立“监督小组”，负责监督“合约执行小组”开展工作；成立“以歌劝和小组”，负责劝和劝善改恶工作。

二十一、本《村民自治合约》于2010年5月6日由村民代表会议表决通过，由户主签字认可，自6月1日起执行，由村民委组织实施。

9.（贵州省黔东南苗族侗族自治州锦屏县隆里乡）华寨村议事长廊管护制度[①]

议事长廊是我村村民休闲和集会的公共场所，也是我村标

① 高其才于2016年2月21日搜集。

志性建筑，为了议事长廊安全和长期稳定地发挥效益，结合我村实际情况，经村民代表会议讨论研究制定以下制度，请全体村民遵照执行。

一、严禁在长廊内乱刻乱画，张贴标语、海报、广告。

二、严禁在议事长廊里聚众赌博、酗酒闹事，不准在廊椅上躺卧。

三、严禁乱扔果皮纸屑，随地吐痰及大小便。

四、严禁机动车、人力车、畜力车进入。

五、严禁在议事长廊里烧火取暖、玩火及燃放烟花爆竹。

六、严禁在议事长廊里堆放物品，晾晒衣服被褥及农作物。

七、凡违反上述规定，造成议事长廊及附属设施损毁的，责任人必须修复或照价赔偿。

八、故意损坏议事长廊设施，情节严重构成犯罪的移交司法机关依法处理。

九、凡未成年人或无民事能力人违反上述规定的，由其监护人承担相应责任。

本制度从二零一二年十一月二十日起执行。

隆里乡华寨村村民委员会

二零一二年十一月二十日

10.（贵州省黔东南苗族侗族自治州锦屏县隆里乡）华寨村集体聚餐合约食堂管理村规民约[①]

为加强我村食品安全管理，确保集体聚餐食品安全，同时传承我村群众勤劳持家、勤俭节约的优良传统，破除红白喜事中攀比浪费的陋习，提倡婚事新办、丧事简办、文明科学的生活观念，经村两委提议、村民表决通过，在原来的《华寨村村规民约》基础上，特制定《华寨村集体聚餐合约食堂管理村规民约》。

第一条　婚姻嫁娶实行喜事简办，男方娶妻或者女方出嫁，只能办一次集体聚餐。

第二条　为保证我村红白喜事食品安全，凡本村群众举办的集体聚餐必须到村合约食堂办理，举办者应严格遵守《集体聚餐食品安全管理制度》及其他食品安全法律法规的相关规定，聚餐举办前应向村委会申报，填写农村集体聚餐申报表，同时签订《农村集体聚餐食品安全告知承诺书》，并接受乡和村两级食品安全监管指导，不规范处应及时纠正。若集体聚餐举办过程中发生食品安全事故，责任由举办者承担。

第三条　红白喜事提倡一切从简，反对铺张浪费，例行节约勤俭，不得大操大办，不得借酒席之名违法收受礼金，村两委、村民小组、村民均有权监督，如有违反将按有关规定进行处罚。

---

① 高其才于2016年2月21日搜集。

第四条　红白喜事所需物资，要明确专人采购、专人管理，采购酒类、饮料、调味品等食品到合法食品经营单位购买，购买时索要相关的购货票据（本地自产的除外）并及时记录，严禁采购过期变质和无品名、无厂名厂址、无生产日期及保质期的食品及食品原料，若出现食物中毒事件，事主要及时报告村食品安全协管员，并积极配合上级做好事件的处置。

第五条　村民举办集体聚餐一次收取管理费150元，所得管理费用于食堂日常水电开支、设施维护维修和管理人员工资。

第六条　对违反上述条规的农户，该家庭三年内不能享受荣誉称号评选，不能享受村级照顾，望各位村民相互监督、遵照执行。

第七条　本制度从2015年9月1日起执行。

11.（贵州省黔东南苗族侗族自治州锦屏县大同乡）八河村村民自治合约①

为了搞好我村的社会治安综合治理和精神文明建设、增强村民的法制观念、人人学法、懂法、用法，根据《中华人民共和国宪法》《中华人民共和国村民委员会组织法》等法律法规，教育村民遵纪守法，维护社会治安和社会秩序，实现村民

① 高其才于2017年11月21日搜集。

自治，创建和谐宜居环境，把我村建设成为社会主义新农村，经村民讨论、村委会批准制定村民自治合约。

第一章　总　则

第一条　为引导全体村民树立“爱国守法、明礼诚信、团结友爱、勤俭自强、敬业奉献”的基本道德观念，提高自我管理、自我教育、自我服务的自觉性和能力，努力把本村建设成“生产发展、生活宽裕、乡风文明、村容整洁、管理民主”的社会主义新农村，根据国家有关法律、法规和政策，制定本村规民约（以下简称合约）。

第二条　本规约具有村与村民、村民与村民之间的契约性质，对全体村民均有相同的约束力。全体村民都应当自觉遵守执行，任何人不得以在外经商、务工为由拒绝执行。居住在本村的外来人员参照执行本规约。

第三条　违反规约，应承担相应责任。承担责任的方式：一、批评教育；二、赔礼道歉；三、写出悔过书；四、收取违约金或（将）违约行为公示；五、恢复原状或赔偿损失。

第四条　村民委员会对违反本规约的行为人作出处理决定前，除予以口头批评教育以外，必须查明事实，收集证据，集体讨论。处理决定须以书面形式，应公平公正、合乎情理。处理决定和相关材料要全部存档。村委成员不得公报私仇，借此打击报复平时对自己有意见的村民。

第五条　本村的党员、干部和村民代表应当模范遵守和执行本规约。

第六条　全体村民特别是党员、干部、村民代表要见义勇为，一旦发现违反规约的行为，要大胆制止。对单独难以处理的情形，要及时报告村领导，以防事态扩大。村民委员会对见义勇为、大胆制止违反本规约行为者予以表扬和一定的物质奖励。

第二章　消防、交通和安全生产

第七条　严禁易燃物（稻草）进寨进家存放，违者除及时整改外，另自愿承担违约金200元；严禁乱搭乱接电线，发现隐患立即整改。经检查未按时整改者自愿承担违规违约金50元，并作停电整改处理；严禁室内天花板、墙壁用塑料、纸张等易燃物铺设，发现隐患，立即整改。违者除及时整改外，另自愿承担违约金50元。

第八条　自觉保护村寨消防设施设备，保证消防用水，任何人不得放消防用水养田，违反者自愿承担违约金100元。

第九条　遵守道路交通安全法律、法规。非法占用消防通道或故意堵塞交通要道的，处200至1000元罚款，情节严重的交上级有关部门处理；有红白喜事主动向村民委员会汇报，交代亲朋好友酒后不驾驶，不乘坐“三无”车辆，不乘坐超载超员车辆。

第十条　农户不能大量私藏鞭炮、汽油、酒精、火药、香蕉水、油漆、硫酸等易燃易爆危险物品，凡发现，情节严重的处罚100至500元，并交上级相关部门依法处理。

第三章 村民行为规范

第十一条 热爱家乡，热爱集体，积极支持和配合各级党委、政府涉及农业、农村、农民的工作，自觉执行村党支部、村民委员会、村民会议和村民代表会议的有关决定、决议和规定。

第十二条 尊敬长辈，严禁虐待、打骂、遗弃等伤害老年人的行为。成年子女、继子女、养子女和其他赡养义务人及其配偶对基本丧失劳动力或无生活来源的父母、继父母、养父母和其他应赡养的老年人必须履行赡养义务。赡养支出不得低于本村村民的基本生活水平。爱护未成年人，重视未成年人的教育。父母、继父母、养父母等法定监护人对未成年子女、继子女、养子女必须履行抚养义务，并保证他们接受国家规定的义务教育。村组织鼓励家长培养子女上大学，对有子女上大学的家庭给予适当的物质奖励。

第十三条 为净化风俗，树健康文明风气，禁止吸毒、打牌赌钱，初犯批评，再犯者将报告乡派出所处理。

第十四条 不得违反法定程序越级上访和聚众集体上访。不借口煽动群众到机关、学校、企事业、事业单位、村民委员会办公地、他人住宅和公共场所起哄闹事、制造事端、扰乱社会治安秩序。

第十五条 不参加法轮功、门徒会等邪教和非法宗教组织的活动。不利用迷信活动造谣惑众、骗财骗物。不得捏造虚假的事实欺骗群众，引发恐慌；不得诽谤他人、污辱他人人格。

第十六条　相邻之间应当团结友善，以礼相待，和谐共处，碰到困难要互相帮助，不损害对方利益，不偷不损毁他人的财物。要管好自己的家禽家畜，防止自家家禽家畜损毁他人利益和伤害他人。凡造成他人损失的，除承担相应的赔偿外，视其情况给予口头批评教育或处以 50 ~ 100 元的违约金。家庭成员之间、邻里之间、村民之间发生民事纠纷，应本着团结友爱的原则平等协商解决，协商不成的可申请村调委会调解。

第十七条　要破除封建迷信，反对婚嫁、升学、乔迁、满月和丧葬铺张浪费，提倡勤俭持家、厚养薄葬，节约办事。

第十八条　实行计划生育，鼓励一对夫妇生二个孩子。育龄人员自觉采取避孕节育措施，已婚育龄妇女自觉参加环孕检。严禁计划外生育，并按《八河村计划生育村规民约》执行。

第十九条　凡交村级调解山林土地权属纠纷，每起双方分别预先缴纳相应的调处费 500 ~ 1000 元，待调解后退回胜诉方。如双方达成协议的均由双方承担各一半的费用。对无故闹事者给予口头批准教育。

第二十条　村民对村干部执行公务有意见的，应当通过正常途径向其上级领导反映，不得污辱、诽谤、围攻和殴打执行公务的村干部。

第二十一条　凡在我村辖区内砍伐木材的必须申办砍伐证，并且收取相应的管理费，商品材按每立方米 10 元、民用材按每立方米 5 元收取。

第二十二条　努力学习党的路线、方针、政策，关心新农村建设事业。自觉接受国家法律、法规和社会主义荣辱观及公民基本道德的教育，积极参加文化知识和专业技能培训，争做遵规守法、诚实守信的合格公民和勤劳致富、科技致富的新型农民。

第四章　对违反规约的处理

第二十三条　凡违反本规约的，除触犯有关法律应由政府有关部门实施行政处罚和司法机关追究刑事责任外，村民委员会有权根据客观事实和本规约第三条的规定，酌情对行为人作出相应的处理决定。

第二十四条　对损坏集体财物、设施的行为人，责令恢复原状或赔偿损失。对拒不恢复原状或赔偿损失的，则在村公开栏上公示违反本规约的行为，并由乡政府给予处理。

第二十五条　凡不支持本村公益事业建设和妨碍《村民自治合约》执行的人，当年或次年村两委暂不作为普惠政策或民政救助对象，已享受则取消享受资格。

第二十六条　凡违犯本规约的，对当事人收取相应的违约金。

第五章　附　则

第二十七条　在村“两委”的领导下，建立“合约执行小组”，负责合约的执行惩罚工作；建立“监督小组”，负责监督“合约执行小组”开展工作。

第二十八条　本规约由村民委员会负责解释。本规约与国家法律、法规、政策相抵触的，按照国家法律、法规、政策执行。

第二十九条　本规约自村民代表会议通过之日起施行，印发至本村各户和住本村的外来人员，报乡政府备案。

第三十条　本《村民自治合约》于2016年4月15日由村民代表会议表决通过，自本年5月1日起执行。

八河村村民委员会

2016年4月15日

12.　（贵州省黔东南苗族侗族自治州锦屏县）茅坪镇阳溪村村规民约①

为进一步落实村民自治法，让村民当家作主，保护群众的合法财产、利益不受侵犯，维护集体利益，经村两委、村民代表讨论通过，特制定本村规民约。

一、遵守宪法、法律，做合法公民，落实国家政策，执行村委分配的一切工作任务。

二、强化社会治安稳定，不聚众赌博、打架斗殴，珍惜生命，远离毒品，反对邪教。

三、反对包办婚姻，严格执行计划生育政策，提倡晚婚晚育、优生优育。

四、预防火灾，人人有责。加强预防各类火灾的发生，我

① 高其才于2016年9月30日搜集。

们一定要做到房前屋后不堆放易燃易爆物品，做到人走火灭。野外用火，必须申请，发现火警应及时报警并积极补救。凡引起火警（寨火、山火）处以 50～1000 元的罚款。

五、维护社会治安，为本辖区创造良好的社会风气和环境，看好自己的门。凡发现偷盗等违法行为，应及时报警，并协助公安机关将违法者捉拿归案。

六、民事纠纷，按逐级调解的原则进行。凡交村委解决的纠纷，一次双方必须预交 50～100 元的误工押金。无理取闹引起纠纷的，承担双倍的误工费用。

六、村干、党员严格自律，树立良好的工作和生活观念，带动引导村民走社会家庭和谐之路，办事公道，公私分明，善于批评和自我批评，勇于改正缺点、纠正错误。

八、村民积极参加抢险救灾，有权利有义务参加社会救助以及公益事业活动。

九、积极参加村委组织的文娱活动，团结互助，为社会贡献爱心，树立居民的高尚品德。

十、维护妇女儿童的合法权益，反对家庭暴力，尊老爱幼，树立居民的新风尚。

十一、本条约由全体村民监督执行，从 2005 年 2 月 1 日起生效。

茅坪镇阳溪村党支部

茅坪镇阳溪村村民委员会

二〇〇五年二月一日

13.（贵州省黔东南苗族侗族自治州锦屏县茅坪镇上寨村）关于提倡喜事酒席从简节约的决定[①]

广大村民，自古以来中华民族世俗礼仪敦厚之风，历代相传源远流长。但近年来相互摆阔气排场，喜大事大操大办，给广大村民带来了很大的经济负担。随着思想观念的更新，移风易俗喜事新办从简节约，是当前广大村民的一个共同心愿。村民委组织召开全村村民代表会议，经会议充分讨论研究决定：

一、全村红白喜事不得大操大办。正餐一律实行一餐过。

二、要破除迷信和陈规陋习，白喜守灵不得超过四夜。喜事厨房提倡承包制，尽量减轻村民经济负担。

三、红白喜事不得在公路搭棚摆席，影响消防道路的畅通，违者造成损失的将负一切责任。

四、本决定适用上寨村辖区内的所有住户，自公布之日起执行，望全体村民自觉遵守。

发：各小组、各长生（老人）会

张贴街道三份

茅坪镇上寨村村民委员会（章）

二〇〇八年六月十六日

① 高其才于2016年9月30日搜集。

14. （贵州省黔东南苗族侗族自治州锦屏县）茅坪镇上寨村计划生育村规民约①

（2016 年 5 月 25 日经群众代表大会通过）

为进一步加强村级民主政治建设，建立、健全“村两委负责，协会、骨干、群众作主”的人和计划生育群众自治新机制，提高村民自我教育、自我管理、自我监督、自我服务的能力，根据《中华人民共和国人口与计划生育法》《中华人民共和国村民委员会组织法》《贵州省人口与计划生育条例》及相关的法律法规规定，依照《上寨村人口和计划生育基层群众自治章程》，制定本公约。

1. 凡未签订《诚信计生双向承诺书》，村两委不出具相关证明材料和处理或办理相关事务，与村两委补签《诚信计生双向承诺书》后方可办理。

2. 符合生育政策的需到镇、村进行生育登记，未进行登记的缴纳违约金。

3. 政策外生育的除按规定缴纳社会抚养费外，是一孩政策外生育的，收取违约金 200 元；是二孩政策外生育的，收取违约金 500 元；是多孩政策外生育的，收取违约金 1000 元。

4. 已婚育龄夫妇生育的，其家人应在当月内向本组育龄妇女小组长或村人口主任（村计生专干）报告。

5. 有外来人员，亲戚朋友及子女到家中居住满 30 日的

① 高其才于 2017 年 8 月 29 日搜集。

（已明显怀孕妇女 5 天内）要及时向本组育龄妇女小组长或村人口主任（村计生专干）报告情况。

6. 有遗弃、残害婴儿或进行非医学地选择胎儿性别或非法收养子女的，一经查实，收取违约金 200 元，构成犯罪的，移送司法机关处理。

7. 对违反人口计生政策的党员干部，除按规定进行违约责任追究外，还要根据有关规定给予党纪政纪处分。

8. “两户”家庭生活困难或遇重大灾害的优先安排民政救济；“两户”家庭发展“红色之乡”旅游项目给予优先扶持。

9. 检举他人政策外怀孕，生育或其他违反计生法律法规的，经查实给予第一举报人 500 元奖励。

10. 主动落实结扎手术的奖励 500 元，未在规定时间内落实上环、绝育相应手术的收取违约金 100 元，同时取消或暂缓其家庭惠民政策的享受资格，并责令限期落实手术，直到落实为止。

11. 计生协会会员及直系亲属出现死亡，村两委组织人员到场悼念，并送慰问金 150 元。

12. 计生诚信户子女考取二本的奖励 400 元，一本的奖励 600 元，（计生“两户”子女考取二本奖励 600 元，一本奖励 800 元），其中对考上清华大学、北京大学、复旦大学的奖励 2000 元，办升学酒者取消奖励。

13. 本公约是村民实行计划生育的行为规范，凡户藉在本村的村民和居住在本村一个月以上的人员都应自觉遵守本公约。

14. 本公约由村委会具体组织实施，接受镇人民政府的具体指导和全体村民的监督。

15. 本公约由村委会负责解释。

16. 本村规民约自通过之日起施行。

15.（贵州省黔东南苗族侗族自治州锦屏县茅坪镇）茅坪村卫生管理村规民约[①]

第一条　为建设百姓富生态美的茅坪木商古镇，依据《中华人民共和国村民委员会组织法》的规定，结合本村实际，制定本公约。

第二条　全体居民应遵守国家有关涉及环境卫生保护的法律、法规和茅坪村“两委”制定的规则、通告、通知。

第三条　爱护茅坪古镇、建立清新舒适新环境，是每位居民义不容辞的职责和光荣的义务。全体居民应人人参与“文明在行动·满意在贵州”活动暨“整脏治乱”专项行动和“农村清洁风暴行动”。提倡讲卫生光荣、不讲卫生可耻的文明卫生新风尚。

第四条　充分发挥党员、村（组）干、志愿者模范带头作用，实行“十户一体”抱团发展抓环境保护工作机制，推动人居环境的有效改善。

① 高其才于2017年8月29日搜集。

第五条　本公约适用于茅坪镇政府所在地茅坪古镇的机关单位、学校、商店、村“两委”干部、居民、租户、过往人员。

第六条　违反本公约的人员，由村民委上报镇农村清洁风暴行动领导小组办公室，在镇农村清洁风暴行动宣传专栏曝光台将违约人员、违约事实进行曝光。

第七条　红、白喜事，提倡节俭。尽量不燃放烟花鞭炮，劝导客人不随意乱放。实行“谁办事，谁清扫”，（养成）办事完毕即扫干净的好习惯。违者，处以 200 元违约金。

第八条　茅坪集镇内、外公路两侧的商店、住户应严格遵守门前“三包”制度。不得占道经营、占道堆放杂物，不得向街道、人行道延伸搭建有损于地方形象的雨篷、布篷。违者，除强制拆除或清除外，另对主人处以 100 元违约金。

第九条　不乱倒垃圾，确保垃圾入箱。所有的生活垃圾分类打包投放进垃圾箱，不得乱丢乱倒，不得堆放在垃圾箱边。违者，一经发现，处以 100 元违约金，同时责令清除。建筑垃圾必须自行选地填埋处理，不得随意倾倒。违者，一经发现，处以 300 元违约金，同时责令清除。

第十条　保护母亲河，全力打造“山青、水清、人更亲”的茅坪古镇。禁止向河道、溪流、水沟水渠、消防池、水池水塘丢弃死亡家禽动物尸体、尿不湿等；禁止将污水、粪水直接排入水域；严禁在镇河滨路护坡、下河步梯处堆放杂物、木材等。违者，一经发现，处以 200 元违约金，同时责令清除。

第十一条　临街施工堆放的建筑材料绝不能占公路路面三分之一，并做到堆放整齐，同时确保三天内使用完毕、清理干净。违者，以无人管理强行铲除，同时对业主处以200元违约金。

第十二条　所有车辆的停放必须按照村民委和派出所划设的范围和指定的地点进行停放，做到停放有序、整齐。违者，由镇派出所按相关法律条款进行处罚。

第十三条　本公约向社会广泛征求意见，经村民代表及村民小组长会议通过后即生效实施。

第十四条　本公约由茅坪村村民委员会负责解释。

本公约于2017年8月开始实行。

16.　（贵州省黔东南苗族侗族自治州锦屏县）铜鼓镇花桥村村规民约[①]

为了维护我村社会治安秩序，保护村民人身权利不受侵犯，保护集体财产和个人合法财产的安全，预防和减少犯罪，加强精神文明建设，促进我村经济的发展，特制定本村规民约。

第一条　严禁放火、失火烧山林。凡放火烧毁山林50亩以上或损失折款500元以上，或造成人员重伤死亡的，移交司法机关处理。失火烧毁山体50亩以下的，每亩罚款50元，并负责营造成林。村民参加救火的误工费由失火者按每人每小时5元给付。

① 高其才于2017年11月21日搜集。

第二条　严防寨火发生。发生火警者每次罚款200元，并负责敲锣喊寨一年。

第三条　严禁破坏公路、水利、电力、学校等有关公共设施，违者除责令修复外，每次罚款150元，构成犯罪的移交司法机关处理。

第四条　严禁盗伐林木。盗伐林木10株以上的，每株罚款100元，并扭送司法机关依法处理。盗伐10株以下，每株罚款50元，所盗伐的木材一律予以没收。发现他人盗伐滥伐林木不报告并私自扛回家据为己有的，按照滥伐林木处理。

第五条　严禁偷摸扒窃，违者作以下处罚：

（一）盗窃公私财物100元以下的，罚款500元，财物退回原主。

（二）盗窃公私财物100元以上不足500元，罚款1000元，财物退回原主。

（三）盗窃公私财物500以上的，罚款1500～2000元，财物退回原主，并报送公安司法机关处理。

（四）严禁破坏种植业，违者除每次赔偿原主预计收入外，还要按经济收入的50%罚款。

第六条　严禁偷接用电，违者每度罚款5元，并责令其交清电费；不能查出度数的，每次罚款100元。

第七条　严禁家畜损坏庄稼、幼林。违者除照价赔偿外，每亩罚款100元。

第八条　严禁赌博发生，违者每人每次罚款50元；为赌博提供场地的，每次罚款100元，除罚款外还要报镇人民政府处理。

第九条　严禁种植罂粟等毒品原植物，违者每株罚款50元；种100株以上的，除按规定罚款外，还要移送公安机关处理。

第十条　严禁打架斗殴、借酒闹事。违者每人每次罚款50元，致伤他人的应承担被害人的医药费和误工费，情节严重的，移交司法机关处理。无故谩骂侮辱他人的，罚款50元并令其向被害人赔礼道歉，情节严重的，移交司法机关处理。

第十一条　严格遵守计划生育条例的规定，违者作以下处罚：超生一胎，村级罚款100元，并报镇人民政府按规定处理；每超怀一胎，村级罚款100元，并报镇人民政府按规定做引产手术。

第十二条　严禁非法制造、私藏和持有枪支弹药。违者予以没收上交镇人民政府，并罚款100元。

第十三条　严禁非法同居、乱搞不正当男女关系等破坏社会风尚的行为，违者双方各罚款2000元。

第十四条　严禁打击报复村干部、治安队员，违者视情节轻重，按国家有关法律进行处理。

第十五条　小孩违反上述各条的由家长承担责任。

第十六条　检举揭发者，奖励罚款收入的百分之三。

第十七条　本条约由村治安队负责执行，罚款收入一律上交村委会，由村委会返还罚款收入的百分之七十作为治安队员的误工报酬。

第十八条　对检举揭发人，予以保密，泄露检举复议一次的予以追究相应的责任。

第十九条　当事人不服处理的，可以申请复议；经复议后依然不服的，不再复议。

第二十条　严禁清原耕、继祖业，严禁倒退土地，违者处以 100 元罚款；情节严重者，移交镇人民政府处理。

第二十一条　严禁拐卖妇女儿童，违者罚款 100 元，并报公安机关处理。

第二十二条　严禁进入我村辖区捕杀野生动物、鸟禽类，违者罚款 100 元，并视情节轻重，移交镇人民政府处理。

第二十三条　搞好消防安全工作，严防火灾发生，遵守天天敲锣喊寨制度，发生火警者罚款 200 元以上，直至扭送公安机关。

第二十四条　严格遵守法律法规及《道路交通安全法》，遵章守纪，文明交通，爱护公共设施。

第二十五条　外村人在本村范围内违反本约的适用本约。

第二十六条　本约经 2005 年 1 月 20 日村民会议通过，2005 年 1 月 20 日起执行。

17.（贵州省黔东南苗族侗族自治州锦屏县平略镇）永宁村防控新型病毒肺炎村规民约①

为打赢永宁村抗新型冠状病毒肺炎的阻击战，保护各自的生命安全，不给国家添麻烦，特制定此临时村规民约。

一、继续设卡禁止外人进村。对刚从外地回来想进村的永

① 龙安平于 2020 年 2 月 14 日提供。

宁村民，一律劝返，不许进村。

二、非值班人员不许去卡点游玩、聚餐、打牌、闹事。

三、严禁走亲访友。对不听劝阻硬要出村的不许返回本村。

四、对最近外来返乡人员已入村的，必须在家隔离监测14天。

五、搞好村内隔离。禁止村内串门、聚餐、扎堆闲聊、三五成群地游逛、聚在一起打牌打麻将（自家人可以打）等。

六、不戴口罩跟户外人员谈话，必须保持两米以上距离。

七、生病在村内治疗，尽量避免去医院。若村卫生员建议去医院治，则去的人一定要戴口罩勤洗手勤消毒，严防外地疑似病人去医院传染。从医院回来的人，须自觉在家接受14天隔离监测。

八、想办婚嫁酒的一律延期；白事一律从简；严禁违规办酒。

九、在锦屏县城居住回家拿米拿菜的，不许与村内人接触，更不许在村内停留，须拿到东西尽快走人。正月十五之前最好别回村。

十、不让出入村的严禁闯关。特殊情况需出村的，须登记管理。

十一、有愿守卡的青年志愿者，可先找正昭、赛花和毓标报名，过正月十五后，经过培训，才可参加值班守卡。

永宁村村民委员会

2020年2月3日

18.（贵州省黔东南苗族侗族自治州雷山县西江镇）南贵村村规民约[①]

为了搞好我村的社会治安各项管理工作，发展生产，使我村人民群众能安居乐业，生活得到改善，走向脱贫致富的道路。经我村党支部、村民委讨论决定，制定本村规民约。

一、凡是砍柴、割草、各农户的自留山、田边土角，组、自然寨拟定各组协定的处理，两自然寨和村外责任田明确为上下三丈的范围。

二、偷砍柴的以每根处2元的违约金计算，柴归物主。

三、凡是偷砍杉木、松木以每根第一节20公分以上的罚违约金300元，20公分以下的罚违约金200元；桐籽树每根100元；茶籽树每根4元；挖树桩和柴桩的每挑不论多少罚违约金50元，并没收物归原主。

四、凡是偷砍第一节30公分以上的老木，无论白天或晚上处以400元的违约金，物归原主。

五、凡偷割他人草不论多少处以50元的违约金，偷拾稻草的处以每帽5元的违约金；凡偷菜类和其他物品，白天罚违约金200元，晚上罚违约金300元，物归原主。

六、严禁到他人的田间钓鱼，只要放鱼钩到田内，不管是否得鱼，在本村内处以50元的违约金，外村人侵入本村范围

---

① 来自：刘建刚：《法律多元视野下的村规民约实证研究——以贵州省雷山县西江千户苗寨为例》，中央民族大学2013年博士学位论文。

钓鱼的罚违约金 100 元。偷开田水的，白天罚违约金 100 元，晚上罚违约金 200 元，用电在田里打鱼、开田捉鱼，晚上罚违约金 1000 元，白天罚违约金 500 元。

七、严禁故意放牛、羊到他人草地、田坎土角吃草，发现并抓获者罚违约金 200 元。

八、家禽（鸡、鸭、鹅）在六月份栽秧后，严禁乱放，八月二十日一律禁止家禽乱放，否则被农药毒死后果自负。并罚违约金 50 元。

九、偷盗一切家类物资，除赔偿损失外，白天罚违约金 500 元，晚上罚违约金 1000 元。

十、凡是发生火灾、火警的罚违约金 400 元，并由造成火灾、火警农户负责一切费用（包括现场费、来回车费、伙食费、当地政府违约金等）。

十一、严禁农用机动车辆载人，凡是被有关部门抓获的违章驾驶员，每次罚违约金 100 元。

十二、案件发生或抓获后，在本村没有处理，对村两委每人罚违约金 50 元。作案人抓获后，住户包庇或不同意、不支持处理的罚违约金 100 元。

十三、违约金处理抽提比例为：60% 归捉拿人，30% 归处理人，10% 稿纸费，并物归原主。

十四、退耕还林树苗，放牛混入或吃一根树苗的罚违约金 50 元。

十五、严禁本村主干道堆、晒猪、牛粪，违者联防队有权清理主干道，造成其他纠纷或后果由违者负责，并处违约金

50 元。

十六、以上各条，希望广大农户共同遵守，若违约金到期不交或抗交的，一律作拒交处理，执行拉猪、拉牛，用房产、家具、鸡、鸭折价抵交，严重者上交司法机关追究法律责任。

十七、二〇〇四年村规民约即日起无效。

本村规民约自二〇〇五年元月一日起执行。

南贵村党支部、南贵村村民委员会（南贵村村民委员会公章）

二〇〇五年元月

19.（贵州省黔东南苗族侗族自治州雷山县西江镇）西江村村规民约[①]

一、社会治安

1. 全村及居住在本辖区内的人员，要讲文明、讲礼貌，遵守国家法律法规和本村村规民约，共同维护社会治安，创建和谐西江。

2. 入宅盗窃的：白天，除赔偿损失外，赃物归还原主，罚违约金 500 元；晚上，除赔偿损失外，赃物归还原主，罚违约金 1000 元。

3. 盗窃耕牛的：不论大小，除赔偿损失外，赃物归还原主，罚违约金 1000～1500 元；盗窃家禽的，除赔偿损失外，

① 来自：刘建刚：《法律多元视野下的村规民约实证研究——以贵州省雷山县西江千户苗寨为例》，中央民族大学 2013 年博士学位论文。

赃物归还原主，罚违约金（按每只）50～100元；盗窃猪的，除赔偿损失外，赃物归还原主，罚违约金300～500元；盗窃果类的，除赔偿损失外，赃物归还原主，白天罚违约金30～50元，晚上罚50～100元。

4. 偷钓田鱼（按每条鱼计算）罚违约金白天10元，晚上50元；偷摸田鱼、罩鱼的，白天罚违约金100～200元，晚上罚违约金（每次）200～300元，除赔偿损失外，赃物归还原主；开田偷鱼，白天罚300～500元，晚上罚500～1000元，除赔偿损失外，赃物归还原主。

5. 严禁在白水河流域、支流炸鱼，违者，每炮罚违约金1000元，电捕鱼每次罚违约金300～500元，并没收电具；毒闹鱼每次罚违约金500～1000元，情节严重的，交有关部门处理。

6. 在鱼塘、水库偷鱼的，按业主相关条款处理并罚违约金100元。

7. 严禁无证砍伐，违者，每株罚违约金50元，情节严重的，交林业部门处理。

8. 盗伐杉木按每株围径每公分罚30～50元，松木按每株围径每公分罚违约金30元；经济林每株罚违约金20～50元。进他人的山偷砍柴的，每挑罚违约金20～50元；偷菜、瓜、豆、茄等蔬菜每次罚违约金40～100元，赃物归还原主。偷稻草每帽罚5元违约金。

9. 破坏和砍伐本村内风景树罚50～500元违约金。

10. 凡在西江村境内打架斗殴，侵害妇女、儿童身心健康行为的，处罚四个“一百二十”。

11．严禁赌博，严禁酗酒闹事，凡在本辖区聚众赌博和酗酒闹事的处200元以上违约金，造成严重后果的移交公安机关处理。

12．本村村民严禁从事参与“法轮功”等邪教组织活动，凡参与者除法律的惩罚外，违约金500～1000元。

13．本村村民不得参与吸毒、种毒和贩毒，凡参与者除受法律的惩罚外，罚违约金500～1000元。

14．本村村民严禁非法上访。凡有事需要向县级以上政府机关反映的，需要将信访事项向村两委汇报，经同意后，只能推选不超过5人以上的代表进行正常上访。

15．要搞好邻里团结，互相尊重，敬老爱幼，不影响邻里休息和工作。

16．外来游客必须遵守本村村规民约，尊重民族风俗。

17．未成年人触犯以上民约的，由其监护人承担责任。

18．本约各条，凡举报者奖励罚金的50%。

二、防火安全

1．在本辖区内发生火警的，罚违约金300～500元，一切损失费用由肇事者自负。

2．在本辖区发生火灾的，按“四个一百二”（即一百二十斤米酒、一百二十斤糯米、一百二十斤猪肉、一百二十斤蔬菜）处罚，并罚鸣锣喊寨一年，所造成损失报上级部门处理。

3．在本村耕作区内发生山火的，过火面积每亩罚违约金500～1000元，并清点林木，赔偿损失。杉木每株围径每公分0.2元，松树每株围径每公分0.1元，经济林每株10～30元

（包括桐子、果树）的违约金，必须在一个星期内交足违约金，拒交的，请鼓藏头、寨老出面处理。

4．破坏村内消防设施和景区设施的，除照价赔偿外，罚违约金300～500元；本辖区内任何单位和个人不得随意打开消防栓用水，违者罚违约金50～100元；破坏河边、路边、寨口、风雨桥、凉亭等照明装饰系统和灯管的罚违约金300～500元。

5．在村内消防塘乱丢杂物、垃圾、洗厕杂物，乱放尿桶脏物臭物等，罚违约金50～100元。

三、环境卫生

1．西江村境内主干道步道不许晒粪、不许占道堆积杂物，违规者，经警告仍不整改的，罚违约金20～50元，并强制清除。

2．严禁往河边、水沟、周边环境扔、倒垃圾，违者，罚20～50元违约金。

3．严禁敞放家畜家禽，如管理不好，造成污染破坏他人环境卫生的，对喂养人罚100～200元违约金。

4．凡抵触和不配合村委会开展防火安全、环境卫生、山林保护等工作的农户，申请村委会办理相关事情的，暂不予以考虑。

四、山林土地纠纷

山林、土地纠纷按原各自然寨的民约进行协调。

注：“赃物已毁，照价赔偿。”

西江村党总支部　西江村村民委员会（西江村村民委员会章）

2011年3月30日

20. （贵州省黔东南苗族侗族自治州剑河县）柳川镇巫堆村村规民约[①]

为了维护我村的生产、生活和工作秩序，保护集体和村民财产，保护村民的人身权利和其他利益，结合我村实际情况，在以法律为准绳的前提下，特制定《柳川镇巫堆村村规民约》。

一、农业方面

第一条　不论任何人致使集体和他人损失的，一律退回原物，如原物不能退回的，按当时市场价格予以赔偿损失，并处以下罚款（屡犯者加倍处罚）。

1. 偷牛、偷猪一次，破坏村上的名誉，罚款100元，并交法律机关追究刑事责任。

2. 偷稻谷一次，罚款50元，偷秧一次，罚款10元，影响产量的按历年最高产量赔偿。

3. 偷他人稻草一次，罚款10元，乱割他人田边地角的山草一次，罚款5元。

4. 放牛、猪、马、羊吃草或踏坏他人庄稼的每次罚款10元，并赔偿损失。故意放浪牛踏踩坏田埂的，一次罚款20元。

5. 放鸡、鸭、鹅吃或踏坏他人庄稼、鱼和其他农作物的，罚款10元。同时在他人的田上放浪鸭、鹅吃鱼的，鸭鹅以只计算，每只另处罚10元。

---

① 来自：龙校一：《论黔东南苗族村规民约的宪政价值》，贵州大学2009年硕士学位论文，第50－53页。

6. 偷开他人田水，罚款 20 元，若造成田干影响产量的，按历年最高产量赔偿。

7. 偷包（苞）谷、小米、红苕、洋芋的，罚款 20 元，并退回原物。

8. 偷鲤鱼一次罚款 20 元，责令退回原物。

9. 偷他人田里的鱼、砍鱼、砍鱼鳅一次罚款 10 元。

10. 偷打他人的牛、羊、马、猪、鸡、鸭、鹅，罚款 10 元，造成损失的赔偿损失。

第二条　不论任何人造成集体和他人经济作物损失的，除按第一条赔偿外，并处以下罚款。

1. 偷他人葛苕、辣子、蔬菜、花生、油菜、棉花、豆类一次罚款 20 元。并责令其退回原物。

2. 偷他人田边地角经济林及优质水果一次罚款 50 元，并退还原物。

3. 土埂是两户共用的，任何一方都不能私自挖埂，违者罚款 10 元，并恢复原埂样型。

二、林业方面

第三条　不论集体、个人采伐集体山林和个人所分得的林木及田边地角的林木，必须有上级政府发放的采伐证，并经村委会批准后，才能进山采伐。

第四条　不论集体，个人偷砍林木，一律退回原物，并处以下罚款。（情节严重，送交政法机关处理）

1. 偷砍路边风景树（包括房前屋后），罚款 100 元，属于百年以上的，罚款 200 元。

2. 偷砍用材林（松、杉），罚款50元，并退回原物。

3. 偷砍经济林（包括果树林），罚款50元，并赔偿损失。

第五条　在用材林地，未经批准，私自开土烧土，一亩罚款30元，并赔偿烧死、烧坏的林木，同时要补造林，包栽包活包成林（补栽三年）。

第六条　偷摘他人专门培植的果子，每一次罚款30元，并按偷摘的数量，每斤以市场价格进行赔偿，并退回原物。

第七条　后龙山属于全林风景林区，不准任何人进山林砍柴和伐树，违者一次罚款50元，并收缴砍（柴）工具和材（柴）木（包括土边的木材和竹子）。

第八条　对乱在有林地区放火烧田、土地的，造成山林火灾的，以亩计算，烧毁有林地，罚款100元，蔬菜零星地，罚款20元，无林地，罚款10元，烧死树木，按损失拆价赔偿，并负责造成林补还，包栽包活包成林。

第九条　在造林地区，严禁放牛羊吃树苗，违者每头罚款20元，并负责补苗包活。

第十条　乱偷扛他人树木、柴草的，罚款20元，并立即退还原物。任何人不得在他人管理的山内砍柴，否则一次罚款×元（原文如此）。

第十一条　牛圈、牛棚四周两米内的用材林、经济林、灌木林，不论原栽后栽都归属牛圈、牛棚主管理。

第十二条　凡人行路两边两米内的用材林、经济林、灌木林都属于全村的风景林，不准任何人（包括山主人砍伐），否则按盗伐林木处理。

三、社会治安方面

第十三条　双方吵架打闹，有损本村形象的，不管有理无理，对骂人的罚款20元，对先动手打人的，罚款50元，致人伤残的，送交公安机关处理，以追究刑事责任。

第十四条　借酒发狂，无理取闹者罚款10元，酒后行凶打人，罚款50元，并按第十三条处罚。

第十五条　虐待家庭成员，造成不良影响的，罚款30元。

第十六条　造谣传谣毁坏他人名誉的，罚款30元。并按其情节轻重，送交政法部门处理。

第十七条　乱发生两性关系的（双方自愿），破坏他人家庭，罚款100元。

第十八条　严禁拐卖妇女儿童，从中得利，损坏本村名誉的，罚款100元，并送交政法部门处理。

第十九条　破坏公共设施和公共财物，除赔偿损失外，罚款50元。乱自接电源，造成村民照明损失的，罚款50元，严重者，送交公安机关追究刑事责任。

第二十条　有意投药损伤偷盗他人家畜的，赔偿损失，并罚款50～200元。严重者，送交公安机关追究刑事责任。

第二十一条　未满十八周岁偷盗者，由监护人承担一切责任。

四、防火安全教育卫生方面

第二十二条　发生一次性火警，罚款50元，（罚）敲锣喊寨一个月（每月一次）。

第二十三条　在叁年内发生两次以上火警的，除加倍罚款外，并责令该户搬迁到离寨子150公尺外的地方居住，不肯自动搬迁的，由村委、支部及治安联防自治（队）派人撤出，造成损失概不负责。

第二十四条　如寨上发生火灾，所有的村民必须全力以赴灭火，不听安排而去搬自家的东西（物资），对其抢得的物资由村委会没收全部分给其他村民，还要罚款100元，对趁火打劫他人财物的人，罚款500元。

第二十五条　如发生大小山林火灾，及时向村委会报告，由村委会组织人员救火，如不听安排，故意不去者，罚款20元。

1. 堆稻草靠近屋边不到100米，限期撤出到100米以外的地方堆放，不听劝告者，由村治保组织派人搬除，损失概不负责。

2. 猪、牛圈以及房屋两侧、楼上楼下，不得堆放易燃物，违反者，罚款10元，同时责令其户搬迁转移到安全地方堆放。

3. 坡上烧来的木炭，必须在外存放一天一夜才搬进房屋，违者罚款10元。

第二十六条　凡是家有适龄儿童的，家长如果不送入学者，罚款50元（罚其父母或家长的款），凡是属于扫盲对象的，如果不到或不送扫盲夜校读书的，按照义务教育法的规定，罚其父母20元。

第二十七条　学校上课时间，严禁任何人在校内敲和打，如不听老师劝告者，罚款10元。

第二十八条　所有村民都必须保持环境卫生的清洁，村委会一个季度检查一次，但村级检查时要登记造册。如不按时检查，是村长的责任，村级检查组由民兵连长、调解主任领头组织检查。

第二十九条　不卫生清洁户，第一次给予警告，第二次检查还是不清洁的，罚款5元，并限期打扫干净。

第三十条　全村的自来水管，须人人管理，如果故意挖坏的，罚款10元，如有大意挖坏的罚款5元。

第三十一条　凡买卖村、组山林土地者，必须经本组本村“两委”同意审批。

五、附则

第三十二条　不管任何人、任何单位，凡在本村境内违反的，都要按本村《村规民约》处理兑现，不服者可以上告。

第三十三条　违反《村规民约》一次的，按以上条款处罚，违反两次以上的，加倍处罚。

第三十四条　凡是七岁以下儿童违反《村规民约》的条款，以教育为主，酌情处理。

第三十五条　如违反本《村规民约》的人和事，属本村的，必须先由调解组织处理，调解组织不受理，罚款10元，如果调解组织处理不下的，方可申报村委会，村党支部配合，指导处理，村委会、村党支部不受理的，罚款15元，违反者属于外村的，由村委会、村调解组织共同处理，并由村党支部指导处理，不受理的罚款同上。

本《村规民约》从2005年12月1日起施行。

柳川镇巫堆村村民委员会

二〇〇五年十一月八日通过

21. （贵州省黔东南苗族侗族自治州台江县抬拱镇）大红寨村规民约处罚条例[①]

（本条例是根据国家法律、法规的有关规定，结合本村村情制定。第五届村民代表大会讨论通过）

1. 在本村风景区建房的，除限期拆除外，另罚1000～5000元。

2. 在本村风景区坡上建屋基、菜园，以及其他设施的，除限期令其拆除和恢复原状外，另罚300～1000元。

3. 砍伐本村风景区树木，除没收木材外，另罚500～1000元。

4. 在本村的坡水潭敞放鸭、鹅，洗拖把、粪桶先罚50～120元，另指令其将潭清洗并灌水一次。

5. 在本村风景区故意用其他药物将风景树木整枯死，一旦发现，首先罚360元，又按损失大小折价赔偿，再令其在该地补种3～5倍的存活树木。

6. 故意破坏公共设施（如：村风雨桥、篮球场、村公所等），除令其恢复原状外，另罚100～200元。

7. 保持村容寨貌的清洁卫生，各组要设点倒垃圾，违章者罚20～50元，另指令其将该地扫干净。

8. 在公共场所酗酒闹事，结伙打架，经过追究分明情节后，则罚50～100元。

---

① 来自：龙校一：《论黔东南苗族村规民约的宪政价值》，贵州大学2009年硕士学位论文，第56－58页。

9. 乱砍林木偷盗木材的按《森林法》的有关规定论。

10. 放敞牛、猪践踏他人自留地、责任田种的庄稼树木的，即按损失大小处3至5倍的赔偿，另罚100～500元。

11. 放火烧山、毁林开荒的，除责令其栽树包活外，按损失折款加以1～3倍的赔偿，并罚200～1000元。

12. 引人进入本村管理内挖药材，砍伐树木、坟头，除没收所得物资外，视其情节轻重，罚100～500元。

13. 发生村寨火警的，不论大小罚120元，如果当事人立马报案的，从宽处罚50元，如果被群众检举的另罚240元。

14. 是放火危险户的，警告两次不听者，罚50元。

15. 农户的电线必须检查，朽、露铝线的皮线，村委及治安（人员）必令其换新线，否则断其电。

16. 踩他人田头捞蝌蚪、捡田螺、砍鱼鳅、钓鱼等视为偷盗行为，按所得折价，加以3～5倍的赔偿，另罚100～200元。

17. 偷他人的瓜、果、豆、菜、柴等，除退还原物资外，如有损失的按所盗得物折价，加以1～3倍的赔偿，另罚30～50元。

18. 进他人仓屋偷盗以及偷晒在外的衣物、谷物等，除追回原物外，另罚100～200元。

19. 放敞鸭、鹅、猪、牛到他人田头，不论损失大小，首先赔偿20元，另罚30～50元，如果过三分之一损失，由主人负责赔偿全部责任。

20. 偷鸡、鸭、鹅的，按其所得物折款，加以3～5倍的赔偿，另罚50～100元。

21. 偷盗猪、牛的，能返还原物的就返还，另罚500元，不能返还的，按其所盗得物折价，加以 1～3 倍的赔偿，另罚 100～500 元。

22. 偷引他人田水的，罚其停灌一次，另罚 30～50 元，大小沟必罚 150 元。

23. 偷割他人田坎草的罚 20 元。

24. 乱扯他人谷穗的罚 10 元。

25. 对村组干部，检举分子有打击报复行为的，行为如下：

（1）伤害牲畜；（2）暗中伤人；（3）饮水投毒；（4）当面威胁；（5）酒后打人；（6）坡坏庄稼；（7）焚烧牛圈；（8）扇动打击。

以上八种行为均罚 300～500 元，如有经济损失，则加5～10 倍的赔偿。

26. 给亲友通风报信的行为如下：

（1）通风报信村委会机密事情；

（2）通风报信治安队主要情报。

以上两种（行为）处罚 50～100 元。

27. 包庇、窝藏坏人坏事者，处罚 200～400 元。

28. 破坏人畜饮水设施的，除令其恢复原状外，罚款 100～200 元。

29. 防碍村组干部、治安人员执行公务的，视其情节轻重，处罚 50～100 元。

30. 在村境内，公共场所赌博的，除没收赃物外，另处罚 50～100 元。

31. 关于田坎的界线问题：（1）田坎往下以坎外往下延 1

丈5尺，为界线。田上边的界线，从水面往上延3丈为界线。(2) 如田所应得的界线内有杉木或杂木，一量所触，即归田主人所有。(3) 如冲中有田，即从田的周围水平面往两边延伸3丈。(4) 如田坎下边有狭窄的冲、河、沟的界线以田坎的水平面往对面的山地3丈为界。

32. 无论是本村或外地的村民，触犯本村本条例者，坦白即从宽处理，抗拒则严惩不贷。

本条例从二〇〇二年二月一日由村民代表大会讨论通过之日起生效，以前的《村规民约》同时废止。

大红寨村第五届村民代表大会颁布

大红寨村第五届村民委员会

二〇〇二年二月一日

22.（贵州省黔东南苗族侗族自治州凯里市万潮镇）万潮村大山林桂花村民组饮水公约①

水是关系每个人日常生活的必需，为了使饮水户保持正常饮上清洁的水，经听取大部分饮水户的建议和要求，特制定如下公约，望广大饮水户共同维护遵守执行。

一、按时按月交纳水费（每个月交纳2元，全年24元），拒不交水费的户，将停止该户的饮水。

① 来自：龙校一：《论黔东南苗族村规民约的宪政价值》，贵州大学2009年硕士学位论文，第54页。

二、不允许任何人任意去打开水池上的盖板和水池铁门，乱去开关水管扎线，一经发现或其他人举报，给予当事人罚款1000～1500元。（奖励举报人百分之七十的奖励金）

三、大、小老鸦山两根主水管，人人有责保护，不允许任何人任意去搬动和损坏，违者一经发现或其他人举报，给予当事人罚款2000～3000元。（奖励举报人百分之七十的奖励金）

四、除了两根主水管外，由管水员负责维修，其分水管、进户的小水管、自家的水龙头破裂，周围的用水户和个人用水户自行设法维修。

五、管水员要积极主动负责管理两根主水、分水管通水，保证水池有水，除遇到旱象天缺水外一般要保障正常用水。

六、违规上述规定，被罚款的户，户户上前处理，不去的饮水户，将停止该户的用水。

注：此公约经二〇〇八年七月六日晚集体讨论通过，并印发每户一份。

大山林桂花村村民饮水管理小组

二〇〇八年七月八日

23.（贵州省黔南布依族苗族自治州荔波县佳荣镇）大土村农业生产管理公约[①]

为了全面贯彻执行省、州、县、镇农业农村工作会议精

① 来自：陈伟华：《贵州苗族习惯法研究——以荔波大土村苗族为例》，广西师范大学2010年硕士学位论文。

神，把我村农业生产引向深入，加大农业科技含量，提高农业生产复种指数，加快农业生产结构调整，确保夏种作物稳产高产，严禁放养野畜，保护农民种田、地积极性，提高群众生产和生活水平，特作如下规定。

对放野牛野马或看守不力，导致农作物受到危害将按以下规定处理。

第一条　牲畜吃菜，每窝赔偿 5 角，每头牲畜（无论大小）罚款 10 元，关一晚（无论大小）每头饲养费 30 元，举报人或赶牲畜回家的每人奖 10 元。

第二条　牲畜毁坏经果林，每株赔偿 2 元，罚款、关牛、举报误工费均按第一条执行。

第三条　牲畜毁坏桑苗，每株赔偿 2 元，罚款、关牛、举报误工费均按第一条执行。

第四条　牲畜毁坏杉木苗，每株赔偿 2 元，罚款、关牛、举报误工费均按第一条执行。

第五条　牲畜毁坏粮食（包括水稻、玉米、红薯、小米等），按每分面积赔偿 30 元，罚款、关牛、举报误工费均按第一条执行。

第六条　对有意偷盗他人农作物者，一经发现，按“三个一斤”（即按全村户数计，每户一斤米、一斤酒、一斤肉）处罚。

第七条　对电鱼、毒鱼、炸鱼，每次罚款 200 元，对举报人一次奖励 100 元。

第八条　加强生态林保护，严禁毁林开荒、毁林造林、偷砍天然林出卖等，一经发现每次罚款500元，严重的将移送政法部门处理。

第九条　本规定自2006年12月1日起生效，全村村民必须共同遵守，互相监督，确保规定顺利实施。

第十条　本公约一式三份，村组各一份，农户各一份。

各小组长签字：

各农户签字：

大土村村委

2006年12月1日

24.（贵州省安顺市平坝区乐平镇）塘约村村规民约①

为进一步推进民主法制建设，宏扬社会主义核心价值观，推进村风文明，维护社会和谐稳定，促进村域经济社会发展。依据《中华人民共和国村民委员会组织法》等法规，并经村民大会通过，特制定本村村规民约。

第一章　遵纪守法

全体村民应严格遵守国家法律法规，遵守驻村企业和单位的规章制度，不得违法乱纪。

① 高其才于2019年7月12日搜集。

第二章　土地管理

第一条　土地属于国家和村民集体所有，村民只有承包使用权，村内任何组织和个人不得侵占、非法买卖或者以其他形式非法转让土地。

第二条　严格执行土地用途管制制度，限制农用地转为建设用地，确需建房的，严格按照上级政府部门相关规定，以户为单位向村委会申请，经村委会批准后报请相关部门审查和完善手续，取得合法手续后，方可动工修建。

第三条　认真履行《土地承包合同书》中发包方和承包方的权利和义务，严禁未经相关部门批准擅自改变承包田地用途。

第四条　任何村民不得擅自对承包地进行土地流转，若政策允许确需调整的，必须符合镇、村的统一规划。对土地使用权进行流转的，必须经本集体经济组织成员的村民会议 2/3 以上成员或者 2/3 以上村民代表同意，报乐平镇人民政府批准后，方可进行流转使用。

第五条　凡是国家招商引资和公益事业建设需要征收土地的，应该积极支持项目建设，征收地块一律按第二轮土地承包经营权证中承包土地明细登记地块类别进行测算补偿。因农业农村基础设施等公益事业需占地的，农户应无偿让出土地，大力支持。若遇承包土地被征收时，各农户应积极配合完成相关征收土地工作，自接到通知之日起，10 日内到村委会办理征收相关工作，逾期未办理的，乐平镇人民政府将补偿款划入我村账户，并将按照有关规定强行组织征收土地，并支持业主动工建设。土地承包农户对村委会的处理有异议的，可向人民法院提起诉讼，不得干扰建设，对堵工的，将报请公安司法机关依法打击。

第三章　计划生育

第一条　认真贯彻执行《中华人民共和国人口与计划生育法》，提倡一对夫妇只生育一个孩子，严禁违规违法生育。

第二条　已婚育龄妇女要按时接受查环查孕，若一年内有一个季度未参加查环查孕的，罚款 50 元，连续 2 个季度未参加的，罚款 500 元。若在 5 日内未缴纳罚款，村支两委将停止对其办理一切手续，直至交清罚款为止。

第三条　符合生育条件的，应及时办理《生育证》后，方可怀孕生育，并在规定时间内落实相应的避孕节育措施。

第四条　已婚育龄妇女外出务工或举家外出的，外出前应到育龄小组长或计生专干处进行登记，告之外出地点和联系方式，每季度按时自行就近到医院进行妇检并寄回妇检证明，若不执行的，由村委会比照第二条的规定进行处罚。

第四章　森林管护

第一条　森林防火，人人有责。严禁在林区进行烧灰积肥、烧田坎土坎或上坟时燃放烟花爆竹等野外用火，大森林防火期，发现野外用火的一次罚款 50～100 元，构成犯罪的，移送司法机关依法处理。

第二条　确需砍伐林木的，必须到镇林业站办理《砍伐证》，方可进行砍伐。禁止乱砍乱伐，一经发现，对砍伐人罚款 100～200 元，并报镇林业站进行处理，构成犯罪的，移送司法机关处理。

第三条　对违反前两条受罚款者，应在 5 日内缴纳罚款，否则，村支两委停办一切手续，直至交纳为止。

第四条　各林地承包户应积极主动管护所承包林地，火险高峰期应采取设卡防止火源进入林区及巡山等方式防止森林火灾，对不履行义务的，村委会可收回其承包林地。鼓励农户共同防火，对发生火灾后不听从村委调遣的壮男劳动力，视其不履行村民义务，可采取消其享受的一切政策优惠和福利。

第五条　对盗伐竹木者处以以下罚款：竹子每根罚款 50 元，笋子每根罚款 10 元，原物归失户。盗杉、松、杂木一尺以下的罚款 50～100 元；1 尺～1.5 尺每根罚款 100～200 元；1.6 尺～2 尺每根罚款 300～400 元；2.1 尺～2.5 尺每根罚款 400～500 元；2.6 尺以上每根罚款 600～1500 元。情节严重者，送交上级依法处理。破坏河道及公路两旁绿化树、花草的每株罚款 20 元。

第五章　社会治安

第一条　为预防本村的家禽、家畜及其他财产被盗或其他刑事案件的发生，本人应有较强的防范意识，本村应在镇综治办及辖区派出所的指导下成立义务巡逻队。

第二条　义务巡逻队采取每户每天轮流抽人的方式产生，

坚持夜间巡逻。

第三条　本着有人出人、有钱出钱的原则，组建义务巡逻队，轮到抽人的农户确实没有人可出，应交纳一定的费用，作为他人替代巡逻的报酬。

第四条　值班的巡逻队员本着对本村村民的生命、财产安全负责的原则，应认真履行职责。

第五条　本着乡风文明、淳朴、团结的原则，村民应尽量避免产生矛盾纠纷，村民之间闹矛盾，应本着换位思考，相互谅解的原则自行消化，其他村民应当进行劝解，不能自行消化的，应报请村两委进行调解。

第六条　涉及村民间的矛盾纠纷由村两委负责人及调解委员会主任牵头调解，调解应作出处理意见并报镇综治办备案。

第七条　村民的合理诉求须按照以下途径逐级反映，首先向村两委（反映），再到镇的相关业务部门或镇群工中心咨询，不能越级反映，反映问题要实事求是，注意言行文明。

第八条　村民禁止参与任何形式的赌博行为，一经发现，立即制止，情节严重的报请公安司法机关从重处理。

第九条　严格流动人口管理，采取以房管人的原则，本村各位住户在进行房屋租赁时，必须上报村委会备案。

第六章　村风民俗

第一条　倡导富强、民主、文明、和谐；倡导自由、平等、公正、法治；倡导爱国、敬业、诚信、友善，积极培育和践行社会主义核心价值观。提倡讲文明，树新风；讲礼貌，尊老爱幼；讲道德，尊纪守法；家庭和谐，邻里团结；美化村容村貌，保持室内、庭院和村道清洁。

第二条　节约资源和能源，保护生态环境，讲究环境卫生，严禁乱倒乱扔垃圾，乱排污水、焚烧垃圾，每发现一次，处 50 元至 100 元罚款。所有垃圾须进行科学合理处理，死亡牲畜必须进行消毒处理后再深埋。

第三条　严禁除钓外用其他手段在河内捕鱼。违者每次罚款 200 至 500 元。

第四条　严格执行平坝县和乐平镇关于严禁乱办和滥办酒席的相关规定，除婚丧嫁娶外，其他任何酒席都不得操办。村民也不得参与除婚丧嫁娶外任何酒席的请客和送礼，以及为操办酒席者提供方便。否则，村委会有权没收礼簿、全部礼金及办酒的所有器具和物品，对相关人员处以 500 到 2000 元不等的罚款，停办一切手续、取消一切优待和福利等，直至当事人认识错误、缴清罚款为止。

同时，符合规定操办红喜酒席的，应持《结婚证》提前一周到村委会审批，获得批准方可操办；操办白喜酒席的，应在事中或事后一周内到村委会登记备案。操办酒席严格按照村红白喜事理事会的规定，破除封建迷信，反对铺张浪费、大操大办。

第五条　村民之间应互尊、互爱、互助、和睦相处，建立和谐邻里关系。尊重科学，崇尚文明，不搞封建迷信活动，不听、不看、不传播淫秽书刊音像，不参加各种邪教组织，不信谣传谣。

第七章　社会管理（红九条）

第一条　凡不参加公共事业建设者。

第二条　不交卫生管理费者。

第三条　乱办酒席铺张浪费者。

第四条　贷款不守信用者。

第五条　房屋乱建，不按规划者。

第六条　配合组委会工作不积极者。

第七条　不执行村支两委重大决策者。

第八条　不孝敬父母者。

第九条　不教育未成年人者。

以上人员，以户为单位，村支两委经组委会核实，一律列入“黑名单”管理，考察期为三个月。在考察期间内，村支两委对此列入“黑名单”的农户，不办理任何相关手续，不落实国家任何优惠政策。直至考察合格（组委会负责），消除“黑名单”后，该农户才有权享受国家一切优惠政策及村支两委的服务。

本村规民约若与国家法律法规有抵触之处，以国家法律法规为准，本村规民约从村民大会通过之日起实施。

乐平镇塘约村村民委员会

二〇一四年一月一日

25. （贵州省安顺市平坝区乐平镇塘约村）“红九条”①

（2018 年 12 月 18 日修订）

1. 损害公共利益，不参加公共事业建设者。
2. 不爱护环境，不交卫生管理费者。
3. 乱办酒席铺张浪费者。
4. 贷款不守信用者。
5. 不按规划，乱搭乱建者。
6. 不执行村支两委重大决策，不配合组委会工作者。
7. 不孝敬父母，不管教未成年子女者。
8. 不维护塘约村形象，在公共场所闹事者。
9. 不明事理，不团结邻里，影响公共秩序者。

26. （贵州省安顺市平坝区乐平镇）塘约村对干部队伍整顿和规范村民行为讨论稿②

（2018 年 11 月 15 日讨论稿）

当前的塘约村是在党中央的领导下，随着响应习近平总书记提出的新时代、新思想、新举措建设中国特色社会主义实现伟大复兴中国梦，总书记在十九大报告中提出 2020 年全国实

① 高其才于 2019 年 7 月 12 日搜集。
② 高其才于 2019 年 7 月 12 日搜集。

现摆脱贫困，小康路上不落下一户一人，因此每一个村组干部为实现习近平总书记提出的中国梦，每个党员、干部、组干部肩上都有担子、有责任。全村共产党员和干部在新的形势下，要有新思想，每个党员干部在新的时期要有责任、有担当、敢担当、敢作为，而不是乱作为。对干部多年来存在的陋习在当前新形势下必须开展党员、干部队伍的整顿，纯洁每个党员干部的思想，提高思想意识，把多年来部分党员干部不敢担当，不敢作为或乱作为干部劝导退出，为维护社会安定团结，维护社会和谐，对党员干部管理是党中央指示的党要管党、从严治党。为对每个村、组干部的考评有依据有约束，特拟定规范干部与村民（行为）的条约。

塘约村2018年4月14日酒席改革方案对党员干部的责任有明确，班子成员在大会表决通过后人手一册，并发到各村民小组，以支部书记包片、党小组村民组包组、组委会成员包户，一旦有村民违规办酒实行村、组、组委会、党小组都受牵连，不能影响塘约村的发展大局，违规办酒的农户是违背村民代表大会决议，全村广大村民应高度认识到塘约当前正面临着发展中的大好机遇，全体村民应自觉遵守村民代表大会的决议，严格执行党和国家的大政方针，严格自我规范，执行好村规民约“红九条”，以下是对党员干部和村民不良行为的处罚规章。

一、党员管理

每个党员都应团结在党中央周围，认真执行党的方针政策，学习党章，坚决执行总书记提出的新时期、新思想、新理念、新任务、新举措，学习党章，对照自己是不是一个合格的党员，有没有为全村人民利益着想，有无损人利己的行为，对思想极其落后、积分不满60分的党员，劝其退党处理。

二、村干部的管理与处罚

1. 从现在起村干部、合作社负责人、治安组成员有违规办酒的扣发3个月工资，年终不参加干部考评，并取消参加合作社分红待遇，不享受村与国家任何政策，不办理任何手续。

2. 村干部挂的组，支部书记包的组有农户违规办酒在5天前不制止不反映到村委的，扣发当月工资。

3. 村干部挂靠的合作社基地合作社主管及基地负责人对于浪费土地不满栽满插的按每一平方处罚20元，三方受牵连性处罚。

4. 合作社销售团队销售蔬菜思想不统一，销售不经3人以上知道的，属于个人行为，除追回销售价款外按销售价的70%处罚，罚金从工资中扣除，一经发现两次责令回家。进购生产材料乱开假发票假单据，购买人与销售方串通做手脚，一经发现按购买总价款50%处罚金，从工资里扣除，并警告处分。

5. 每周各自分配的工作不完成，处罚200元，二次不完成处罚300元，从工资里扣除，三次不完成责令回家。

6. 宣传各级党委政府的政策和村支两委的规定不力，不召开群众会议一次处罚200元，二次处罚300元，三次及三次以上处罚一个月工资。

7. 治安队各成员工资按村干部（标准）发放，但是每逢村支两委安排的工作完不成，按对村干部的处罚执行，在组织有任务执勤时，有通风报信扑空，追究责任的同时给予处罚200元，从工资当中扣除，出勤不出力、出勤不出嘴，制止闹事抓赌出勤不出手，讨好卖乖警告二次后辞退处理，有事不请假一次处罚200元。

8．村干部对违规办酒的农户要严格执行列入“黑名单”管理，干部随意表态办理相关手续，出示证明盖公章，处予罚金3000元，乱搭乱建随意表态，不通过会议审核的处罚金2000元，罚金从工资里扣除。

三、村民组及组委会的管理

1．村民组长对本组工作是要主动，村干部下队配合支持小组工作，对本组卫生工作检查不合格的，每次处罚金100元，不组织群众会、不宣传各级政策和村委支委的相关规定，每次处罚金100元。

2．对违规办酒不提前报村委，在下面不制止而且对违规办酒户出示证明，一次罚款1000元，不参加年终考评。

3．对本组违章建筑不制止不举报，每次罚款100元，但是组委会成员每人包的15户出现问题责任人必须承担处罚，一查到底，在各自包的15户当中出现问题自己承担处罚。

4．表册任务每次会议安排中心工作不按规定时间完成，每次扣罚100元工资，通知开会不参加处罚50元。

四、村民的管理规范

1．违反“红九条”规定和村规民约的每次处罚50元，对乱放家禽牲畜糟蹋合作社禾苗的，按损坏程度估价赔偿，年终从分红和土地入股兑现中扣除。

2. 违规办酒或在外面偷办酒席一次，除不享受国家惠农政策外，不参与合作社分红，不办理任何相关手续，包括取消景观整治项目，罚金 5000 元，从土地入股费用中扣取，罚金一年扣不足，下一年接着扣，“拉黑”时间 3 年，3 年内没有认识到自身错误的，并不改正错误的，3 年期到后，“拉黑”时间继续延长至端正态度、认识自身错误并积极改正后才能从“黑名单”中除名。

3. 开设赌场聚赌、参赌经制止不知悔改的除按治安管理处罚条例处罚外，没收参赌设备，处以罚金 500 元，从土地款兑现中扣取。

4. 在这次清产核资中，侵占有集体资源性资产、资金主动退还的给予表扬，抗拒退赔不归还集体土地的，经劝阻无效的，移送司法机关查处，聚众闹事影响纠纷调解称霸一方不听劝阻者，移送司法机关查处。

5. 不参加小组卫生大扫除、不参加组集体公益事业建设劳动、不参加群众会议的农户，村民小组做好缺旷台账，按各小组 2018 年 6 月 6 日各组规定处罚，小组没有集体经济的，造册到合作社年终兑现款中扣除。

6. 对个人家庭卫生不整洁、庭院卫生不保持清洁、联户路不主动参与清扫的，按每次检查登记好台账提供照片，年终兑现扣罚，均按每次扣罚 50 元。

7. 对违反“红九条”不管教未成年子女者、不孝敬父母、不奉养父母者除给予教育外，列入“黑名单”不享受国家优惠政策，村组不予办理相关手续。

执行人员：
总支书记：
支部书记：
村主任：
治安组：
监委会：
理事会：

年　　月　　日

27. （贵州省安顺市平坝区乐平镇塘约村）李家院组“美丽乡村，文明村寨”卫生管理条例①

李家院组的各位村民，近年来我组常常被其他村民组笑话“难管组、不团结组、散沙组、刁民多、庭院乱、道路脏、乱到（倒）垃圾不讲卫生”。作为李家院的一员我们应该有则改之，无则加勉。不要再让人家在被背后讲“这家人、这个组”垃圾，现经全组群众会议决定，为了把我组建设、打造成美丽、文明的村寨，特拟定以下条款，望各户认真遵守执行，还李家院一个良好的生活环境。

一、随地吐痰，扔垃圾、果皮、烟头等，一经发现罚款20元。

二、未成年儿童（6岁～12岁）乱扔垃圾、践踏花草、

① 高其才于2019年7月12日搜集。

损坏公物每次罚款 5 元，损坏财物按原价由其监护人进行赔偿。

三、家畜严禁散放，如鸡、鸭、鹅等发现一次罚款 20 元，如猪、狗、牛等每次罚款 100 元，外来的狗打死者每次由组委会奖励 50 元。

四、房前屋后杂物摆放整齐，严禁乱堆乱放，不听警告者，由村治办一律运走，所产生的一切费用由违者自负。

五、生活垃圾一律入箱，乱丢乱扔者每次罚款 100 元。

六、以上条款由全民监督，举报者经调查核实后按本次罚款的金额由组委会给予奖励。

七、年底清算，一年内只发（罚）过一次款，没有发现第二次的，可以申请退回第一次的罚款，以教育为主，一年内有二次以上违反《卫生管理条例》的，罚款一律不予退还。

李家院组委会

2019 年 1 月 14 日

28.　（贵州省铜仁市松桃苗族自治县寨英镇王家坪村）村规民约[①]

一是婚嫁喜事一律停办，丧事从简；

① 来自：刘振斌：《松桃县王家坪村〈村规民约〉打赢“防疫”阻击战》，载贵州文明网，网址：http：//gz. wenming. cn/wenmingchuangjian/wenminchunzhen/202002/t20200212_ 5418776. shtml，2020 年 2 月 13 日最后访问。该村规民约的制定时间大概在 2020 年 2 月初。

二是一律不准串门、聚会、聚餐、扎堆玩耍、摆闲谈、聚众闹事；

三是一律不准聚众开展打球、下棋、唱歌跳舞等娱乐活动；

四是一律不准组织参与各种赌博活动；

五是一律不得信谣、造谣、传谣；

六是要讲究卫生，长期保持个人、房前屋后及公共区域卫生干净整洁；

七是外来人员原则上一律不准进村，如因特殊情况需进入，进出人员必须进行体温检测和登记；

八是外市返乡人员一律主动到村委会报告备案；

九是如出现发热等症状村民，一律先报告村委会再安排就诊；

十是村民外出，一律遵守检查点进出要求。

29. （湖南省湘西土家族苗族自治州凤凰县山江镇）古塘村疫情防控村规民约①

根据重大突发公共卫生事件一级响应要求，为全力防范新型冠状病毒感染的肺炎疫情，（响应）山江镇新型冠状病毒感染的肺炎疫情防控工作指挥部要求，特制定古塘村村规民约，

① 来自：田淑俊：《凤凰法院：战“疫”前沿，进村入户筑牢疫情防线》，载澎湃新闻网，网址：http://hunanfy.chinacourt.gov.cn/article/detail/2020/02/id/4797336.shtml，2020年2月19日最后访问。制定时间为2020年2月初。

内容如下：

1. 不聚会、不聚餐、不集体娱乐；

2. 不与疫区回来人员接触；

3. 家里有外来人员自己主动上报村里；

4. 临时有事出村到村里打证明；

5. 需外出务工主动到村里报备；

6. 家里有感冒发热的，居家隔离并主动上报；

7. 白事从简，喜事推迟；

8. 积极配合政府及村委会工作人员的疫情调查和走访；

9. 不造谣、不传谣、不信谣；

疫情期间不配合疫情防控工作及到处造谣传谣的村民，造成社会动荡的将依法严惩。

古塘村村民委员会（章）

30.　（湖南省湘西土家族苗族自治州凤凰县山江镇）樟坡村村规民约①

为发展地方经济，稳定社会秩序，把我村建设成为精神文明、物质文明、政治文明协调发展的新村，根据《中华人民共和国村民委员会组织法》，结合本村实际，在广泛征求群众意见的基础上，经村民会议或村民代表会议讨论通过，特制定

① 来自：http：//zh. voc. com. cn/wx/view. php？ topic = 42&cid = 1248&tid = 107530，2020 年 4 月 27 日最后访问。该村规民约的制定时间不详。

本村规民约。

第一条　樟坡村村民委员会是我村村民自我管理、自我教育、自我服务的基层群众性自治组织，实行民主选举、民主决策、民主管理、民主监督。

第二条　保护耕地。未经有关部门批准不准占用耕地建房，不准自由买卖或抛荒耕地。

第三条　保护水利设备设施。不准在河堤、河滩、塘坝、抽水设施边乱挖、取砂或种植农作物，对蓄意破坏设备设施的，通报批评，并责令其赔偿损失。

第四条　爱护森林。凡属于集体和个人管理的林地未经批准不得乱砍乱伐，违者由乡镇林业站或村民委员会没收全部伐木，并提交林业执法部门处理。由于人为因素引发山火者，视情节进行处理，构成犯罪的由司法部门追究其刑事责任。

第五条　维护道路畅通。不准在公路上乱挖乱堆，路边建房必须办理建房许可证，并交纳规定数额的保证金。不准在道路砌边乱挖，不准破坏公路标志。村级道路实行分片管理，责任到人。

第六条　保持供电线路的安全和正常输电。对屋前屋后有阻碍线路的树木，该砍必砍，任何人不得刁难阻挠，用户必须按期缴纳电费，对长期拖欠者，交有关部门处理。

第七条　每个村民必须如期、如数、保质完成国家规定的各项任务和经村民会议或村民代表会议“一事一议”决定的合理收费、义务工等。

第八条　随着社会发展，建房必须统一规划，建房用地必须（经）申报批准后方可动工，特别在规划区域内必须服从大局、统一布局。

第九条　遵循婚姻自由、男女平等，男女青年结婚必须符合法定结婚年龄要求，提倡晚婚晚育。全村村民要自觉遵守“计划生育村民自治公约”，杜绝非法妊娠、非法生育和非法中止妊娠。

第十条　每个村民都要学法、知法、守法、自觉维护法律尊严，同时，弘扬尊老爱幼、邻里和睦的风尚，杜绝吵骂、斗殴事件的发生。虐待、遗弃老人、儿童、病人或无生活能力者的，有责任供养而拒不供养的，由村民委员会对其进行批评教育，限期改正，情节严重屡教不改的，报司法部门处理。

第十一条　提倡社会主义精神文明，移风易俗，反对封建迷信及其他不文明行为，树立良好的民风、村风。提倡喜事新办，丧事从简，破除陈规旧俗，反对铺张浪费、反对大操大办。

第十二条　禁止以麻将、扑克、骨牌及其他工具进行赌博。对组织聚众赌博、影响极坏的窝家和个人一经抓获，移交公安部门从严处罚，对举报者严格保密，并给予适当奖励。

第十三条　村民必须维护集体、企业和他人的利益，严禁偷盗、敲诈、哄抢国家、集体、个人财物，严禁替罪犯藏匿赃物。村民要爱护公共设施。对损害行为的肇事者进行通报批评，并责令其赔偿损失。

第十四条　自觉开展（清垃圾、清污泥、清路障）“三清”治理和自觉遵守（乱搭滥建、乱占、乱垛、乱堆、乱倒、乱跑）“六乱”治理工作制度。严禁破坏公共卫生，确保全村有一个良好的生产、生活环境。

第十五条　本村境内严禁捕蛙捉蛇，河道鱼塘严禁利用药物毒鱼，轻者进行批评教育，重者移交相关部门处理。

第十六条　坚决开展扫黑除恶专项斗争，创造安全稳定的社会环境；积极检举揭发黑恶霸痞犯罪，警民联手促进社会和谐。

第十七条　为了破除婚丧嫁娶中的铺张浪费、愚昧落后的陋习，做到婚事新办，丧事简办，倡导文明、健康、科学的生活方式，促进社会主义新农村建设。

第十八条　积极响应县里殡葬改革政策，引导、教育广大群众，尤其是党员干部参与节地生态安葬、开展文明低碳祭祀、推行丧事简办，树立厚养薄葬、移风易俗和勤俭节约的文明新风。

第二十条　本村规民约由村民会议或村民代表会议讨论通过，具有约束效力。

第二十一条　本村规民约印发至各家各户，做到家喻户晓。

31.（湖南省湘西土家族苗族自治州花垣县双龙镇）十八洞村村规民约[①]

雨露阳光，润我家乡；饮水思源，自力自强。

---

① 来自：http://zh.voc.com.cn/wx/view.php?topic=42&cid=1248&tid=107528，2020年4月27日最后访问。该村规民约的制定时间不详。

党的领导，核心力量；牢记教导，思想武装。
管理民主，大事协商；遵纪守法，爱国爱党。
道德为先，文明常讲；关爱妇幼，礼敬尊长。
家庭和睦，友邻互帮；诚实守信，公私不伤。
抵制迷信，远离赌毒；耕读传家，秉承风尚。
红白喜事，切勿铺张；公益事业，人人担当。
家畜家禽，严禁放养；垃圾分类，莫乱堆放。
勤劳致富，家业兴旺；发展农旅，引领一方。
保持风貌，不滥建房；生态家园，共建共享。
党员干部，树立榜样；五兴互助，共创辉煌。
村规民约，牢记心上；乡村振兴，美名远扬。

32. （云南省曲靖市马龙县马过河镇鲁石村村委会黑石头村）村规民约①

一、拥护中国共产党的领导，自觉执行党和国家的路线、方针、政策，热爱国家，热爱集体，热爱家乡。

二、认真履行村民义务，根据国家的现行政策及时完成上级下达的各项任务，及时交纳应该负担的农业生产的各项费用。

三、坚持勤劳守法致富的原则，在国家政策允许的范围内，合法经营农业、商业及其他行业，依靠诚信、诚实劳动，

① 卢燕于2015年11月29日提供。该村规民约的制定时间约为2013年。

共同走向致富的道路。

四、认真学法、懂法、守法，自觉增强法制观念，在法律规范内参加社会活动。加强联防，勇于同不法行为和社会不良现象作斗争。

五、认真执行国家的计划生育政策和法律法规，自觉实行计划生育，做到优生优育、不超生、不偷生、不早婚早育，全面落实基本国策，稳定低生育水平。

六、严格执行《土地管理法》，不准乱占耕地，不准在承包地里从事非农业生产项目，建筑必须符合集体的长远规划，杜绝“三乱”现象的发生。

七、大力弘扬中国传统美德，深度倡导家庭邻里和睦，尊老爱幼，帮贫助残，消除家庭暴力，维护妇女、儿童及老人的合法权益。

八、破除迷信，移风易俗，讲究卫生，关爱生命，推行红白喜事新办，提倡厚养薄葬，实行火葬，严禁土葬。

九、积极参与精神文明创建活动，深入开展有益群众身心健康的业余文化生活，达到物质和精神双丰收的目的。

十、积极支持党支部、村委会工作，充分发扬民主，为本村长远发展集思广益，提出有益的建议，争做爱家乡的模范村民。

第三章　彝族地区村规民约

1.　（四川省凉山彝族自治州越西县）大瑞乡大古村《依法治村》村规民约①

为维护社会的和谐稳定，实行依法治村，促进全村各项事业的全面发展，经村民会议表决通过，订立以下村规民约，望全体村民共同遵守。

一、爱国守法，爱护公物，不得损坏交通、供电、通信等公共设施。

二、守公德，尚美德，促进民族团结、邻里和睦相处，不打架斗殴，不拉帮结派，不搞宗派械斗。

---

① 李剑于2018年12月20日提供。

三、扬正气，树新风，远离“黄、赌、毒”，重视艾防工作。

四、关心集体，支持公益事业，积极参加村民会议，服从和执行村民会议和村民代表会议的决议决定。

五、搞好环境卫生，维护村容整洁，不乱搭乱建，不乱倒垃圾脏物。违者每次罚款100元，并令其拆除、清理。

六、积极履行村民义务，主动参与道路交通、学校、水利等公益事业的修建维护工作，依法服兵役和参加民兵组织，承担抚养教育子女和赡养老人责任，禁止家庭暴力和虐待行为发生。

七、执行计划生育政策，提倡晚婚晚育，少生优生。

八、盗窃财物的，除退还赃物赃款外，还罚款200元以上。情节严重的交司法机关处理。

九、禽畜损害农作物的，由家主赔偿，造成减产或失收的要赔产，并按所损农作物面积每平方米罚款10～100元。

十、见义勇为、检举揭发违法违纪行为者，给予奖励。

十一、外来人员进驻本村的必须遵守本村村规民约，违者按本村规民约处罚。

十二、本着不铺张不浪费的原则对全村丧葬习俗进行移风易俗改革：

（一）老人过世，做到深埋，不留坟头。

（二）聚餐由村两委安排专人管理，做到卫生，并做好相关记录。

（三）改革开孝帕的习俗，由袖套或白帽代替。

（四）不放烟花等浪费行为。

十三、提倡婚姻自由，制止高额彩礼行为：

（一）本村女儿出嫁，须个人自愿，且要求男方到派出所进行尿检。

（二）本村女儿出嫁，只要男女双方自愿，不得要求男方给予高额彩礼，彩礼不得超过 5 万元，其余礼金不得超过 5000 元。

本村规民约由村民委员会负责执行，自村民会议通过之日起实施。

大瑞乡大古村村民委员会

2014 年 3 月 28 日

2.（四川省凉山彝族自治州越西县）白果乡乡规民约[①]

1. 认真宣传国家的法律法规、政策。预防犯罪特别是青少年犯罪。实行村包组、组包户、户包子女的方式。为确保我乡社会、铁路治安的明显提高，保一方平安，使群众安居乐业，致力于物质文明的建设，针对乡情实际，特规定以下村规民约。

2. 加强邻里团结，互助友爱，发扬社会主义新风尚。

3. 严禁在乡境内酗酒闹事，打架斗殴，经调解制止不改

① 李剑于 2018 年 12 月 20 日提供。

者，罚金 50 ~ 100 元。

4. 严厉打击一切偷牛盗马行为，违者除追究刑事责任外，处 100 ~ 200 元的罚款。

5. 严禁破坏农牧业行为，违者除按价赔偿外，并向主人道歉，并处物价 1 ~ 5 倍的罚款。

6. 严厉打击吸、贩、种植毒品分子，并对戒毒、两劳刑释放人员加强“三帮一”帮教活动，认真开展“十户一保”和家族禁毒工作。

7. 加强传染病宣传预防工作，在疫情期间，禁止大规模奔丧、宰杀大牲畜的行为，违者处以 100 ~ 200 元的罚款。

8. 加强对“铁路管理是国民经济大动脉”的知识宣传，达到家喻户晓、人人明白，使各村群众树立爱路、护路、维路意识，确保铁路的正常运行。

9. 严禁各村民在火车站逗留、闲逛、酗酒闹事，影响火车站的正常运转，违者除追究刑事责任外，处以 100 ~ 200 元的罚款。

10. 严禁各村群众破坏损毁铁路等一切基础设施，违者除追究责任外，处以 200 ~ 500 元的罚款。

11. 严禁各村村民在铁路旁开垦、放牧，严禁石击列车、机车，违者罚款 500 元。

12. 铁路扶路充分发挥“十户一保”联带制的作用，强化联带意识。

13. 凡各村民众都要严格遵守越西县爱路护路公约及各村村规民约，不得违反。

14. 凡违反公约、民约的人员，本户及“联保十户”均不能评为遵纪守法户、双文明户、五好家庭户、爱路护路光荣户，并给予批评。

15. 红白喜事不能铺张浪费，不能宴请，结婚嫁娶彩礼不能超出 8 万元。

以上民约自公布之日起执行，请各村群众遵照执行。

白果乡人民政府

二〇一七年三月三十日

3.　（四川省凉山彝族自治州越西县白果乡）白果村村规民约①

为使各村经济发展，社会和谐稳定，经 2017 年 3 月 30 日村民大会讨论通过，制定本民约，望全体村民遵照执行。

一、热爱中国共产党，热爱社会主义祖国，热爱集体。

二、认真学法，知法，守法，自觉做遵纪守法的好公民。

三、尊重和赡养老人，维护妇女儿童的合法权益，不得虐待老人和妇女儿童，形成尊老爱幼、家庭和谐的良好社会风气，对不遵守本条规定的村民，则由家支长者进行批评教育后交由村委会进行批评教育，责令改正，对构成违法犯罪的移交相关法律部门处理。

四、勤俭持家，勤劳致富，移风易俗，严禁高额聘礼，除舅舅钱及民族习惯必须给的钱以外，本着精简的原则，喜事新

① 李剑于 2018 年 12 月 20 日提供。

办，违者与本村有关的惠民政策挂钩，延后享受，彩礼最高不得超过 8 万元；在丧事办理中，不得铺张浪费，杀牛不得超过 5 头，对超过 5 头的，由村委会收取所超费用的同等罚款作为村公益事业费用；出丧火化之日不得再分牛肉，要适可而止，不得铺张浪费。

五、自觉实行计划生育，坚持晚婚晚育优生优育，严格按计划生育政策执行，对超生的，严格按照计生政策缴纳社会抚养费。

六、搞好家庭和村内卫生，爱护集体一草一木，保持环境洁净、道路畅通，不得占道经营，乱丢垃圾，对占道经营的责令改正，对乱丢垃圾的收取 100 元的垃圾清扫费。

七、本村严禁吸毒贩毒的行为发生，全体村民都有举报吸、贩毒的义务，对吸毒人员由家支监督戒毒，对不能戒毒的交由公安机关处理，对贩毒的一经查实，立即送公安机关进行处理，对吸贩毒行为按照家支禁毒会议制定的规章将其开除出本家支，本村村民及家支成员拒绝参加吸贩毒人员家庭的红白喜事。

八、艾滋病病人、感染者要配合医疗机构管理，正确使用安全套，避免不洁性行为。村民要积极宣传，不歧视感染者、病人，严格落实“四免一关怀”政策。

九、本村严禁聚众赌博，一经发现家支及村委会及时制止并进行批评教育，严禁聚众闹事，打架斗殴，如有此类现象发生，所有村民都有权及时进行制止，对因此造成的损失进行加倍处罚，对构成违法犯罪的及时移送公安机关。

十、针对本村弱势群体、特困群众（如：五保户、孤儿、特困儿童）在生产生活中存在困难，本村村民要力所能及提供帮助，村组干部及包点干部要制定执行一对一帮扶。

十一、本村村民应自觉遵守村民大会的决议，协助村两委搞好经济发展项目、一事一议工程等，苦干而不苦熬，积极带头勤劳致富。

十二、自觉缴纳水费、电费、卫生清洁费及各种公益费用。

十三、对本村适龄儿童及时送到学校就读，严禁以各种理由拒绝适龄儿童入学，若出现适龄儿童辍学的，严格按照六长责任制责任倒查，其中因村主任失职造成适龄儿童辍学的，镇政府将结合年度考评考核实行一票否决制；若因家长原因造成适龄儿童辍学的，将延迟享受一切惠民政策，待整改落实到位经复查核实后根据实际情况予以享受。

十四、本村村民自觉参加本村公益活动及公益劳动。

十五、本村村民严禁偷盗行为的发生，一经查实对所盗物资进行加倍处罚。对构成违法犯罪的及时移送公安机关进行处理；严禁将牲畜放到别人的庄稼里，违者赔偿损失并加倍罚款。

十六、本村规民约自制定之日起执行。

2017 年 3 月 30 日

4.　（四川省凉山彝族自治州越西县）白果乡塔拉村村规民约①

1. 认真遵守国家的法律法规、政策，预防犯罪特别是青

① 李剑于 2018 年 12 月 20 日提供。

少年犯罪，实行村包组、组包户、户包子女的方式，为确保我村社会、铁路治安的明显提高，保一方平安，使群众安居乐业，致力于物质文明的建设，针对我村实际，特规定以下民约。

2. 加强邻里团结，互助友爱，发扬社会主义新风尚。

3. 严禁在乡境内酗酒闹事，打架斗殴，经调解制止不改者，罚金500～1000元。

4. 严厉打击一切偷牛盗马行为，违者除追究刑事责任外，处以1000～2000元的罚款。

5. 严禁破坏农牧业行为，违者除按价赔偿外，向主人道歉，并处物价1～5倍的罚款。

6. 严厉打击吸、贩、种植毒品分子，并对戒毒、两劳刑释放人员加强“三帮一”帮教活动，认真开展“十户一保”和家族禁毒工作。

7. 红白喜事不能铺张浪费，不能宴请，结婚嫁娶彩礼不能超出8万元。

8. 加强公共聚餐危害宣传，预防工作，禁止大规模奔丧、宰杀大牲畜的行为，违者处以100～200元的罚款。

9. 加强对“铁路管理是国民经济大动脉”的知识宣传，达到家喻户晓、人人明白，使全村群众树立爱路、护路、维路意识，确保铁路的正常运行。

10. 凡本村民众要严格遵守越西县爱路护路公约及村规民约，不得违反。

11. 凡违反公约、民约的人员，本户及“联保十户”均不能评为遵纪守法户、双文明户、五好家庭户、爱路护路光荣户，并给予批评。

以上民约自公布之日起执行，请全乡群众遵照执行。

规范完善村规民约领导小组

组　长：马海沙马

副组长：罗洪芳日、阿苏阿木

成　员：马海衣甲、甘阿且、马海果铁子

白果乡塔拉村村民委员会

2017 年 3 月 30 日

5. （四川省凉山彝族自治州越西县）白果乡过俄村村规民约①

为了推进我村民主法制建设，维护社会稳定，树立良好的民风、村风，创造安居乐业的社会环境，促进经济发展，建设文明卫生新农村，经全体村民讨论通过，制定本村规民约，望全村村民自觉遵守。

一、社会治安

1. 每个村民都要学法、知法、守法、自觉维护法律尊严，积极同一切违法犯罪行为作斗争。

2. 村民之间应团结友爱，和睦相处，不打架斗殴，不酗

① 李剑于 2018 年 12 月 20 日提供。

酒滋事，严禁侮辱、诽谤他人，严禁造谣惑众、拨弄是非。

3. 自觉维护社会秩序和公共安全，不扰乱公共秩序，不阻碍公务人员执行公务。

4. 严禁偷盗、敲诈、哄抢国家、集体、个人财物，严禁赌博，严禁替罪犯藏匿赃物。

5. 严禁非法生产、运输、储存和买卖爆炸物品；不得私藏枪支弹药，拾得枪支弹药、爆炸物品，要及时上交公安机关。

6. 爱护公共财产，不得损坏水利、道路交通、供电、通信、生产等公共设施，严禁非法限制他人人身自由或非法侵犯他人住宅，不准隐匿、毁弃、私拆他人邮件。

7. 严禁非法限制他人人身自由或非法侵犯他人住宅，不准隐匿、毁弃、私拆他人邮件。

8. 严禁私自砍伐国家、集体或他人的林木，严禁损害他人庄稼、瓜果及其他农作物，加强牲畜看管，严禁放浪猪、牛、羊。

对违反上述社会治安条款者，触犯法律法规的，报送司法机关处理。尚未触犯刑律和治安管理处罚条例的，由村委会批评教育，责令改正。

二、消防安全

1. 加强野外用火管理，严防山火发生。

2. 家庭用火做到人离火灭，严禁将易燃易爆物品堆放户内、寨内，定期检查、排除各种火灾隐患。

3. 加强村民尤其是少年儿童安全用火、用电知识宣传教育，提高全体村民消防安全知识水平和意识。

三、村风民俗

1. 提倡社会主义精神文明，移风易俗，反对封建迷信及其他不文明行为，树立良好的民风、村风。

2. 红白喜事由红白喜事理事会管理，喜事新办，丧事从简，破除陈规旧俗，反对铺张浪费、反对大操大办。

3. 不请神弄鬼或装神弄鬼，不搞封建迷信活动。

4. 建立正常的人际关系，不搞宗派活动，反对家族主义。

5. 积极开展文明卫生村建设，搞好公共卫生，加强村容村貌整治，严禁随地乱倒乱堆垃圾、秽物，修房盖屋余下的垃圾碎片应及时清理，柴草、粪土应定点堆放。

6. 建房应服从村庄建设规划，经村委会和上级有关部门批准，统一安排，不得擅自动工，不得违反规划或损害四邻利益。

白果乡过俄村村民委员会

2017 年 3 月 30 日

6.　（四川省凉山彝族自治州越西县）白果乡青桃村村规民约[①]

1. 认真遵守国家的法律法规、政策，预防犯罪特别是青少年犯罪，实行村包组、组包户、户包子女的方式。为确保我村

① 李剑于 2018 年 12 月 20 日提供。

社会、铁路治安的明显提高，保一方平安，使群众安居乐业，致力于物质文明的建设，针对我村实际，特规定以下民约。

2. 加强邻里团结，互助友爱，发扬社会主义新风尚。

3. 严禁在乡境内酗酒闹事，打架斗殴，经调解制止不改者，罚金500～1000元。

4. 严厉打击一切偷牛盗马行为，违者除追究刑事责任外，处以1000～2000元的罚款。

5. 严禁破坏农牧业行为，违者除按价赔偿外，并向主人道歉，并处物价1～5倍的罚款。

6. 严厉打击吸、贩、种植毒品分子，并对戒毒、两劳刑释放人员加强“三帮一”帮教活动，认真开展“十户一保”和家族禁毒工作。

7. 红白喜事不能铺张浪费，不能宴请，结婚嫁娶彩礼不能超出8万元。

8. 加强公共聚餐危害宣传，预防工作，禁止大规模奔丧、宰杀大牲畜的行为，违者处以100～200元的罚款。

9. 加强对“铁路管理是国民经济大动脉”的知识宣传，达到家喻户晓，人人明白，使全村群众树立爱路、护路、维路意识，确保铁路的正常运行。

10. 凡本村民众要严格遵守越西县爱路护路公约及村规民约，不得违反。

11. 凡违反公约、民约的人员，本户及“联保十户”均不能评为遵纪守法户、双文明户、五好家庭户、爱路护路光荣户，并给予批评。

以上民约自公布之日起执行，请全乡（应为村）群众遵照执行。

规范完善村规民约领导小组

组　长：刘怀波

副组长：马阿木玉布、田木呷二金

成　员：蒋木基、田阿木、田木基、田阿木布卡

白果乡青桃村村民委员会

2017 年 3 月 30 日

7.（四川省凉山彝族自治州越西县）白果乡桥勒莫村村规民约[①]

为了保护草原生态环境，促进草原永续利用，贯彻落实好草原补奖机制政策禁牧制度、草畜平衡制度，结合我村实际，制定本约。

一、严禁在禁牧区内放养牛、羊等牲畜，违者罚款每头牛 50 元、每只羊 30 元每次。

二、严格按照减畜计划完成减畜任务。每超载 1 个羊单位罚款 100 元。

三、严格按照上级有关部门的规划、要求完成好人工种草，由村草管员负责管理，发现牲畜进入人工草地，罚款每头

① 李剑于 2018 年 12 月 20 日提供。

牛 50 元、每只羊 20 元每次。

四、严禁破坏草原围栏设施。违者罚款 100～2000 元，情节严重者送交公安、司法部门处理。

五、严禁非法开垦草原。违法开垦草原每亩罚款 3000 元并责令恢复植被。

六、严厉打击吸、贩、种植毒品分子，并对戒毒、两劳刑释放人员加强“三帮一”帮教活动，认真开展“十户一保”和家族禁毒工作。

七、红白喜事不能铺张浪费，不能宴请，结婚嫁娶彩礼不能超出 8 万元。

此约经村民委员会全体协商通过，自签发之日起执行。

白果乡桥勒莫村村民委员会

2017 年 3 月 30 日

8. （四川省凉山彝族自治州越西县）白果乡曙加村村规民约[①]

为了推进我村民主法制建设，维护社会稳定，树立良好的民风、村风，创造安居乐业的社会环境，促进经济发展，建设文明卫生新农村，经全体村民讨论通过，制定本村规民约。

一、社会治安

1. 每个村民都要学法、知法、守法、自觉维护法律尊严，

---

① 李剑于 2018 年 12 月 20 日提供。

积极同一切违法犯罪行为作斗争。

2. 村民之间应团结友爱，和睦相处，不打架斗殴，不酗酒滋事，严禁侮辱、诽谤他人，严禁造谣惑众、拨弄是非。

3. 自觉维护社会秩序和公共安全，不扰乱公共秩序，不阻碍公务人员执行公务。

4. 严禁偷盗、敲诈、哄抢国家、集体、个人财物，严禁赌博、严禁替罪犯藏匿赃物。

5. 严禁非法生产、运输、储存和买卖爆炸物品；经销烟火、爆竹等易燃易爆物品须经公安机关等有关部门批准。不得私藏枪支弹药，拾得枪支弹药、爆炸物品，要及时上交公安机关。

6. 爱护公共财产，不得损坏水利、道路交通、供电、通信、生产等公共设施。

7. 严禁非法限制他人人身自由或非法侵犯他人住宅，不准隐匿、毁弃、私拆他人邮件。

8. 严禁私自砍伐国家、集体或他人的林木，严禁损害他人庄稼、瓜果及其他农作物（瓜子、玉米、附子等），加强牲畜看管，严禁放浪猪、牛、羊。违犯规定的给予批评教育，并罚款50～200元。

对违反上述社会治安条款者，触犯法律法规的，报送司法机关处理。尚未触犯刑律和治安管理处罚条例的，由村委会批评教育，责令改正。

二、消防安全

1. 加强野外用火管理，严防山火发生。

2. 家庭用火做到人离火灭，严禁将易燃易爆物品堆放户内、寨内，定期检查、排除各种火灾隐患。

3. 对村内、户内电线要定期检查，损坏的要请电工及时修理、更新，严禁乱拉乱接电线。

4. 加强村民尤其是少年儿童安全用火、用电知识宣传教育，提高全体村消防安全知识水平和意识。

三、村风民俗

1. 提倡社会主义精神文明，移风易俗，反对封建迷信及其他不文明行为，树立良好的民风、村风。

2. 红白喜事由红白喜事理事会管理，喜事新办，丧事从简，破除陈规旧俗，反对铺张浪费、反对大操大办（如结婚喜事聘礼金不得超过八万元，丧事操办不得超过五头牛），如发现违反者给予批评教育并处罚500～1000元。

3. 建立正常的人际关系，不搞宗派活动，反对家族主义。

4. 积极开展文明卫生村建设，搞好公共卫生，加强村容村貌整治，严禁随地乱倒乱堆垃圾、秽物，修房盖屋余下的垃圾碎片应及时清理，柴草、粪土应定点堆放。

四、邻里关系

1. 村民之间要互尊、互爱、互助，和睦相处，建立良好的邻里关系。

2. 在生产、生活、社会交往过程中，应遵循平等、自愿、互惠互利的原则，发扬社会主义新风尚。

3. 邻里纠纷，应本着团结友爱的原则平等协商解决，协商不成的可申请村调解委调解，也可通依法向人民法院起诉，树立依法维权意识，不得以牙还牙，以暴制暴。

五、婚姻家庭

1. 遵循婚姻自由、男女平等、一夫一妻、尊老爱幼的原则，建立团结和睦的家庭关系。

2. 婚姻大事由本人作主，反对包办干涉，男女青年结婚必须符合法定结婚年龄要求，提倡晚婚晚育。

3. 自觉遵守计划生育法律、法规、政策，实行计划生育，提倡优生优育，严禁无计划生育或超生。

4. 夫妻地位平等，共同承担家务劳动，共同管理家庭财产，反对家庭暴力。

5. 父母应尽抚养、教育未成年子女的义务，禁止歧视、虐待、遗弃女婴，破除生男才能传宗接代的陋习。子女应尽赡养老人的义务，不得歧视、虐待老人。

2017 年 3 月 30 日

9. （四川省凉山彝族自治州越西县白果乡白果村、塔拉村、过俄村）捆绑式联防户村规民约[①]

为了确保铁路大动脉的畅通，创建安全文明铁道线，结合村情，特对铁路沿线“十户一保”捆绑式联防户制定以下村规民约：

一、对违反乡规民约第一条、第二条的，除按乡规民约处

① 李剑于 2018 年 12 月 20 日提供。制定时间约为 2017 年 3 月。

罚外，户长不知情者罚户长 50～100 元，若户长参与其中，对户长加倍处罚。

二、对违反乡规民约第三条的，除按乡规民约处罚外，户长不知情者罚户长 50～100 元，若户长参与其中，对户长加倍处罚。

三、户长虽不参与违规行为，但知情不报，对户长处予 100～200 元的处罚。

四、户长对所属各户要起好带动作用，并向村治保会作定期汇报，有重大隐患，三小时内必须报乡综治办。

白果乡塔拉村村民委员会
白果乡白果村村民委员会
白果乡过俄村村民委员会

10. （四川省凉山彝族自治州越西县）板桥乡广河村村规民约①

为提高全体村民自我管理、自我教育、自我约束的能力，形成民主选举、民主管理、民主决策、民主监督的自我服务局面，培养良好的村风、民风，加快构建和谐社会，根据法律、法规和国家有关政策规定，结合本村实际，制定本村规民约。

第一条　进一步做好社会治安综合治理，维护全社会和谐稳定，加强群防、防治的意识，自觉做好守楼护院，积极同偷

① 李剑于 2018 年 12 月 20 日提供。

盗、抢劫、邪教、纵火的犯罪行为作斗争，做到不制毒、不吸毒、不贩毒，自觉维护社会秩序和公共安全，不阻碍公务，违者追究责任。

第二条　树立“八荣八耻”的社会主义荣辱观，自觉成为有觉悟、有文化、懂经营、会管理的新型农民。积极参与社会主义新农村建设，并做到率先发展、率先致富、率先文明。

第三条　自觉维护村内的社会秩序和安定，维护和珍惜本村荣誉。尊老爱幼，保护老人、妇女、儿童在社会和家庭生活中的合法权益。严禁虐待、遗弃、伤害老人、妇女和儿童，敢于同一切违法犯罪行为作斗争。

第四条　村民邻里发生纠纷或村民发生赡养纠纷时，由村调解委员会三天内进行调解，并力争做到纠纷不出村，矛盾不上交。

第五条　全体村民都有保护耕地的义务。村内任何组织和个人使用土地都应服从统一规划和调整，不得侵占、买卖或以其他形式非法转让土地。严禁荒废耕地，否则，除责令限期复耕外，报区人民政府依法收取复耕费。

第六条　全体村民都要保护环境卫生。各户实行“门前三包”，积极搞好家庭环境卫生。实行定点倾倒垃圾，坚决杜绝垃圾乱倒的现象。鼓励并提倡村民绿化、美化庭院。

第七条　村民建房必须服从规划，并按照规定程序申报，在领取《建设工程规划许可证》后，按批准的地点和面积施工建设。禁止违章搭盖。禁止村民擅自在村内主要道路两侧、公共胡同堆放物料，占用道路。

第八条　爱护树木花草，不盗砍、滥伐林木或花草。凡偷砍林木者，没收盗伐所得，并处盗伐林木价值 3 倍罚款；破坏幼林者，责令补种毁坏株数 10 倍的树木。情节严重者，移交司法部门追究相关责任。

第九条　按照“谁受益、谁负担，谁管理、谁维修，谁破坏、谁赔偿”的原则，自觉维护道路、塘、库、堰、堤灌站、供电、通信等公共基础设施。不允许任何人挖路边，不得损坏他人财物，如有损坏按价赔偿，故意损害的按价赔偿 100 元至 200 元。

第十条　学龄儿童和青少年有依法接受教育的权利和义务。其法定监护人应保证子女接受 9 年制义务教育，未成年人不得外出务工。要尊老爱幼，保护妇女、儿童在社会和家庭生活中的合法权益，禁止虐待、遗弃、伤害行为。任何人不得剥夺已婚女子的合法继承权。丧偶子女有继承遗产和带户再婚的权利。

第十一条　提倡勤俭节约，反对婚嫁、丧葬大操大办。积极支持殡葬改革，服从殡葬管理。革除丧葬陋习，讲科学，破迷信，除陋习，树新风，自觉遵守“火把节”“彝族年”节假日规定。

第十二条　以婚姻自由为基础，提倡不收彩礼金，如果男方自愿给女方父母孝老钱，为遏制婚礼高额礼金和铺张浪费之风，礼金总额不能超过 6 万元（大学文凭及以上最高不得超过 8 万元），如有违反的家庭，不得享受国家的帮扶政策。

第十三条　违反本村规民约的，除触犯法律的交由有关部门依法处理外，村民委员会可做出如下处理：

1. 予以批评教育；

2. 要求写出悔过书，并在村内通报；

3. 责令其恢复原状或作价赔偿；

4. 视情节给予经济处罚；

5. 取消享受或者暂缓享受低保、五保等各类救助资金待遇。

第十四条　凡违反本村规民约要进行处理的，必须在调查核实后，经村民委员会（或村民代表会）集体讨论决定，不得擅自处理。

第十五条　凡被依法处罚或违反本村规民约的农户，在本年度不得参与、评获“先进、文明户、五好家庭户”等荣誉称号。外来人员在本村居住的，参照执行本村规民约。

第十六条　本村规民约如有与国家法律、法规、政策相抵触的，按国家法律、法规、政策规定执行。

第十七条　本村规民约自村民会议或村民代表会议通过之日起施行。

2017 年 3 月 29 日

11. （四川省凉山彝族自治州）越西县板桥乡河沿村村规民约①

为提高全体村民自我管理、自我教育、自我约束的能力，

---

① 李剑于 2018 年 12 月 20 日提供。

形成民主选举、民主管理、民主决策、民主监督的自我服务局面，培养良好的村风、民风，加快构建和谐社会，根据法律、法规和国家有关政策规定，结合本村实际，制定本村规民约。

一、全体村民均有保护土地的义务。村内任何组织和个人使用土地都应服从村的统一规划和调整，不得侵占、买卖或者以其他形式非法转让，建房及基础设施建设用地应服从村庄建设规划统一安排。

二、实行计划生育、提倡晚婚，对非法同居、非法怀孕和计划外生育者，对有谩骂、侮辱、殴打计划生育工作人员等行为者，按照有关法律和政策严肃处理。

三、进一步做好社会治安综合治理，维护全社会和谐稳定，加强群防、防治的意识，自觉做好守楼护院，积极同偷盗、抢劫、邪教、纵火的犯罪行为作斗争，做到不制毒、不吸毒、不贩毒，自觉维护社会秩序和公共安全，不阻碍公务，违者追究责任。

四、树立“八荣八耻”的社会主义荣辱观，自觉成为有觉悟、有文化、懂经营、会管理的新型农民。积极参与建设社会主义新农村建设，并做到率先发展、率先致富、率先文明。

五、全体村民都有保护耕地的义务。村内任何组织和个人使用土地都应服从统一规划和调整，不得侵占、买卖或以其他形式非法转让土地。严禁荒废耕地，否则，除责令限期复耕外，报区人民政府依法收取复耕费。

六、全体村民都要保护环境卫生。各户实行“门前三包”，积极搞好家庭环境卫生。实行定点倾倒垃圾，坚决杜绝垃圾乱倒的现象。鼓励并提倡村民绿化、美化庭院。

七、村民建房必须服从规划，并按照规定程序申报，在领取《建设工程规划许可证》后，按批准的地点和面积施工建设。禁止违章搭盖。禁止村民擅自在村内主要道路两侧、公共胡同堆放物料，占用道路。

八、爱护树木花草，不盗砍、滥伐林木或花草。凡偷砍林木者，没收盗伐所得，并处盗伐林木价值 3 倍罚款；破坏幼林者，责令补种毁坏株数 10 倍的树木。情节严重者，移交司法部门追究相关责任。

九、按照“谁受益、谁负担，谁管理、谁维修，谁破坏、谁赔偿”的原则，自觉维护道路、塘、库、堰、堤灌站、供电、通信等公共基础设施。不允许任何人挖路边，不得损坏他人财物，如有损坏按价赔偿，故意损害的按价赔偿 100 元至 200 元。

十、学龄儿童和青少年依法接受教育，其法定监护人应保证子女接受九年制义务教育。家长要带头并加强子女的安全教育，注意用火、用电安全。村民外出要自觉遵守交通规则。

十一、提倡勤俭节约，反对婚嫁、丧葬大操大办。积极支持殡葬改革，服从殡葬管理。革除丧葬陋习，讲科学，破迷信，除陋习，树新风，自觉遵守“火把节”“彝族年”节假日规定。

十二、以婚姻自由为基础，提倡不收彩礼金，如果男方自愿给女方父母孝老钱，为遏制婚礼高额礼金和铺张浪费之风，礼金总额不能超过 5 万元（大学文凭及以上最高不得超过 12

万元），如有违反的家庭，不得享受国家的帮扶政策。

十三、违反本村规民约的，除触犯法律的交由有关部门依法处理外，村民委员会可做出如下处理：

1. 予以批评教育；

2. 要求写出悔过书，并在村内通报；

3. 责令其恢复原状或作价赔偿；

4. 视情节给予经济处罚；

5. 取消享受或者暂缓享受低保、五保等各类救助资金待遇。

十四、凡违反本村规民约要进行处理的，必须在调查核实后，经村民委员会（或村民代表会）集体讨论决定，不得擅自处理。

十五、凡被依法处罚或违反本村规民约的农户，在本年度不得参与、评获“先进、文明户、五好家庭户”等荣誉称号。外来人员在本村居住的，参照执行本村规民约。

十六、本村规民约如有与国家法律、法规、政策相抵触的，按国家法律、法规、政策规定执行。

十七、本村规民约自村民会议或村民代表会议通过之日起施行。

2017 年 3 月 29 日

12.　（四川省凉山彝族自治州越西县）板桥乡青松村村规民约[①]

为推进河西村（青松村）民主法制建设，助力河西村（青松村）脱贫攻坚工作，维护社会稳定，促进经济发展，树立良好的民风、村风，创造安居乐业的社会环境，建设文明小康平原新农村，经村民代表会议审议并全体村民通过，特制定以下村规民约。

一、道德风尚

1. 社会公德。讲文明，树新风。懂礼貌，礼让谦。献爱心，乐助人。济贫困，救危难。爱集体，惜公物。讲卫生，护环境。尚科学，除迷信。遵法纪，守规则。扬正气，担道义。

2. 职业道德。讲诚信，守信誉。重质量，保安全。勇竞争，敢创新。善协作，求共赢。去私情，持公道。任劳怨，乐奉献。

3. 家庭美德。敬长者，孝父母。爱子女，教有方。男与女，要平等。夫妻和，爱相牵。勤劳作，奔小康。善持家，崇节俭。邻里睦，相照顾。亲友济，互帮添。优生育，强素质。

4. 个人品德。爱祖国，爱保安，爱平原。尽责任，勇担当。有理想，志高远。重情义，知感恩。知荣辱，明善恶。衣得体，品貌端。惜生命，身心安。

---

① 李剑于2018年12月20日提供。

二、移风易俗

1. 提倡社会主义精神文明新风尚，移风易俗，反对封建迷信及其他不文明行为，树立良好的民风、村风。

2. 提倡勤俭节约。红白喜事，喜事新办，丧事从简，破除陈规旧俗，反对铺张浪费、反对大操大办，做到饮食安全卫生。(牛不得超出5头，彩礼金不得超出8万元人民币)。

3. 不请神弄鬼或装神弄鬼，不搞封建迷信活动，不听、看、传淫秽书刊音像，不参加邪教组织。

4. 建立正常的人际关系，不搞宗派活动，反对家族主义，反对暴力活动。

5. 积极开展文明卫生建设，搞好公共环境卫生，加强村容村貌整治，严禁随地乱倒乱堆垃圾、秽物，建房修屋先申请，建筑垃圾应及时清理，柴草、粪土应定点堆放。

6. 建房应服从村庄建设规划，经村委会和上级有关部门批准，统一安排，不得擅自动工，不乱搭乱建，不得违反规划或损害四邻利益。对村内违法建筑实行动态监管，及时发现、制止违法建筑行为。

违反上述规定的给予批评教育或处罚，情节严重的交上级有关部门处理。

三、禁毒防艾

积极参加“十户联保”，并配合和听从各联保长的安排，从自身做起，争做禁毒防艾的宣传者、参与者和吸毒贩毒的制止者。在发现吸毒贩毒人员和事件时应当及时向村委、乡政府和公安机关报告。村委视情况给予奖励。鼓励群众通过勇敢参与禁毒工作为他人、为邻居、为平原贡献自己的一份力量，奉献他人、提升自我。

四、未成年人教育

1. 自觉遵守计划生育法律、法规、政策，实行计划生育，男女青年结婚必须符合法定结婚年龄要求，提倡晚婚晚育、提倡优生优育，严禁违法生育，符合年龄要求的育龄妇女应当及时参与检查和做好避孕措施。

2. 父母应尽抚养、教育未成年子女的义务，禁止歧视、虐待、遗弃女婴，破除封建陋习。子女应尽赡养老人的义务，不得歧视、虐待老人。

3. 加强对未成年人的关爱与教育，利用“六一”等节日，加强对未成年人思想道德教育、个人理想引导以及感恩方面的教育。

五、社会治安

1. 每个村民都要学法、知法、守法，自觉维护法律尊严，积极同一切违法犯罪行为作斗争。

2. 村民之间应团结友爱，和睦相处，不打架斗殴，不酗酒滋事，不酒后驾车，严禁侮辱、诽谤他人，严禁造谣惑众、拨弄是非。

3. 自觉维护社会秩序和公共安全，不扰乱公共秩序，不阻碍公务人员执行公务。

4. 严禁偷盗、敲诈、哄抢国家、集体和个人财物，严禁赌博、严禁替罪犯藏匿赃物。

5. 严禁非法生产、运输、储存、经销烟火、爆竹等易燃易爆物品，不得私藏枪支弹药，拾得枪支弹药、爆炸物品，要及时上交公安机关。

6. 爱护公共财产，不损坏水利、道路交通、供电、通信、生产等公共设施。

7. 严禁非法限制他人人身自由或非法侵犯他人住宅，不准隐匿、毁弃、私拆他人邮件。

8. 严禁私自砍伐国家、集体或他人的林木，严禁损害他人庄稼、瓜果及其他农作物，加强牲畜看管，严禁放浪猪、牛、羊。

对违反上述社会治安条款者，触犯法律法规的，报送司法机关处理。尚未触犯刑律和治安管理处罚条例的，由村委会批评教育或处罚，责令改正。

六、护林防火

1. 加强野外用火管理，严防森林火灾发生。

2. 家庭用火做到人离火灭，严禁在将易燃易爆物品堆放户内，定期检查、排除各类火灾隐患。

3. 对村内、户内用电线路要定期检查，损坏的要请电工及时修理、更新，严禁乱拉乱接电线。

4. 加强村民尤其是少年儿童安全用火、用电知识的宣传教育，提高全体村民的消防安全意识和知识水平。

七、邻里关系

1. 村民之间要互尊、互爱、互助，和睦相处。

2. 在生产、生活过程中，村民应遵循平等、自愿、互惠互利的原则，发扬社会主义新风尚。

3. 邻里纠纷，应本着团结友爱的原则平等协商解决，协商不成的可申请村调解委员会调解，也可依法向人民法院起诉，树立依法维权意识，不得以牙还牙，以暴制暴。反对家庭暴力。

本村规民约自公告之日起执行。河西村（青松村）村民委员会负责解释工作。

青松村村民委员会

2017 年 3 月 29 日

13. （四川省凉山彝族自治州越西县）保安藏族乡梨花村村规民约①

为加快我村建设步伐，维护好、发展好我村各项事业及保护村民生命财产安全不受侵犯，做到有章可循，有法可依，结合我村实际，经村民代表大会酝酿，特制定以下规定，纳入村规民约，请广大村民自觉执行。

第一条　村组干部、党员应积极学习、宣传、执行国家各项法律法规和政策，廉洁自律，带头履行《村规民约》。村两委处理村内事务要公平、公正、公开，保障村民权益，为村民服务，接受村民监督。

第二条　全体村民遵纪守法，诚实守信，自觉遵守《村规民约》，积极参与村内各项集体活动。反对邪教，要学法、

① 李剑于 2018 年 12 月 20 日提供。

知法、守法、自觉维护法律尊严，积极同一切违法犯罪行为作斗争。

第三条　村民之间应团结友爱，和睦相处，不打架斗殴，不酗酒滋事，严禁侮辱、诽谤他人，严禁造谣惑众、搬弄是非。不准任何人因任何理由在大街上乱骂乱吵，在全村造成影响的，应进行批评教育，赔礼道歉，赔偿损失，并罚款 100～300 元，造成严重后果的移交司法机关处理。

第四条　严禁私自砍伐国家、集体或他人的林木，损坏树木的，按损坏物定价处以 5 倍罚款；严禁损害他人庄稼、瓜果及其他农作物，加强牲畜看管，人为损坏的，按损坏物的价值对当事人处以 10 倍赔偿；若是禽畜损坏，由所养户赔偿，按损坏物的价值 5 倍赔偿。若情节严重者移交司法机关处理。

第五条　不得损坏水利、道路交通、供电、供水、通信、生产等公共设施，因为人为损坏，除恢复和赔偿损失外，视情节批评教育，另处罚金 50～300 元，情节严重者移交司法机关处理。

第六条　严禁偷盗、敲诈、侵占国家、集体、个人财物，严禁赌博、严禁替罪犯藏匿赃物，除追回赃物、没收作案工具、赔偿损失外，还处以 2000～10000 元罚款，并报司法机关处理。

第七条　凡是偷鱼的按条计算，每条 50 元（大小同价）；向鱼塘投毒、搞破坏，造成的损失照价赔偿，并处以 3 倍罚款。家长应教育、看管好自己的子女，严禁在鱼塘里游泳、玩耍，造成的一切后果自行负责，与其他人无关。

第八条　按照《土地管理法》规定，严禁土地买卖；未经村委及有关部门批准，任何人不得以任何理由在承包地取土、挖坑、建房及建生产用房、建养殖场等。否则村委会及有关部门强行拆除并责令其复垦。

第九条　我村辖区内房屋买卖需告知村两委，严禁私自交易，否则将断电、断水、停发买卖方政策性补贴。

第十条　严禁种毒、吸毒、贩毒等一切涉毒活动。一经发现有涉毒行为的，处罚500元，向公安机关举报并取消惠农政策。

第十一条　做好森林防火工作，严禁毁林开荒、带火种上山和失火烧山，严禁任何人焚烧杂草、燃放鞭炮；上坟烧纸必须在火苗彻底熄灭后才能离开。违反的视情节处罚50~500元（无民事行为能力人失火所造成的烧山应由其监护人承担责任），重者根据《森林法》有关规定依法追究当事人责任。

第十二条　子女必须赡养老人，反对任何形式的家庭暴力，对打骂父母和长辈，不赡养老人，虐待子女和家庭成员的，责令其赔礼道歉、悔过，并履行义务，另处罚金50~200元。

第十三条　所有学龄儿童必须全部入学，不得以任何理由辍学、务工，凡违反九年制义务教育规定的，除让子女继续就读外，还取消各种优惠政策。

第十四条　自觉遵守计划生育政策，按规定落实相应节育措施，无论户口是否迁入我乡，都必须参加“四查”服务，流入人口应主动向村委会报告婚育情况。违反政策生育的，取消所有优惠政策，在依法缴纳“社会抚养费”后，子女才能上户。

第十五条　村民操办酒席实行宴席申报制度，经审批同意才能办理。提倡移风易俗，喜事新办，丧事从简，不搞宗族派性，反对家族主义，反对封建迷信及其他不文明行为。

第十六条　不私自安装用电设施，严禁偷电，发现违规人和事，要积极制止并及时向村委会报告。凡是偷电的，当月电费按每度 10 元收取并罚款 1000 元；偷电线、变压器、损坏电杆的除按价赔偿外，并处以 20 倍罚款。

第十七条　自觉维护社会秩序和公共安全，不扰乱公共秩序，不阻碍公务人员执行公务。对有意制造混乱的处以 200 元以下罚款。

第十八条　自觉养路护路，维护道路畅通，不准在村道、主道边搭建违章建筑、堆放废土、乱石、杂物，不准在路道上乱挖排水沟，不准在路肩上种植作物，侵占路面；修建建筑物需要离路面 5 米远。

第十九条　搞好公共卫生和村容整洁，实行门前“三包”，讲究环境卫生，禁止在公共场所倒垃圾、粪便等，违者每次罚款 50 元，并清理垃圾。

第二十条　村民要监管好自养的牲畜及犬类，必须配合搞好防疫工作，不准侵害他人，如有发生，必须承担相应经济责任，并罚款 200 元。

第二十一条　政策性征用土地，必须按村两委的安排执行，任何人不得以任何理由阻止、抬高价格。

第二十二条　本村规民约适用于户籍在我村以及在我村居住但户籍未在我村的所有村民，自村民代表会议讨论通过之日起施行，同时上报保安藏族乡政府备案。

第二十三条　村两委负责执行《村规民约》具体条款，监委会负责监督落实。执行中若遇争议，首先由村两委协调，协调不成，可召开村民代表大会决定。

中共保安藏族乡梨花村村委会

家族代表：

2017 年 3 月 28 日

14.　（四川省凉山彝族自治州越西县）保石乡呷拖村村规民约①

为了推进我村民主法制建设，维护社会稳定，树立良好的民风、村风，创造安居乐业的社会环境，促进经济发展，经全体村民讨论通过，制定本村规民约。

第一条　每个村民都要学法、知法、守法、自觉维护法律尊严，积极同一切违法犯罪行为作斗争。

第二条　村民之间应团结友爱，和睦相处，不打架斗殴，不酗酒滋事，严禁侮辱、诽谤他人，严禁造谣惑众、拨弄是非，违反造成后果的将追究相关责任。

① 李剑于 2018 年 12 月 20 日提供。原文共有十四条，缺第五条、第七条。

第三条 自觉维护社会秩序和公共安全，不扰乱公共秩序，不阻碍公务人员执行公务。

第四条 严禁偷盗、敲诈、哄抢国家、集体、个人财物，严禁赌博、严禁替罪犯藏匿赃物，一经发现后向公安机关反映，后果自负。

第六条 爱护公共财产，不得损坏水利、道路交通、供电、通信、生产等公共设施。

第八条 严禁私自砍伐国家、集体或他人的林木，严禁损害他人庄稼、瓜果及其他农作物，违反规定的将进行双倍处罚。

第九条 对村内、户内电线要定期检查，损坏的要请电工及时修理、更新，严禁乱拉乱接电线。

第十条 红白喜事由红白喜事理事会管理，喜事新办，丧事从简，破除陈规旧俗，反对铺张浪费、反对大操大办。坚决制止高额嫁娶。

第十一条 不请神弄鬼或装神弄鬼，不搞封建迷信活动，不能参加反人类、反社会、反科学的一切邪教组织活动。

第十二条 积极开展文明卫生村建设，搞好公共卫生，加强村容村貌整治，严禁随地乱倒乱堆垃圾、秽物，修房盖屋余下的垃圾碎片应及时清理，柴草、粪土应定点堆放。

第十三条 父母应尽抚养、教育未成年子女的义务，子女应尽赡养老人的义务，与老人分开居住的家庭成员，要经常回家看望老人，不得虐待老人和子女，违者经教育不改造成后果的要承担法律责任。

第十四条　自觉遵守计划生育政策，提倡晚婚晚育，少生、优生。领证后必须进行婚检，不违反计划生育政策，违者主动接受计生处罚。

2017 年 3 月 28 日

15.（四川省凉山彝族自治州）越西县大花乡大花村村规民约[①]

为促本村经济发展，社会和谐稳定，经 2017 年 1 月 12 日召开大花村村民大会讨论通过，制定本民约，望全体村民自觉遵照。

一、维护集体利益，自觉参加本村公益活动及公益劳动。

二、尊老爱幼，不得虐待老人和妇女儿童，对不遵守本规定的村民，则由家支长者进行批评教育后交由村委会责令改正。

三、勤俭持家，勤劳致富，移风易俗，在操办婚丧嫁娶方面，婚嫁聘礼最高不超过 8 万，丧事办理不铺张浪费，杀牛不得超过 5 头，若有违反本条规定的，由村委会收取所超费用的同等罚款作为本村公益事业经费。

四、自觉实行计划生育，提倡晚婚晚育、优生优育，对超生超怀的村民要互相监督及时向村委会举报，每举报一次村委会奖励 100 元，一年两次的计生“四查”工作中不通辑（过）

① 李剑于 2018 年 12 月 20 日提供。

查环、查病、查孕的妇女，缺一次交罚金50元，罚款作为本村计生工作经费。

五、积极创建“四好”家庭，搞好家庭和村内卫生，保证入户路清洁，不得乱倒垃圾，不遵守本条规定的罚50元，作为村上垃圾清理费。

六、本村严禁吸毒贩毒行为发生，戒毒工作实行家支“十户联保”，若有吸毒人员一经发现，由家支监督戒毒，对不能戒掉的交由公安机关依法处理。对贩毒者一有嫌疑，立即报送相关部门进行调查处理。

七、严禁聚众赌博，打架斗殴，聚众上访闹事，特别是精准扶贫工作，村民若有上访的，均与国家有关的惠民政策享受挂钩。

八、对本村的艾滋病人，要积极配合医疗机构管理及每月定时做检查，本村村民要远离毒品，洁身自爱，不得歧视艾滋病感染者，村两委将对艾滋病人员名单做到绝对保密。

九、全村村民要保证“1 + X”产业发展，严禁将牲畜放到庄稼地里和所发展产业中，如果有牲畜损坏庄稼和破坏产业的，违者赔偿损失并加倍罚款。

十、对本村适龄儿童及时送到学校就读，严禁以各种理由拒绝适龄儿童入学。

本村规民约由制定之日起执行。

大花乡大花村村民委员会

2017年3月28日

16.（四川省凉山彝族自治州越西县）大花乡斯觉村村规民约[①]

为了推进民主法制建设，维护社会稳定，树立良好的民风、村风，创造安居乐业的社会环境，促进经济发展，建设文明卫生新农村，根据法（律）法规和上级有关规定，结合本村实际，征求村民和村民代表会议审议通过，制定本村规民约。

一、社会治安禁毒防艾

1. 每个村民都要学法、知法、守法、自觉维护法律尊严，积极同一切违法犯罪行为作斗争。

2. 村民之间应团结友爱，和睦相处，不打架斗殴，不酗酒滋事，严禁侮辱、诽谤他人，严禁造谣惑众、拨弄是非。

3. 自觉维护社会秩序和公共安全，不扰乱公共秩序，不阻碍公务人员执行公务。

4. 严禁偷盗、敲诈、哄抢国家、集体、个人财物，严禁赌博、严禁替罪犯藏匿赃物。

5. 如村境内村民发现有偷盗本村村民者，按照本村村规民约处罚人民币 1000 ~ 5000 元，情节严重的移送司法机关并追究刑事责任，外来人员到本村偷盗者全村村民应主动参加抓捕偷盗者，并根据情节处罚 5000 ~ 10000 元，情节严重的移送司法机关并追究刑事责任。

---

① 李剑于 2018 年 12 月 20 日提供。

6. 严禁非法生产、运输、储存和买卖爆炸物品；经销烟火、爆竹等易燃易爆物品须经公安机关等有关部门批准。不得私藏枪支弹药，拾得枪支弹药、爆炸物品，要及时上交公安机关。

7. 爱护公共财产，不得损坏水利、道路交通、供电、通信、生产等公共设施。（如本村村民及外来村民，故意损坏以上设施照价赔偿，并处罚1000～5000元）情节严重的移送司法机关并追究刑事责任。

8. 严禁非法限制他人人身自由或非法侵犯他人住宅，不准隐匿、毁弃、私拆他人邮件。

9. 严禁私自砍伐国家、集体或他人的林木，严禁损害他人庄稼、果园及其他农作物，加强牲畜看管，严禁放浪猪、牛、羊。（如发现本村村民及外来村民砍伐本村境内林木，除责令退耕还林者，每株处罚200～500元，破坏庄稼果园者，照价赔偿，并处罚100～300元，情节严重的移送司法机关并追究刑事责任）

10. 严禁参与生产、运输、买卖和吸食毒品；发现有此现象的村民都有向乡村或公安机关报告的义务；全体村民都有配合接受公安机关检查的义务；不得歧视艾滋病人，艾滋病人应主动积极地接受治疗。

11. 本村村民不得擅自在本村道路上玩耍及坐聊，所有的家禽动物不得在公路上放养，如对家禽动物造成经济损失的一律不给予赔偿。

12. 破坏生态环境、水利设施、人畜饮水设施设备将照价赔偿，并给予处罚 100 ~ 500 元，禁止拖拉机载客拉人，违反者给予处罚 100 ~ 2000 元，情节严重的移送司法机关并追究刑事责任。

二、消防安全防汛防灾

1. 自觉遵守防火、防汛、防灾值班安排，每组 2 个男人必须在岗，3 人全不在岗或只有 1 人在岗按不在岗处理，确保消防安全。

2. 加强野外用火管理，严防森林、草原火灾发生。

3. 家庭用火做到人离火灭，严禁在将易燃易爆物品堆放户内、村内，定期检查、排除各种火灾隐患。

4. 加强对本村地质灾害点的定期巡查。

5. 对村内、户内电线要定期检查，损坏的要请电工及时修理、更新，严禁乱拉乱接电线。

6. 加强村民尤其是少年儿童安全用火、用电知识和防灾避灾知识的宣传教育以及痴呆傻人员的管理，做到家长负责制。

对违反上述消防、防灾安全条款者，触犯法律法规的，报送司法机关处理。尚未触犯刑律和治安管理处罚条例的，罚款 300 元，值班人员按该班 300 元计算，由本村批评教育，责令改正。

三、移风易俗教育卫生

1. 提倡社会主义精神文明，移风易俗，反对封建迷信及其他不文明行为，树立良好的民风、村风。

2. 红白喜事由红白喜事理事会管理，喜事新办，丧事从简，破除陈规旧俗，反对铺张浪费、反对大操大办。（如结婚喜事聘礼金不得超过八万元，丧事操办不得超过五头牛）如发现违反者给予批评教育并处罚500~1000元。

3. 不请神弄鬼或装神弄鬼，不搞封建迷信活动，不听、看、传淫秽书刊音像，不参加邪教组织。违反规定的给予批评教育，并罚款300元。

4. 建立正常的人际关系，不搞宗派活动，反对家族主义。

5. 积极开展文明卫生村建设，搞好公共卫生，加强村容村貌整治，严禁随地乱倒乱堆垃圾、秽物，修房盖屋余下的垃圾碎片应及时清理，柴草、粪土应定点堆放。违反规定的给予批评教育，并罚款50~200元。并每月开展一次卫生检查评比，以3户为一组，优秀组户给予一定的奖励。

6. 建房应服从村庄建设规划，经村委会和上级有关部门批准，统一安排，不得擅自动工，不得违反规划或损害四邻利益。违反规定的给予批评教育，并罚款300元。

7. 服从上级各项工作检查及积极参加本村组织的各类集体活动（全体村民大会、集体劳动、动物防疫等）。违反规定的给予批评教育，并罚款80元，迟到罚款20元。

8. 适龄儿童和青少年有依法接受教育的权利和义务，其父母或监护人应保证子女接受九年制义务教育，并积极配合学校和社会做好被监护人的思想品德教育。

9. 任何组织和个人不得以各种手段引诱16周岁以下的儿童外出务工，违者责令其限期带回，并报有关部门依法处理。

10. 杜绝一切外来搬迁户到本村居住。除特殊情况搬迁户到本村居住的将按照村规民约收取搬迁费（每人 1000 元，水、电户头每人 1000 元）方可接收居住。

四、团结邻里友爱互助

1. 村民之间要互尊、互爱、互助，和睦相处，建立良好的邻里关系。

2. 在生产、生活、社会交往过程中，应遵循平等、自愿、互惠互利的原则，发扬社会主义新风尚。

3. 邻里纠纷，应本着团结友爱的原则平等协商解决，协商不成的可申请村调解委调解，也可依法向人民法院起诉，树立依法维权意识，不得以牙还牙，以暴制暴。

五、婚姻自由家庭和睦

1. 遵循婚姻自由、男女平等、一夫一妻、尊老爱幼的原则，建立团结和睦的家庭关系。

2. 婚姻大事由本人作主，反对包办干涉和高额礼金，男女青年结婚必须符合法定结婚年龄要求，提倡晚婚晚育。

3. 自觉遵守计划生育法律、法规、政策，实行计划生育，提倡优生优育，严禁无计划生育或超生。

4. 夫妻地位平等，共同承担家务劳动，共同管理家庭财产，反对家庭暴力。

5. 父母应尽抚养、教育未成年子女的义务，禁止歧视、虐待、遗弃女婴，破除生男才能传宗接代的陋习。子女应尽赡养老人的义务，不得歧视、虐待老人。违反上述规定的给予批评教育，罚款 100 ~ 300 元，情节严重的交上级有关部门处理。

2017 年 3 月 28 日

17. （四川省凉山彝族自治州越西县大屯乡）高桥村村规民约①

为了推进我村民主法制建设，维护社会稳定，树立良好的民风、村风，创造安居乐业的社会环境，建设文明卫生的新农村，特制定本村规民约：

1. 不准买卖土地和房屋。如别村到我村买房子只准拆走，不准在我村居住；如要在我村居住的必须交5万元给村上。如不交5万元的，村上将采取一切必要的措施，如：断掉介绍人和搬迁户的水、电等。

2. 随便倒垃圾的，如发现，罚款200元。

3. 偷牛、马、猪等大财牲口，以一赔三计算罚款。

4. 偷家用电器，以一赔三计算罚款。

5. 任何人不能乱砍树子（退耕还林或松树），如发现偷树子的：一棵罚款200元。

6. 任何人的牛马，不能放到退耕还林地区里面，如发现：一头牲口罚款50元。

7. 关于我村的水池，在谁家的土地里面被挖垮，谁家负责。

8. 如有人偷苹果、桃子等果子，先罚基数50元，再以一赔十计算，每个罚款0．5元。

9. 牛、马、人等无意损坏一棵烟苗，罚款5元。如有意

---

① 李剑于2018年12月20日提供。

损坏，先罚200元，再以一赔十计算，每棵5元。

10. 偷瓜、豆、菜等作物，先罚款50元，再以一赔十计算。

11. 不准任何人到别人家地里扯猪草，特别是油菜地，如发现：罚款50元。

12. 不准牛马到别人家地里放，如发现：每头牲口罚款50元。

13. 任何人不能偷别人家的玉米秆和稻草，或用火烧掉，如发现：罚款100元。

14. 在正月十五，以偷青为名，大量偷盗者，如发现，罚款200元。

15. 如抓贼有功者，用罚款的钱奖励70%，如果经干部和群众解决奖励30%。

16. 如群众发现事故，需要村组干部解决，如干部不理，直接免去其职务。

17. 如干部不能解决，需要群众参加，如果不去，罚款100元。

18. 如发现偷水的，罚款100~200元。

19. 不经过管理人员和村上私自开口接水的，罚款300元。

20. 不支持村上工作的，不给予其出具一切证明和手续。比如：没有倒垃圾的。

21. 禁止在本村贩卖毒品，如一经发现马上报派出所，并且村上不给予其享受国家的惠民政策等。

22. 各村民应该遵守计划生育政策，严禁违法生育，多孩率控制在 0.3%。

为了我村在治安、环境卫生、文明新风、经济发展等方面取得一定的成果，望全体村民支持和理解。

23. 婚宴本着勤俭持家、喜事新办、移风易俗的原则，严禁高额聘礼，除舅舅钱及民族习惯必须给的钱以外，赠与礼金数量不得超过 8 万元，违者与本村有关的惠民政策挂钩，延后享受；在丧事办理中，不得铺张浪费，杀牛不得超过 3 头，对超过 3 头的，由村委会收取所超费用的同等罚款作为村公益事业费用。

此村规民约于 2017 年 3 月 30 日生效，同时此前的村规民约作废。

高桥村村民委员会

2017 年 3 月 30 日

18. （四川省凉山彝族自治州越西县）德吉乡德吉村村规民约[①]

为了发挥村民的自我教育、自我管理、自我服务的依法自治功能，结合本村实际，经村民代表会议通过，制定本村村规民约，以规范村民生产、生活中的行为，做到自觉执行，相互监督，自觉遵守，为促进全村双文明建设，实现村风正、民风

① 李剑于 2018 年 12 月 20 日提供。

清、富民强村的目标共同奋斗。

一、遵守村民自治章程，执行村民会议或村民代表会议的决定、决议及村两委安排的各项工作。

二、维护集体利益。以村两委为核心，执行村两委的工作安排，以大局为重，个人利益服从集体利益。

三、自觉维护环境卫生，（遵守）门前“三包”责任制，严禁在村道路两侧堆放柴草、杂物，严禁乱倒垃圾、严禁乱排污水，垃圾须倒在指定的垃圾点。

四、自觉开展移风易俗，婚丧嫁娶一律从简，不得大操大办、铺张浪费，办丧事超过五头牛的，必须报村、乡两级备案许可。

五、增强防水、防盗、防汛的意识，加强安全防范措施，及时排除安全隐患，保平安、促和谐。

六、严格执行计划生育的法律，法规，提倡优生优育。超生的按计划生育处罚规定处理。

七、讲文明、树新风、尊老爱幼、团结互助，严禁赌博、打架、酗酒闹事，邻里之间要互帮互助，构建和谐文明新村。

八、严禁偷牛、马、羊、鸡等，违者赔偿相关损失及罚款，造成严重后果者依法处理并逐出本村。

九、禁毒防艾、远离毒品、自尊自爱，严禁买卖和吸食毒品，如有违反者，本村给予断水断电，并逐出本村。

十、加强牲畜管理，严禁放牛、羊、马、猪，破坏本村和邻村的农业经济作物，违者先警告赔偿，屡教不改直接猎杀牲畜。

十一、对本村按照村规民约认真执行的给予奖励，对违反村规民约造成不良影响的，轻者给予批评教育，造成损失的由当事人赔偿、修复，严重的给予经济处罚，达到法律处罚（标准）的交由执法机关处理。

德吉乡德吉村村民委员会

2017 年 3 月 30 日

19. （四川省凉山彝族自治州越西县）2017 年丁山乡丁塘村村规民约[①]

为加强新农村建设，实行村民自治、推动男女平等，倡导乡风文明，促进丁塘村和谐发展，依据国家有关法律法规，制定丁塘村村规民约，内容如下：

1. 村组干部、党员应积极学习宣传、执行国家各项法律法规和政策，廉洁自律，带头履行村规民约，村两委处理村内事务要公平、公正、公开，保障村民权益，为村民服务，接受村民监督。

2. 全体村民遵纪守法，诚实守信，自觉遵守村规民约，积极参与村内各项集体活动，反对邪教，抵制黄、赌、毒，对于吸、贩毒者一经查实将取消其家庭的低保、精准扶贫等政策待遇，并将吸、贩毒者交由公安机关处理。

① 李剑于 2018 年 12 月 20 日提供。

3. 凡是本村村民参与组织聚众赌博者，不听劝导的，将按相关法律法规给予处理处罚，并结合村规民约给予取消，各种扶贫政策及优惠、待遇政策。

4. 凡村内大事、要事，严格按照“四议两公开”程序讨论通过，由村两委负责实施，监委会监督落实。

5. 村民民事调解组积极调解民事纠纷，努力做到大事不出村，小事不出组。

6. 按照国家《森林法》有关规定，严禁滥砍滥伐，严禁带火种进山，在林区不准焚烧杂草，燃放鞭炮，及上坟烧纸。

7. 按照国家《土地管理法》有关规定，严格执行土地审批手续，若有人擅自占用土地及未批先建，村民组长应及时上报，由村两委进行制止，并追究当事人责任。不听劝的交上级有关部门处理。

8. 村民之间应团结友爱、和睦相处，不酗酒闹事，不打架斗殴，严禁侮辱诽谤他人，严禁造谣惑众，拨弄是非（包括外来人员）。

9. 搞好公共卫生和村容整洁，不随地倒垃圾、秽物，修盖房屋余下的垃圾碎片要及时清理（特别是不要向河道两边及河内倾倒），违者将给予500至1000元的处罚。

10. 在本村范围内偷盗任何财产、物资及农作物者，一经查实按村规民约给予赔偿该物件原价并处罚金1000元，严重者将上交有关部门处理。

11. 禁止一切外来人员及本村介绍人员在本村地界内买卖土地，修建房屋、修建坟墓等必须经村两委同意方可进行。

12. 本村村民在村外无故闹事，打架斗殴的，不在本村规民约内（规定），一切后果自负。

13. 外来人员及本村人员放养一切牲口，损坏践踏一切农作物及果树果木的按市场价的三十倍给予赔偿。在别人地里以扯猪草为由，糟蹋庄稼、扯油菜叶子的按照十元一株赔偿并罚款 500 元。

14. 在本村内修建房屋，不得占用村组路道、田边地埂、四至界限等，必须分清才能修建，否则不予签字盖章。

15. 本村村民，遵守计划生育法律法规、政策实行计划生育，不得超生，违者除按国家政策进行处罚外，由村两委对其家庭进行断电、断水并取消其享受家庭的低保、精准扶贫等一切国家政策的优惠待遇。

16. 为了更好地管理本村人口，促进本村社会和谐、治安稳定，本村地界内，无论房屋、土地未经村上 80% 村民通过一律不得出售、出租及转让给外来人员居住或使用，否则按村规民约将其断水断电、拆掉房屋进行处罚。

17. 红白喜事不大操大办，不铺张浪费。

18. 婚恋嫁娶彩礼金不得超过 3 万元。

以上条例请各位村民遵照执行，即日生效。

本村规民约一式三份，由乡政府、派出所和村民委员会各执一份。

2017 年 3 月 28 日

20.　（四川省凉山彝族自治州越西县丁山乡）东桥村2017年村规民约①

为了进一步贯彻落实《四川省社会治安综合管理条例》，中共中央、国务院《关于进一步加强社会治安综合治理的意见》，按照县政府的安全责任制，综合丁山乡人民政府的村规民约，乡村两委讨论研究，维护本村的治安环境整治，特制定以下条例：

村成立环境治理领导小组，组长：李成平（村书记）、副组长：李成江（村主任）、刘清州（村会计）。

1. 宣传本村农户不要乱堆杂物、不要乱倒垃圾、不要乱排污水、不要焚烧田埂。

2. 实行门前三包制度，如不听从者罚款人民币20元。

3. 凡参加赌博、贩吸毒品者，视情节轻重没收一切赌博资金，罚款500～1000元人民币，贩吸毒品全家面对全村做反省会。

4. 有偷盗行为的处罚款相对应物品的2倍，并在全村村民大会上主动诉错。

5. 有意糟蹋庄稼果树造成损失视情况赔偿损坏作物价格的2倍。

6. 拐卖妇女儿童的一经查实立即送司法机关依法处理。

7. 搞非法聚会、家族活动，侵犯他人利益视情节给予

① 李剑于2018年12月20日提供。

重罚。

8. 对于发现偷盗破坏者，知情不报罚款 500 元 ~ 1000 元。

9. 对于抓到偷盗破坏者，知情不报罚款 500 元 ~ 1000 元。

10. 对于抓到偷盗破坏者的人员，折合奖励总金额的百分之五十。

11. 红白喜事，不能铺张浪费，本着勤俭持家的原则，严禁高额聘礼，违者罚款 20000 元（两万元整）人民币。

12. 全村村民要搞好团结、卫生，增强体质，发展生产，增加经济收入，为建成小康生活而努力奋斗。

越西县丁山乡东桥村村两委

2017 年 3 月 28 日

21. （四川省凉山彝族自治州）越西县尔觉乡四窝普村村规民约[①]

越西县尔觉乡四窝普村“两委”于 2017 年 3 月 28 日召开全村村民大会，经过讨论商议，制定出尔觉乡四窝普村村规民约如下：

一、本村严禁有吸毒贩毒的行为发生，全体村民都有举报吸贩毒的义务，对吸毒人员由家支监督戒毒，村内若发现有一家贩毒，则四窝普村上面三个组和火车站两个组共五个组的村民集体把这家人的房子拆除，并赶出四窝普村；若发现有人吸

① 李剑于 2018 年 12 月 20 日提供。

毒，则罚款500元/人；若乡上发现则立即交派出所等公安机关处理。

二、若发现乱砍乱伐和偷木料，则罚款500元/棵。

三、若发现偷玉米等，则罚款300元/人；偷核桃、海椒等，则罚款50元/人。

四、勤俭持家，勤劳致富，移风易俗，严禁高额聘礼，除舅舅钱及民族习惯必须给的钱以外，本着精简的原则，喜事新办，结婚彩礼不得超过8万元，举办丧事宰杀牛不得超过5头，违者由村委会收取所超费用的同等罚款作为村公益事业费用。

五、若有举报贩毒者，情况属实则奖励举报者500元/人，奖金到四窝普村吉差车哈书记处领取。举报者可在以下几处举报：乡党委书记洛古伍且：134083485××；乡长梁涛：135184270××；派出所所长黑日子格：159849669××；四窝普村书记吉差车哈：134587813××；四窝普村村主任阿来伍牛：139815834××。[①]

六、本村规民约对在本村辖区内居住的村民一律有效。

七、本村规民约自制定之日起生效。

越西县尔觉乡四窝普村村支部

越西县尔觉乡四窝普村村民委

2017年3月28日

① 在整理汇编时，编者对上述手机号码进行了隐私化处理。

22. （四川省凉山彝族自治州越西县）尔赛乡阿尔嘎村村规民约[1]

1. 认真遵守国家的法律法规、政策，预防犯罪特别是青少年犯罪，实行村包组、组包户、户包子女的方式。为确保我村社会、铁路治安的明显提高，保一方平安，使群众安居乐业，致力于物质文明的建设，针对我村实际，特规定以下民约。

2. 加强邻里团结，互助友爱，发扬社会主义新风尚。

3. 严禁在乡境内酗酒闹事，打架斗殴，经调解制止不改者，罚金 500 ~ 1000 元。

4. 严厉打击一切偷牛盗马行为，违者除追究刑事责任外，处以 1000 ~ 2000 元的罚款。

5. 严禁破坏农牧业行为，违者除按价赔偿外，向主人道歉，并处物价 1 ~ 5 倍的罚款。

6. 严厉打击吸、贩、种植毒品分子，并对戒毒、两劳刑释放人员加强“三帮一”帮教活动，认真开展“十户一保”和家族禁毒工作。

7. 红白喜事不能铺张浪费，不能宴请，结婚嫁娶彩礼不能超出 8 万元。

8. 加强公共聚餐危害宣传、预防工作，禁止大规模奔丧、宰杀大牲畜的行为，违者处以 100 ~ 200 元的罚款。

9. 加强对“铁路管理是国民经济大动脉”的知识宣传，

---

① 李剑于 2018 年 12 月 20 日提供。

达到家喻户晓、人人明白，使全村群众树立爱路、护路、维路意识，确保铁路的正常运行。

10. 严禁本村民在火车站逗留、闲逛、酗酒闹事，影响火车站的正常运转，违者除追究刑事责任外，处以 100 ~ 200 元的罚款。

11. 严禁群众破坏损毁铁路一切基础设施，违者除追究责任外，处以 200 ~ 500 元的罚款。

12. 严禁本村村民在铁路旁开垦、放牧，严禁石击列车、机车，违者罚款 500 元。

13. 充分发挥“十户一保”联带制的作用，强化联带意识。

14. 凡本村民众要严格遵守越西县爱路护路公约及村规民约，不得违反。

15. 凡违反公约、民约的人员，本户及“联保十户”均不能评为遵纪守法户、双文明户、五好家庭户、爱路护路光荣户，并给予批评。

以上民约自公布之日起执行，请全乡（村）群众遵照执行。

规范完善村规民约领导小组

组　长：加古比古

副组长：马海伍呷、加古古博

成　员：加斯尔的日、加古古普子、冷则克古、巴木哈古

尔赛乡阿尔嘎村村民委员会

2017 年 3 月 28 日

23. （四川省凉山彝族自治州越西县贡莫乡）差差木村村规民约[1]

一、全体村民必须遵纪守法，相互尊重，相互支持，绝不能有以势欺弱，挑拨离间，称恶称霸，若违反，轻者罚100～500元，重者直送执法部门处理，绝不姑息。

二、不参加集体各种义务劳动者，罚50～100元，并批评教育。

三、对邻居偷鸡摸狗、庄稼任意拔抢毁坏者，轻者罚100～500元，并批评教育，重者踢出村外，直报执法部门。

四、禁毒防艾，在本村若任何一家有毒有艾，立刻采取措施，该上报的上报，该制止的制止。若有瞒报隐藏，肋纣为虐者，经查实有吸毒贩毒之家，不得再享受政策性的任何帮助及补助，以支部＋协会＋家支，批评指正。若有贩毒者直报有关部门，并在本村还罚200～1000元作违村规民约金。

五、凡有艾滋病者，必须配合村委会及医院治疗，若不配合者本村不再列入优先各种政策补助帮扶范围内。

六、计生秩序整治，若不婚检，年龄不够，近亲通婚者，不办结婚证，不优孕检查的，不予支持（享受）任何惠农政策方面，并批评教育，罚款100～600元。

生育指标完成的一律采取安环措施，绝不例外，若不听再怀孕者，罚交10000元，再交有关部门处理。

---

① 李剑于2018年12月20日提供。

七、护林防火，村民人人有责，必须做到进山不带火，临山不烧火，走草不丢烟，近草不玩火，若违反，轻者罚 100 ~ 500 元，重者报有关部追究责任。

八、环境保护人人有责，任何村民得养出好习惯，村道组道，门前门后，屋里院坝，池边井下全清洁化，并做到不乱堆各种垃圾，不乱丢废物、纸屑塑纸。若不遵守，违规者罚款 100 ~ 200 元。

九、婚丧嫁娶，高额礼金，限于：婚嫁 5 万 ~ 8 万元，酒席限于 30 桌以内，并（经）审批才可。

丧事方面大畜方面，牛不得超 5 条，小畜猪羊也在适合范围内。不得打枪、放烟花、撒钱撒物，不得不卫生。酒席在 30 桌之内。若违反，罚其 500 ~ 2000 元人民币。各种优惠政策不让其亨受。

十、党要管党，党要治党，凡本村党员必须围绕党组织，全心全力为人民服务，做合格而为公党员。凡党员违规违纪、失去党性、超生或无间隔生育的上报乡上。除社会抚养费照收外，加罚 500 ~ 2000 元。更不能再进村上领导班子。

十一、教育均衡发展，全村适龄儿童无条件入学，若不上学及辍学，罚其家长 500 ~ 1000 元。并不能亨受优惠政策。

十二、盲目上访、组织上访、诬告乱告、恶意中伤者，轻者不再支持（享受）各种优惠政策，不得进入村上任何职务。重者追究其责任及损失。

十三、群众大会、党员大会故意不参加者，罚 50 ~ 200 元，并批评教育。

十四、村上干部无论大三职、小三职，村医畜医、民兵、团委、计生专干，乃至保洁员、林管员，必须尽心尽职搞好本职工作，绝不能厚亲待友，以权谋私，也不能有不作为、乱作为、慢作为的现象。若违规，轻者扣押工资作罚金。重者踢出村两委。

十五、尊重妇女儿童的合法权益，不得虐待妇女儿童，若违反的，轻者教育批评，责令改正，屡教不改的移交执法部门处理。

十六、全村村民积极参加四好创建活动，科普知识，培训技能。若违规者将受到严肃批评与责令。直至改正。

十七、制止违规违建，无审批筑建者，轻者罚款 500 ~ 2000 元，重者交有关部门。

十八、全体村民都得反对邪教类，提倡科学，依法束己。

十九、全体村民，始终和谐相处，养成好习惯，形成好风气。

本民约自制定之日起生效。

贡莫乡差差木村村民委员会

2017 年 3 月 28 日

24. （四川省凉山彝族自治州越西县）古二乡吉吾村村规民约①

为了发挥村民的自我教育、自我约束的依法自治功能，结

① 李剑于 2018 年 12 月 20 日提供。

合本村实际，经村民代表会议通过，制定本村村规民约，以规范村民生产、生活中的行为，做到自觉执行，相互监督，自觉遵守，为促进全村双文明建设，实现村风正、民风清、富民强村的目标共同奋斗。

一、遵守村民自治章程，执行村民会议或村民代表会议的决定、决议及村两委安排的各项工作。

二、维护集体利益。以村两委为核心，尊重、执行村两委的工作安排，以大局为重，个人利益服从集体利益。

三、严格执行计划生育的法律，法规，提倡优生优育。超生的按计划生育处罚规定处理。

四、禁毒防艾远离毒品，严禁买卖、吸食毒品，如有违反逐出本（家支）；村民发现有吸、贩毒者必须及时向村两委或乡政府工作人员报告。

五、贫困户新建房，建房宅基地的购置都必须严格地按照国家的法律规定执行，服从村两委和上级领导部门的领导。不能随意处理，在新建房屋时，要做到投工投劳，自觉遵守。

六、自觉维护环境卫生。门前实行“三包”责任制，严禁在村道两侧堆放柴草、杂物，严禁乱倒垃圾和污水，垃圾倾倒必须在指定的垃圾点。

七、增强防水、防盗、防汛的意识，加强安全防范措施，及时排除安全隐患，村民发现险情应及时向村两委汇报。

八、讲文明、树新风，尊老爱幼，团结互助，严禁赌博，对参与赌博者取消当年救济资格，严禁酗酒滋事，对不善待父母的村民取消当年享受救济资格。尊守社会公德，建立和谐文明新村。

九、加强牲畜管理，不让牲畜破坏本村和邻村的农作物、经济作物，违者处 100～1000 元罚金，屡教不改者由村两委直接将牲畜变卖处理。

十、严禁偷牛盗马、偷鸡摸狗，违者赔偿相关损失并处以 100～1000 元罚款，造成严重后果者依法处理、逐出本村。

十一、对本村按照村规民约认真执行的给予奖励，对违反村规民约造成不良影响的，轻者给予批评教育，造成损失的由当事人赔偿，修复，严重的给予经济处罚，达到法律处罚的交由执法机关处理并逐出本村。

十二、勤俭持家，勤劳致富，移风易俗，在操办婚丧嫁娶方面，婚嫁聘礼最高不超过 6 万，丧事办理不铺张浪费，杀牛不得超过 5 头，若有违反本条规定的，由村委会收取所超费用的同等罚款作为本村公益事业经费。

十三、本村村规民约由会议讨论通过自 2017 年 3 月 30 日起实施。

25. （四川省凉山彝族自治州越西县河东乡）一棵树村村规民约[①]

根据我村实际，经村民大会讨论决定，特制定以下村规民约。

① 李剑于 2018 年 12 月 20 日提供。

一、尊老爱幼、遵纪守法、团结友爱、相互尊重、相互帮助、和谐相处、不诽谤他人、不造谣惑众、不拨弄是非、不仗势欺人、建立良好的邻里关系。子女须承担赡养老人义务，不得以任何形式遗弃或虐待老人。子女或其他赡养人不得以任何名义，强迫老年夫妇分开居住、赡养。

二、积极维护村内的社会治安，凡夜间 12 点过后，在我村内闲逛的陌生人，我村任何人都要提高警惕并可以加以询问，如有疑问可向村两委急（及）时反应（映）情况。如有偷盗行为被抓者按 2000 ~ 5000 元给予处罚。反对邪教，抵制黄、赌、毒。维护社会治安。

三、严禁变相变卖土地，房屋不准卖给少数民族，更不能变相租给少数民族，如违反规定，并责令（当事人）限期改正。如不服从村两委管理，所产生的一切后果由（当事人）全部承担。村两委不在（再）为（当事一家人）服务，（当事一家人）涉及的所有事务自行解决。如强行把房屋卖给少数民族，我村规定少数民族把房屋拆走。如少数民族强行不拆走房屋，由全村村民进行强拆，所产生的一切后果由（当事人）全部承担。

四、严禁侵占集体土地、财产，严禁变相侵占集体土地、财产，严禁侵占道路和路边、沟埂、村上的荒埂等，如违反规定，并责令（当事人）限期放正。如不服从村两委管理，村两委不再为（当事一家人）服务，所有的事务由（当事一家人）自行解决。如村上修沟、修路等一切事情涉及（当事人）侵占集体土地、道路和路边、沟埂、村上的荒埂等。村上将不会付给（当事人）任何费用。

五、爱护公共财物，不得损坏水利、交通、通信、供电、供水、生产等公共设施。未经批准不私自安装水和电，节约用水用电，严禁偷水偷电，如违反按500～2000元给予处罚。情节严重交相关部门追究法律责任。

六、严禁把垃圾倒入我村内所有的沟内；按200～600元给予处罚。严禁在老沟处开荒和毁老沟、毁老沟埂。如违反者是本村村民，责令（当事人）限期改正。如不服从村两委管理，村两委不再为（当事一家人）服务，（当事一家人）涉及的所有事务自行解决。不是本村的由村两委出面解决。

七、自觉养路护路，维护道路畅通，不准在村道、主道边搭违章建筑、堆放废土、乱石、杂物，不准在道路上乱挖水沟，不准在路肩上种植作物侵占路面。违反按200～600元给予处罚，并责令限期改正。

八、凡在路边修建房屋必须保证主道路8米宽、入户路7米宽（以阳台外沿为界），并报村两委及村民代表审查，否则村上不予审批。如强行修建，村两委不再为（当事一家人）服务，（当事一家人）涉及的所有事务自行解决。并报相关部门进行强拆。

九、凡经全村半数以上人员（以户为单位）同意的合理收费，如有不交者，村两委不再为（当事一家人）服务，（当事一家人）涉及的所有事务自行解决。并且（当事一家人）的红、白喜事，村上将不为（当事一家人）亲朋好友的车开放村道及停车位。交清村上所有合理收费，方可开放。

十、凡是村上修路、修沟占用的土地（村上所有土地），村上按每亩伍万元（50000 元）付给村民，所征用的土地（修路、修沟）如村上有钱由村上付，如村上没有钱就由全村村民平均出资。修路、修沟所占用的土地上的青苗、树木等，村上不付任何费用。

十一、严禁村民侵占一棵树村主大沟两边的土地，村上要修沟及沟带路，初步设计沟宽为 4 米，路宽为 7 ~ 8 米，如要在沟两边做任何事情，所有村民必须保证这个标准。并报村两委及村民代表审查，否则村上不予审批。如不服从村两委管理，村两委不再为（当事一家人）服务，（当事一家人）涉及的所有事务自行解决。并报相关部门进行强拆。

十二、不论户口是否迁入，均应接受本村计生管理。育龄妇女应积极参与生殖健康服务，参加定期康检，无故不参加并未及时补检者，按照《四川省人口与计划生育条例》有关规定处理。

十三、凡村内大事要事，严格按照“四议两公开”程序讨论通过，由村两委负责实施，监委会监督落实。

十四、严格执行财务管理制度，做到日清月结，公开上栏。账目由监委会审核、签字、盖章后交乡审理监管，杜绝挪用公款、白条顶库。

十五、村民事调解组积极调解民间纠纷，努力做到大事不出村，小事不出组。反对任何形式的家庭暴力，村两委有责任预防和制止家庭暴力。

十六、村民在婚丧嫁娶中不能大操大办，铺张浪费，婚嫁事宜女方聘金不得超过5万，办酒席不得超过五十桌。

十七、村两委负责执行《村规民约》具体条款，监委会负责监督落实。执行中若遇争议，首先由村两委协调，协调不成，可召开村民代表大会决定。

十八、三分之一以上村民代表或十分之一以上村民联名可提议修订《村规民约》的具体条款。修订《村规民约》应遵循“四议两公开”程序。

十九、本《村规民约》自村民代表大会表决通过之日起公示七天后生效，同时上报河东乡政府备案。本《村规民约》的解释权归一棵树村两委。

一棵树村村委会

2017年3月28日

26. （四川省凉山彝族自治州越西县拉白乡）达洛村村规民约[1]

为提高全体村民自我管理、自我教育、自我约束的能力，促进全村的安定团结和三个文明新农村建设，根据法律、法规和国家有关政策规定，经广泛征求村民意见，村两委及村民代表讨论制定本村村规民约。

一、全村村民均有保护土地的义务。村内任何组织和个人使用土地都应服从村的统一规划和调整，不得侵占、买卖或者

① 李剑于2018年12月20日提供。

以其他形式非法转让，建房及基础设施建设用地应服从村庄建设规划统一安排。

二、实行计划生育、提倡晚婚，对非法同居、非法怀孕和计划外生育者，对有谩骂、侮辱、殴打计划生育工作人员等行为者，按照有关法律和政策严肃处理。

三、每个村民都要学法、知法、守法、自觉维护法律尊严，积极同一切违法犯罪行为作斗争。

四、村民之间应团结友爱，和睦相处，不打架斗殴，不酗酒滋事，严禁侮辱、诽谤他人，严禁造谣惑众、拨弄是非。因矛盾纠纷，饮酒闹事或打架斗殴的各罚款400～600元。

五、学龄儿童和青少年有依法接受教育的权利和义务。其法定监护人应保证子女接受9年制义务教育，未成年人不得外出务工。

六、要尊老爱幼，保护妇女、儿童在社会和家庭生活中的合法权益，禁止虐待、遗弃、伤害行为。任何人不得剥夺已婚女子的合法继承权。丧偶子女有继承遗产和带户再婚的权利。

七、严禁非法制造、经销、买卖、私藏管制刀具、火枪等凶器和危险物品；任何人不得以各种借口煽动群众到机关、学校、乡党委、政府办公地、他人住宅起哄捣乱、闹事、制造事端，不得寻衅滋事，扰乱社会治安秩序。

八、加强野外用火管理，严防山火发生。家庭用火做到人离火灭，严禁将易燃易爆物品堆放户内、寨内，定期检查、排除各种火灾隐患。

九、做到村容环境整洁卫生，村民落实门前三包，房前屋后无垃圾和污物，任何企业和个人不得向路道内乱放污水和沙石，不乱搭露天粪坑。垃圾碎片应及时处理、清理，柴草、粪土应定点堆放。

十、铁路是中国的经济动脉，爱路护路人人有责，禁止破坏铁路设施设备，禁止在铁路两边私自采伐和放牧，不损毁机耕道路等集体公共设施，不乱砍滥伐国家、集体或他人的林木。加强牲畜看管，严禁放浪猪、牛、羊。如损坏他人庄稼、爪果及其他农作物的照价赔偿或被他人打、杀伤与他人无关。

十一、严禁偷盗、敲诈、哄抢、损毁国家、集体、个人财产；严禁赌博和小偷小摸，不搞封建迷信活动，不参加邪教组织，不搞派别活动，反对家族主义。

十二、禁止本村人员贩毒和吸毒。贩毒如杀人，吸毒如自杀，毒品有害于社会的稳定和家庭的幸福。村民应积极了解毒品和艾滋病的危害，且有义务协助公安机关和配合邻近村民小组民兵组织抓捕、收戒吸毒人员；严密监控本村的吸、贩毒人员和到本村从事吸、贩毒活动的人员。在公共卫生工作人员、村联络员的指导下加强自身对艾滋病的了解及防治，应做到洁身自好和定期到医院体检，不传播病菌。

十三、提倡勤俭节约。红白喜事、喜事新办，丧事从简，破除陈规旧俗，反对铺张浪费、反对大操大办，做到饮食安全卫生。牛不得超出 5 头，彩礼金不得超出 8 万元人民币。

十四、凡被依法处罚或违反本村规民约的农户，在本年度不评先进、文明户、五好家庭户、遵纪守法户。外来人员在本乡居住的参照执行本村村规民约。

十五、本村规民约有与国家法律、法规、政策相抵触的，按国家规定执行。违反本乡规民约的，除触犯法律由有关部门依法处理外，乡党委政府和村委会可视情况给予经济处罚或取消享受或暂缓享受优惠待遇的处理。

以上规定已在达洛村全体党员和人民代表大会通过，望全体村民以身作则以（依）照执行。

达洛村村委会

2017 年 3 月 28 日

27. （四川省凉山彝族自治州）越西县拉吉乡竹洛村村规民约[①]

为加强新农村建设，实行村民自治，推动男女平等，倡导村风文明，促进竹洛村和谐发展，依据国家有关法律法规，修订竹洛村《村规民约》。

一、道德风尚

1. 社会公德。讲文明，树新风。懂礼貌，礼让谦。献爱心，乐助人。济贫困，救危难。爱集体，惜公物。讲卫生，护环境。重低碳，节能源。尚科学，除迷信。遵法纪，守规则。扬正气，道义担。

2. 职业道德。爱岗位，尽职守。好学习，勤钻研。讲诚信，守信誉。重质量，保安全。勇竞争，敢创新。善协作，求

① 李剑于 2018 年 12 月 20 日提供。

共赢。去私情，持公道。反腐败，尚清廉。人为本，优服务。任劳怨，乐奉献。

3. 家庭美德。敬长者，孝父母。爱子女，教有方。男与女，要平等。夫妻和，爱相牵。勤劳作，奔富裕。善持家，崇节俭。邻里睦，相照顾。亲友济，互帮添。优生育，强素质。正家风，忠厚传。

4. 个人品德。爱祖国，爱家乡。尽责任，勇担当。当自立，尚进取。有理想，志高远。重情义，知感恩。主诚实，践诺言。知荣辱，明善恶。重慎独，严自律。衣得体，品貌端。惜生命，身心安。

二、移风易俗

1. 提倡社会主义精神文明新风尚，移风易俗，反对封建迷信及其他不文明行为，树立良好的民风、村风。

2. 红白喜事，提倡喜事新办，丧事从简，破除陈规旧俗，反对铺张浪费、反对大操大办，丧事杀牛必须控制在 5 头以内。以婚姻自由为基础，提倡不收彩礼金，如果男方自愿给女方父母孝老钱，为遏制婚礼高额礼金和铺张浪费之风，礼金总额不能超过 6 万元（大学文凭及以上最高不得超过 10 万元），如有违反的家庭，不得享受国家的帮扶政策。

3. 不请神弄鬼或装神弄鬼，不搞封建迷信活动，不听、看、传淫秽书刊音像，不参加邪教组织。

4. 建立正常的人际关系，不搞宗派活动，反对家族主义。

5. 积极开展文明卫生村镇建设，搞好公共环境卫生，加强村容村貌整治，严禁随地乱倒乱堆垃圾、秽物，建房修屋余下的建筑垃圾应及时清理，柴草、粪土应定点堆放。

6. 建房应服从村庄建设规划，经村委会和上级有关部门批准，统一安排，不得擅自动工，不乱搭乱建，不得违反规划或损害四邻利益。对村内违法建筑实行动态监管，组建巡查队伍，以及时发现、制止违法建筑行为。

违反上述规定的给予批评教育，情节严重的交上级有关部门处理。

三、未成年人教育

1. 自觉遵守计划生育法律、法规、政策，实行计划生育，男女青年结婚必须符合法定结婚年龄要求，提倡晚婚晚育、提倡优生优育，严禁违法生育。

2. 父母应尽抚养、教育未成年子女的义务，禁止歧视、虐待、遗弃女婴，破除封建陋习。子女应尽赡养老人的义务，不得歧视、虐待老人。

3. 加强对未成年人的关爱与教育，利用学校、文化艺术辅导等相关措施，加强对未成年人思想道德教育、个人理想引导以及特长技艺方面的培养。

四、社会治安

1. 每个村民都要学法、知法、守法、自觉维护法律尊严，积极同一切违法犯罪行为作斗争。

2. 村民之间应团结友爱，和睦相处，不打架斗殴，不酗酒滋事，不酒后驾车，严禁侮辱、诽谤他人，严禁造谣惑众、拨弄是非。

3. 自觉维护社会秩序和公共安全，不扰乱公共秩序，不阻碍公务人员执行公务。

4. 严禁偷盗、敲诈、哄抢国家、集体和个人财物，严禁赌博，严禁替罪犯藏匿赃物。

5. 严禁非法生产、运输、储存和买卖爆炸物品；经销烟火、爆竹等易燃易爆物品须经公安机关等有关部门批准。不得私藏枪支弹药，拾得枪支弹药、爆炸物品，要及时上交公安机关。

6. 爱护公共财产，不损坏水利、道路交通、供电、通信、生产等公共设施。

7. 严禁非法限制他人人身自由或非法侵犯他人住宅，不准隐匿、毁弃、私拆他人邮件。

8. 严禁私自砍伐国家、集体或他人的林木，严禁损害他人庄稼、瓜果及其他农作物，加强牲畜看管，严禁放浪猪、牛、羊。

9. 严厉禁止吸贩毒行为，对于家中有吸贩毒者，一律按家支禁毒办法协商来处理。

对违反上述社会治安条款者，触犯法律法规的，报送司法机关处理。尚未触犯刑律和治安管理处罚条例的，由村委会批评教育，责令改正。

五、消防安全

1. 加强野外用火管理，严防森林火灾发生。

2. 家庭用火做到人离火灭，严禁将易燃易爆物品堆放户内，定期检查、排除各类火灾隐患。

3. 加强村级防火设施建设，村集体应定期检查消防池、消防水管和消防栓，保证消防用水正常。

4. 对村内、户内用电线路要定期检查，损坏的要请电工及时修理、更新，严禁乱拉乱接电线。

5. 加强村民尤其是少年儿童安全用火、用电知识的宣传教育，提高全体村民的消防安全意识和知识水平。

六、邻里关系

1. 村民之间要互尊、互爱、互助，和睦相处。

2. 在生产、生活过程中，村民应遵循平等、自愿、互惠互利的原则，发扬社会主义新风尚。

3. 邻里纠纷应本着团结友爱的原则平等协商解决，协商不成的可申请村调解委员会调解，也可依法向人民法院起诉，树立依法维权意识，不得以牙还牙，以暴制暴。反对家庭暴力。

七、执行修订

1. 村两委负责执行《村规民约》具体条款，监委会负责监督落实。执行中若遇争议，首先由村两委协调，协调不成，可召开村民代表大会决定。

2. 三分之一以上村民代表或十分之一以上村民联名可提议修订《村规民约》的具体条款。修订《村规民约》应遵循“四议两公开”程序。

3. 本《村规民约》自村民代表大会表决通过之日起公示七天后生效，同时上报竹洛乡政府备案。

4. 本《村规民约》的解释权归竹洛村两委。

竹洛村村民委员会

2017 年 3 月 30 日

28. （四川省凉山彝族自治州越西县）拉普乡如果洛村村规民约[①]

为促进本村经济发展，社会和谐稳定，经2017年3月28日召开村民大会讨论，通过本村规民约，望全体村民自觉遵照。

一、维护集体利益，自觉参加本村公益活动及公益劳动。

二、尊老爱幼，不得虐待老人和妇女儿童，对不遵守本规定的村民，则由家支长者进行批评教育后交由村委会责令改正。

三、勤俭持家，勤劳致富，移风易俗，在操办婚丧嫁娶方面，婚嫁聘礼最高不超过8万；办理丧事不搞铺张浪费，杀牛不得超过5头，不得广播炫耀所收礼金，不得将所送人民币挂竹竿、绳线、花圈等来炫耀攀比，若有违反本条规定的，由村委会收取1000元罚款作为本村公益事业经费。

四、自觉实行计划生育，提倡晚婚晚育和优生优育，对超生超怀的村民要互相监督，及时向村委会举报，每举报一次村委会奖励200元，一年两次的计生“四查”工作中妇女缺一次交罚金50元，罚款作为本村计生工作经费。

五、认真开展“四好”创建，个人要养成良好卫生习惯，搞好家庭和村内卫生，不得乱倒垃圾，不遵守本条规定的罚50元，作为村上垃圾清理费。

六、本村严禁吸毒贩毒行为发生，戒毒工作实行家支“十户联保”，若有吸毒人员一经发现由家支监督戒毒，对不

---

① 李剑于2018年12月20日提供。

能戒的交由公安机关处理。对有贩毒嫌疑人员要立即登记造册，报送相关部门进行处理。

七、严禁聚众赌博，打架斗殴，聚众上访闹事，特别是精准扶贫工作，村民若有无理上访的均与国家有关的惠民政策享受挂钩。

八、对本村的艾滋病人，要积极配合医疗机构管理及每月定时做检查，本村村民要远离毒品，洁身自爱，不得歧视艾滋病感染者，村两委将对艾滋病人员名单做到绝对保密。

九、认真抓好“1＋X”产业，严禁将牲畜放到发展的产业和庄稼地里，如果有牲畜损坏庄稼的，违者赔偿损失并加倍罚款。

十、自觉缴纳水电及卫生清理费，不遵守本规定的将按比例收取滞纳金。

十一、对本村适龄儿童及时送到学校就读，保证完成九年义务教育阶段学习，严禁以各种理由拒绝适龄儿童入学。

本村规民约由制定之日起执行。

拉普乡如果洛村村民委员会

2017 年 3 月 30 日

29. （四川省凉山彝族自治州）越西县乐青地乡寒林村村规民约①

根据村上实际，以法律为依据，特制定本村村规民约，由

① 李剑于 2018 年 12 月 20 日提供。

村两委班子带头，大家共同遵守，为把村上建设成一个平安、安定、和谐、致富村而共同努力，经村民大会讨论决定，特制定以下村规民约：

一、严禁把牲畜放进经济林和药用林地，如有放进并损毁者，按损坏林的市场价赔偿。

二、严禁在本村内参加法轮功及其他邪教组织，如有违反者，村两委进行教育，情节严重的移交司法机关处理。

三、不准有偷盗行为发生，一经发现赔偿偷盗物的市场价，并处罚金（按偷盗物的3至5倍计算），情况严重移交司法机关处理。

四、护林防火人人有责，纵火或者无意引起火灾的，按情节轻重给予制裁或移交司法机关处理；严禁乱砍滥伐，轻者罚款损毁树的3至5倍市场价，并补栽，情节严重的交司法机关处理。

五、红白喜事，主张勤俭节约，坚决制止铺张浪费、大操大办，礼金不能超过8万，丧事杀牛不能超过5头，违者重处。

六、严禁分帮立派，不准大家支欺压小家支，情节恶劣的交司法机关处理。

七、不准因修建房子等建筑占村道和组道，违者强令禁止或拆除，并处500元罚金。

八、秋收季节不准乱放猪、牛、羊，违者按所损坏农作物3至5倍赔偿。

九、计划生育是国家基本国策，每个公民必须遵守。凡我村计划外生育的，应主动缴纳社会抚养费到乡政府再去上户。

十、严禁破坏公共建筑及设施，违者处500至1000元罚款，情节严重的交司法机关处理。

十一、尊重和赡养老人，实行厚养簿葬，维护妇女儿童的合法权益，不得虐待老人和妇女儿童，全村形成尊老爱幼、家庭和谐的良好社会风气，对不遵守本条规定的村民，则由家支长者进行批评教育后交由村两委，责令改正，对构成违法犯罪的交司法机关处理。

十二、搞好家庭和村内卫生，爱护集体一草一木，保持环境洁净整洁，道路畅通，不得占道经营，乱丢垃圾。

十三、本村严禁有吸毒贩毒行为的发生，全体村民都有举报吸毒贩毒者的义务，对吸毒人员由家支监督戒毒，对不能戒毒的交由公安机关处理，对贩毒一经查实，立即送公安机关进行处理，对吸贩毒行为每年按民族习惯打鸡，予以约束制止。

本村规民约自村民代表会议通过之日起施行。

2017年3月28日

30.　（四川省凉山彝族自治州越西县）马拖乡中林村村规民约[①]

根据《村民委员会组织法》的相关规定，为了推进我村的民主法治建设，增强村民的法制观念和法律意识，树立良好

① 李剑于2018年12月20日提供。

的村风、民风，创造安居乐业的环境，促进经济发展，全面推进新农村建设，结合我村实际，经村支两委研究决定，并经村民代表大会讨论一致通过特制定本村规民约：

一、社会治安

1. 每个村民都要学法、知法、守法，积极维护法律的尊严，认真学习、贯彻执行党的各项方针、政策，同一切违法犯罪行为作斗争。

2. 做好禁毒宣传，不吸、贩毒，远离毒品，不走私贩私，一旦发现吸毒人员，要及时报告公安机关处理，举报吸贩毒人员，一经查实，给予1000元至5000元的奖励。。

3. 严格监控法轮功、门徒会及其他有害气功人员，要严防他们的破坏活动，防止他们散播反动谣言，扰乱正常的生产、生活秩序，要彻底揭穿他们的反动言论和阴谋活动。

4. 严禁酗酒聚众闹事、打群架，由此致人伤残，除赔偿伤残者一切费用外，并处罚款500～1000元，造成严重后果的移交司法机关查处。

5. 邻里之间要和睦相处，建立和谐的邻里关系，要讲文明、礼貌，不说脏话，绝不允许吵嘴、打架。村民之间发生矛盾、纠纷或家庭婚姻等纠纷，在本地调解不好，须到外地出差通知相关人员或取证，由此而开支的旅差费概由当事人承担。

6. 每个村民要增强防盗意识，要群策群力、同心同德、团结一致严厉打击盗窃集体、个人财物的违法犯罪活动，绝不能手软。要提高警惕，防患于未然，一旦发现，及时制止，轻者教育处理并处罚款500～2000元，重者移交司法机关处理。

7. 加强对牲畜的管理，不能放敞猪在田里，任意践踏庄家，必须圈养，违者除赔偿损失外并处予500～1000元罚款。

8. 村民养的狗必须圈养，绝不能乱放敞狗在街上，一旦咬伤人，要立即到疾控中心注射狂犬疫苗，严重者要负责送医院把人彻底治好，不留后遗症。

9. 爱护公共财产，不得损坏水利、道路交通、供电、通信、生产、人畜饮水等公共设施。若违反规定造成的故障和损失，除照价赔偿外，另处罚1000至7000元。

10. 我村辖区内的村民把住房卖给或租给他人居住，绝不能卖给或租给吸、贩毒及邪教组织人员。买房或租房人员必须认真学习党的各项方针、政策及相关法律法规，维护法律的尊严，遵守村规民约。买房或租房人员违纪，村委会有权追究卖房人或房东的责任，先由卖房人或房东调解，如调解无效应主动配合村委会调解。

11. 关心教育事业，每个家长都负有责任，学龄儿童必须读书受教育。特别是16岁以下儿童要继续上学，初中毕业后，必须送至职业技术学校或全日制普通高中学习，不能外出务工，一经发现必须劝返回归校园并追究监护人的责任。

二、森林和房屋防火

1. 护林防火，人人有责，每个村民一旦发现林区的火源，要立即报告村委会及相关部门，并以最快的速度赶赴现场扑火。

2. 严禁野外用火，发现有人在林区内烧火或做迷信烧鸡或其他物品，一经发现批评教育，不听劝阻的处予100～500

元罚款，造成火灾的交林业公安处理。特别是春节、清明期间村民上坟山，严禁携带香、烛、纸钱、火炮上山，违者罚款200～500元，由此而造成林区火灾者，除赔偿损失外，还要追究相关责任。每个家长要对未成年的孩子加强教育，增强防火意识，小孩玩火引起的森林火灾，所赔偿的损失和应负的责任必须由家长负责。

3. 严禁盗伐林木，凡盗伐林木者，视其情节轻重，轻者按被盗林木价值的2～5倍赔偿，重者交相关部门处理。

4. 排除住房内的火灾隐患，做到警钟长鸣、防患未然，尽量把火灾消除在萌芽状态，要定期检查用电线路，防止线路老化而引起火灾，线路老化非常危险，必须请电工及时处理，重换新线。严禁私拉乱接、偷电，屋内千万不要堆放易燃易爆物品。

5. 自然灾害（大风、大雨、暴雨、风雪、冰雹等）毁坏的林木，任何人不准进山哄抢，否则按照盗伐林木条款处罚。

6. 家长要加强对儿童用电防火知识教育，提高防火意识，要防止儿童用电不慎引起火灾。

三、计划生育，婚姻家庭

1. 反对包办婚姻，婚姻大事由本人作主，任何人无权干涉，青年男女必须符合法定年龄，做好婚前检查，方可结婚，提倡晚婚晚育。

2. 遵守婚姻自由、男女平等、一夫一妻、尊老爱幼的原则，建立团结和睦的家庭关系。

3. 夫妻地位平等，夫妻之间共同承担家务劳动，抚养、培养孩子，共同管理家庭的共同财产，坚决反对“大男子主义”、反对家庭暴力。

4．夫妻双方自觉遵守计划生育法律、法规、政策，做好生育间隔，间隔4年方可生育第二胎，先领证，后生育，坚决杜绝先生育后办证的不良现象。禁止超生，超生者必须按政策规定缴纳社会抚养费。

5．发扬“尊老、爱老、敬老、助老”的传统美德，建立团结和睦的家庭。父母应尽抚养、教育子女的义务，禁止歧视、虐待、遗弃女婴，破除重男轻女的陈规陋习，子女应尽赡养老人的义务，绝不允许歧视虐待老人。

6．对不实行计划生育或围攻、谩骂、殴打计划生育工作人员的，视情节轻重予以处罚，直至追究法律责任。

四、环境卫生

1．保持饮水卫生，不准在水库、水源边一米内清洗脏物、洗澡、放牛马牲畜等，违者罚款50元。对于有病的牲畜，不准买卖，对于病死牲畜要深埋村外不准流入市场，否则，罚款500元。

2．积极开展文明卫生村建设，实行“门前三包”制度，严禁随地乱倒乱堆垃圾、杂物；修房盖屋余下的垃圾碎片应及时清理，柴草、粪土应定点堆放；村民必须按规定如数缴纳垃圾清理费，自觉地把一切垃圾倒入清运车运走，违者除限期予以清除外，罚款50至200元。

3．为大力发展畜牧业，严防家禽及牲畜疫情及各种传染病发生，因此村民的患病家禽和牲畜绝不允许出售。必须采取有效措施，把其他家禽及牲畜进行隔离并消毒，及时将患病家禽及牲畜运到村外深挖填埋，并上报疫病情况。

五、土地管理

1. 农村的所有土地，除了法律规定属于国家所有的以外，村民的宅基地、自留地、自留山等所有权属于集体，个人只有经营使用权；凡占用集体所属空坪、荒地，建杂房、厕所和猪圈并经批准入册的，受相关法律保护，未经批准占用集体土地非法乱建的，村集体有权收回作另行处理。

2. 任何人不能以任何借口侵占、买卖、出租、非法转让和变更集体和他人的土地使用权。

3. 不允许个人在土地上随意建房，要建房必须经相关部门完善各项建房手续后，方可建房。未经相关部门批准，尚未完善相关手续的不得擅自动工，不得违反规划和损害四邻利益。

4. 依法使用宅基地，老宅基地要严格遵守历史状况，新宅基地按镇、村规划执行，不得损害整体规划和四邻利益。

5. 未经批准，强行占用耕地、交通要道建房的坚决拆除，还田还土，恢复原状外，并罚款5000元以上。

六、村风民俗

1. 提倡社会主义精神文明、移风易俗，反对封建迷信、邪教组织，树立良好的社会风气。

2. 婚嫁娶不能超过8万，丧事杀牛不能超过3头，不大操大办，不铺张浪费。

3. 提倡一事一议，村务、财务公开透明。

4. 热爱中国共产党、热爱社会主义、热爱集体，自觉贯彻执行党的路线、方针、政策，热爱集体财产，关心公益事业。敢于同损害国家、集体、个人的行为作斗争，正确处理国家、集体、个人三者关系。

5. 不乱占公共场所、公用地、道路。

6. 建立正常人际关系，不搞宗派和家支活动。

7. 外出人员应到村委会进行相关登记，报明外出时间及去向。

8. 对涉毒未改正的人员，家中婚丧嫁娶等一切活动，村民不再参与。

七、新入户人员管理

1. 从现在开始，外来人员必须严格审查，涉毒人员及超生户我村一律不接收。

2. 凡属于原来已接收在我村的各族村民，应自觉遵守国家的法律、法规和我村的村规、民约。享受国家的各项优惠政策。不享受我村村集体的利益分配（物资、资金）。

以上各条请全体村民共同遵守，并监督村民委员会执行。

2017 年 3 月 28 日

31. （四川省凉山彝族自治州越西县）梅花乡巴姑村村规民约[①]

为促使本村经济发展，社会和谐稳定，经本村 2017 年 3

① 李剑于 2018 年 12 月 20 日提供。

月30日村民大会讨论通过，制定本民约，望全体村民遵照执行。

一、热爱中国共产党，热爱社会主义祖国，热爱集体。

二、认真学法，知法，守法，自觉做遵纪守法的好公民。

三、尊重和赡养老人，维护妇女儿童的合法权益，不得虐待老人和妇女儿童，形成尊老爱幼、家庭和谐的良好社会风气，对不遵守本条规定的村民，则由家支长者进行批评教育，责令改正，对构成违法犯罪的移交相关法律部门处理。

四、本村婚宴本着勤俭持家、喜事新办、移风易俗的原则，严禁高额聘礼，除舅舅钱及民族习惯必须给的钱以外，赠与礼金数量不得超过8万元，违者与本村有关的惠民政策挂钩，延后享受。在丧事办理中，不得铺张浪费，杀牛不得超过3头，对超过3头的，由村委会收取所超费用的同等罚款作为村公益事业费用。

五、自觉实行计划生育，坚持晚婚晚育，严格按计划生育政策执行，对间隔不够和超生的，除缴纳社会抚养费外，需向村上缴纳1000元的罚款作为本村的公益事业费用，同时与国家的惠民政策享受挂钩。

六、搞好家庭和村内卫生，爱护集体一草一木，保持环境洁净、道路畅通，不得占道经营，乱丢垃圾，对占道经营的责令改正，对乱丢垃圾的收取50元的垃圾清扫费。

七、本村严禁吸毒贩毒行为发生，全体村民有举报吸贩毒的义务，对吸毒人员由家支监督戒毒，对不能戒毒的交由公安机关处理，对贩毒的一经查实，立即送公安机关进行处理，对吸贩毒行为每年按民族习惯打鸡打狗，予以约束制止。

八、对本村的艾滋病人及感染者，要积极配合医疗机构管理及每月定时做检查，本村村民要远离毒品，洁身自爱，村民要积极宣传，不得歧视艾滋病感染者，村两委将对艾滋病人员名单做到绝对保密。

九、本村严禁聚众赌博，一经发现家支及村委会及时制止并进行批评教育，严禁聚众闹事、打架斗殴，如有此类现象发生，所有村民都有权及时进行制止，对因此造成的损失进行加倍处罚，对构成违法犯罪的及时移送公安机关。

十、本村村民严禁有偷盗行为的发生，一经查实对所盗物资进行加倍处罚。对构成违法犯罪的及时移送公安机关进行处理；严禁将牲畜放到庄稼地里，如果有牲畜损坏庄稼的，违者赔偿损失并加倍罚款。

十一、本村村民自觉遵守村民大会的决议，协助村两委搞好经济发展项目、精准扶贫工作，鼓励村民带头致富，积极引进适合本村经济发展的项目。

十二、自觉缴纳水费、电费、清洁费及各种公益费用。

十三、对本村适龄儿童及时送到学校就读，严禁以各种理由拒绝适龄儿童入学。

十四、本村村民自觉参加本村公益活动及公益劳动。

本村规民约自制定之日起执行。

巴姑村村民委员会

2017 年 3 月 30 日

32. （四川省凉山彝族自治州越西县乃托镇）白石村村规民约[①]

总　则

为了贯彻实施《村民委员会组织法》，健全社会主义制度，教育村民遵纪守法，维护社会治安和社会秩序，实现村民自治，创建和谐宜居环境，把我村建设成为社会主义新农村，根据法律法规，特制定本村规民约。

第一章　土地管理

第一条　村民的宅基地、承包地、林地等所有土地都属于集体所有，个人只有经营权和使用权，未经批准占用集体土地非法乱建的，村集体有权收回作另行处理。

第二条　任何人不得侵占、买卖或者以其他形式非法转让和变更集体及他人的土地使用权。

第三条　未经批准强行占用耕地、交通要道建房的，除坚决拆除、还土还田、恢复原状外，并罚款2000元以上。已经建成的，原则上要求拆除，否则，将按国家有关规定予以处罚。

第二章　搬家户管理

第一条　为了便于管理，凡外来搬家户在我村居住的，每

① 李剑于2018年12月20日提供。

户征收1000元的搬家户管理费（以后每年要视情况调整），任何人不得以任何理由要求减免，不交管理费的，不准搬到我村居住，对已经搬到我村居住却不交管理费的，对其实施断水断电的办法，不准他使用我村境内的水电，另外，我村老人去世时不要他家去吃饭。

第二条　搬家户要求把户口迁到我村的，每人征收5000元的落户管理费（以后每年要视情况调整），上门女婿也一视同仁，任何人不得以各种理由要求减免。

第三章　社会治安

第一条　凡故意毁坏、盗窃、偷摸厂矿企业、学校、医院、集体和个人财物者，除追回原物外，并处罚200至5000元，数额较大者，交公安机关处理。

第二条　村民要看好自己的牲畜，不准猪、牛、羊、马等牲畜毁坏集体和个人的农作物，违者，除赔偿损失外，罚款100至500元。

第三条　凡聚众闹事，故意殴打他人，造成直接损伤的，除赔偿医疗费、财物损失等一切费用外，并处罚款200至2000元，情节严重的上报公安机关。

第四条　村民贩毒者。一旦发觉，一律不准享受低保、救济等一切惠民政策，并承担吸毒者的戒毒费用，并上报公安机关处理，对吸毒人员实施定期、不定期的帮教，对不听帮教的，不能享受农村低保。外地人在我村境内从事吸毒贩毒活动者立即报告公安机关。

第五条　严禁高额婚嫁彩礼，防止因婚致贫。提倡厚养薄葬的新风尚，严禁在丧事中大操大办，铺张浪费。

第六条　外地人在我村犯以上一、三、四条者，我村村民要每户出来一人，大家一起找他解决，不出来的村民要每户罚500元，用来作其他村民车路费等开支。

第四章　护林防火

第一条　护林防火，人人有责。村民一旦发现火灾，不管是谁都要在第一时间向村两委报告，接到火警者都要以最快的速度赶到火灾现场救火。

第二条　村民野外用火发生火灾的，除赔偿一切损失外，视情节轻重追究其法律责任。

第三条　加强退耕还林的管理，严禁在退耕还林地放牧、砍柴，违者罚款100至1000元，凡盗伐他人林木者，罚被盗林木价值的5至10倍，并移交有关部门处理。

第五章　环境整治

第一条　保持村容村貌的清洁卫生，村民不管是谁，严禁在村道、公路两边倒垃圾和堆肥料。

第二条　严格执行门前三包责任制，村民要搞好自己门前的环境卫生，不得向村道和公路两边排放污水和废水。

第三条　村组干部要定期检查，一旦发现道路两边倒垃圾、堆肥料、排污水等问题，要责令其限期清理干净，不听从者，视情节罚款50至500元，并不考虑当年的低保、救济等惠民政策。

第六章　计划生育

第一条　严格执行国家计划生育政策和《四川省人口与计划生育条例》的有关规定，超生者依法征收社会抚养费，对不交社会抚养费的孩子不能上户口，并上报有关部门处理。

第二条　对不执行计划生育政策或围攻、谩骂、殴打计划生育工作人员的，视情节轻重予以处罚，情节严重的追究其法律责任。

在我村辖区内的企事业单位、学校、医院要遵守本村规民约。本村规民约若有与国家法律、法规相抵触之处应以国家法律、法规为准。本村规民约从 2014 年 1 月 1 日起实施。民约由村委会制定，村民代表大会通过生效。

越西县乃托镇白石村村民委员会

2017 年 3 月 30 日

33. （四川省凉山彝族自治州越西县）南箐乡南箐村村规民约[①]

为了促进党的脱贫攻坚任务顺利完成，带领全村村民共同致富，促使我村经济快速发展，社会和谐稳定，经 2017 年 3 月 28 日村民大会讨论通过，修改制定本村村规民约，望全体

① 李剑于 2018 年 12 月 20 日提供。

村民和外来自主搬迁户共同遵守执行。

一、对人、牛、马、羊、猪等偷盗破坏庄稼和果木的，每棵玉米罚款5元，每棵水稻5元，每棵烤烟10元，每棵洋芋5元，荞子每平方米50元，水果和干果每个以5元收取，豆类每棵5元，花椒每斤50元，甜樱桃每斤100元，乱砍滥伐每棵松树100元，不得在林区放牧、生火，发现每次罚款200元。

二、各个村民小组加强对水、电、路、护林防火、社会治安、环境整治、矿山整治及地质灾害检测等工作进行专人管理，严禁未成年人外出务工。如有人故意破坏水、电、路设施的，给予1000~2000元的处罚，对造成严重后果的，根据情节送司法机关处理。

三、尊重和赡养老人，维护妇女儿童的合法权益，不得虐待老人和妇女儿童，形成尊老爱幼、家庭和谐的良好社会风气。

四、严禁乱扔垃圾，违者罚款100元，实行门前“三包”，村上保洁员要不定期检查各个路口，清运垃圾到集中堆放点。不能在村道上乱堆粪和建筑材料，违者罚款300元，对死亡的鸡、猪、狗等不能乱扔，应进行挖坑深埋，做到无公害处理，违者罚款300元。

五、在本村的村道上，拖拉机、电动三轮严禁搭人，如不听劝阻，上报交警部门处理。

六、本村严禁有吸毒贩毒的行为发生，全体村民都有举报吸贩毒的义务，对吸毒人员由家支监督戒毒，对不能戒毒的交由公安机关处理，对吸贩毒的一经查实，立即送公安机关处理，对吸贩毒行为每年按民族习惯打鸡打狗，予以约束制止。

七、本村婚宴本着勤俭持家、喜事新办、移风易俗的原则，严禁高额聘礼，除舅舅钱及民族习惯必须给的钱以外，赠与礼金数量不得超过 10 万元，违者与本村有关的惠民政策挂钩，延后享受；在丧事办理中，不得铺张浪费，杀牛不得超过 3 头，对超过 3 头的，由村委会收取所超费用的同等罚款作为村公益事业费用。

八、全体村民要积极参与“脱贫攻坚奔小康”创建活动，按照“四好”创建要求，在“住上好房子”方面要积极自力更生、投工投劳，改善居住环境；在“过上好日子”方面要大力发展“1 + X”和“借畜还畜”产业，积极种植核桃、花椒等果林，积极发展养羊、养猪等养殖业，积极参加劳务培训，争做带头致富人；在“养成良好习惯”方面要积极送子女入学，崇尚科学，破除迷信，倡导健康文明的生活方式，养成良好的生活习惯，遵纪守法，尊老爱幼，诚信友善，勤劳节俭，主动移风易俗。

九、自觉实行计划生育，坚持晚婚晚育、优生优育，严格按计划生育政策执行，对间隔不够和超生的，除缴纳社会抚养费外，需向村上缴纳 1000 元的罚款作为本村公益事业费用，同时与国家有关的惠民政策的享受挂钩。

十、艾滋病人、感染者要配合医疗机构管理，正确使用安全套，避免不洁性行为。村民要积极宣传，不歧视感染者、病人。

十一、本村严禁聚众赌博，一经发现家支及村委会及时制止并进行批评教育，严禁聚众闹事、打架斗殴，如有此类现象发生，所有村民都由权及时进行制止，对构成违法犯罪的及时移送公安机关。

十二、本村村民严禁有偷盗行为发生，一经查实对所盗物资进行2倍处罚。对构成犯罪的及时移送公安机关进行处理；严禁将牲畜放到别人的庄稼地里，违者赔偿损失并加倍罚款。

十三、对自主移民在我村居住的外来户必须遵守我村的村规民约。

本村规民约自制定之日起执行。

南箐村村民委员会

2017年3月28日

34. （四川省凉山彝族自治州越西县）申果乡尔吉村村规民约[①]

为提高全体村民自我管理、自我教育、自我约束的能力，促进全村的安定团结，根据法律、法规和国家有关政策规定，经广泛征求村民意见，村两委及村民代表讨论制定本村村规民约。

一、全村村民均有保护土地和林地的义务。村内任何人使用土地都应服从村的统一规划和调整，不得侵占、买卖或者以

① 李剑于2018年12月20日提供。

其他形式非法转让土地，不得毁林开荒，建房及基础设施建设用地应服从村庄建设规划统一安排。

二、实行计划生育，提倡晚婚，对计划外生育者，按照有关法律和政策严肃处理。

三、每个村民都要学法、知法、守法，自觉维护法律尊严，积极同一切违法犯罪行为作斗争。

四、村民之间应团结友爱，和睦相处，不打架斗殴，不酗酒滋事，严禁侮辱、诽谤他人。因矛盾纠纷，饮酒闹事或打架斗殴的各罚款200～500元。

五、学龄儿童和青少年有依法接受教育的权利和义务。其法定监护人应保证子女接受9年制义务教育，未成年人不得外出务工。

六、要尊老爱幼，保护妇女、儿童在社会和家庭生活中的合法权益，禁止虐待、遗弃、伤害行为。任何人不得剥夺已婚女子的合法继承权。丧偶子女有继承遗产和带户再婚的权利。

七、严禁非法制造、经销、买卖、私藏管制刀具、火枪等凶器和危险物品；任何人不得以各种借口煽动群众到机关、学校、乡党委、政府办公地、他人住宅起哄捣乱、闹事、制造事端，不得寻衅滋事，扰乱社会治安秩序。

八、严禁携带火种上山，严防山火发生。家庭用火做到人离火灭，严禁将易燃易爆物品堆放户内、寨内，定期检查、排除各种火灾隐患。

九、做到村容环境整洁卫生，村民落实门前三包，房前屋后无垃圾和污物，任何企业和个人不得向路道内乱放污水和沙石，不乱搭露天粪坑。垃圾碎片应及时处理、清理，柴草、粪土应定点堆放。

十、禁止造谣、传谣，捏造事实影响党和政府形象及民族团结的言论。

十一、严禁偷盗、敲诈、哄抢损毁国家、集体、个人财产；严禁赌博和小偷小摸，不参加邪教组织，不搞派别活动，反对家族主义。

十二、禁止本村人员贩毒和吸毒。贩毒如杀人，吸毒如自杀，毒品有害于社会的稳定和家庭的幸福。村民应积极了解毒品和艾滋病的危害，且有义务协助公安机关和配合邻近村民小组、民兵组织抓捕、收戒吸毒人员；严密监控本村的吸、贩毒人员和到本村从事吸、贩毒活动的人员。在公共卫生工作人员、村联络员的指导下加强自身对艾滋病的了解及防治，应做到洁身自好和定期到医院体检，不传播病菌。

十三、提倡勤俭节约。红白喜事，喜事新办，丧事从简，破除陈规旧俗，反对铺张浪费、反对大操大办，做到饮食安全卫生。党员和村组干部带头执行。（牛不得超出5头，彩礼金不得超出8万元人民币）

十四、凡被依法处罚或违反本村规民约的农户，在本年度不评先进户、文明户、五好家庭户、遵纪守法户。外来人员在本乡居住的参照执行本村规民约。

十五、本村规民约有与国家法律、法规、政策相抵触的，按国家规定执行。违反本乡规民约的，除触犯法律由有关部门依法处理外，乡党委、政府和村委会可视情况给予经济处罚、取消享受或暂缓享受优惠待遇的处理。

以上规定已在尔吉村全休（体）党员和村民代表大全（会）通过，望全村人民以身作则以（依）照执行。

尔吉村村委会

2017 年 3 月 29 日

35. （四川省凉山彝族自治州越西县）申普乡里觉村村规民约[1]

为推进里觉村民主法制建设，维护社会稳定，树立良好的民风、村风，创建安居乐业的生活环境，促进经济发展，为脱贫攻坚工作保驾护航，经全体村民讨论通过，制定里觉村村规民约。

一、全体村民要养成学法、知法、守法的习惯，自觉维护法律尊严，积极同一切不良和违法行为作斗争。

二、村民之间要团结友爱，和睦相处，不打架斗殴，不酗酒滋事。凡是因酗酒打架，不管对错，对双方进行法治教育后，再由村两委出面调解。

三、严禁侮辱、诽谤他人，严禁造谣惑众、拨弄是非，一经查实要严肃处理，并向受害人赔礼道歉，触犯法律的报送司法机关。

四、严禁盗窃，一旦发现、查实，一律严惩，按律应交司

---

① 李剑于 2018 年 12 月 20 日提供。

法机关的及时报送司法机关。发现盗窃，经查实后按值论价处以罚款，属本乡人的处1罚2倍的罚款，属本乡人内外勾结、明保暗枪者处1罚5倍的罚款。

五、严禁非法限制他人人身自由或非法侵犯他人财产。对外来村民无理侵犯我村村民财产者，由村民代表和村两委强行逐出我村并报派出所。

六、严禁私自砍伐国家、集体和他人的林木，特别是我村的集体林木，违者罚款500元。此款在村民自愿的基础上可以劳务或其他方式抵消。

七、严禁人为破坏庄稼、苗木、公共设施，违者按市价处1罚2倍的罚款。

八、加强野外用火管理，严防山火发生。家庭用火做到人离火灭，不准将易燃易爆物品堆放在户内、村内，排除各种火灾隐患。

九、对村内、户内电线要定期检查，损坏的电线要及时汇报村委，及时请电工修理、更换。严禁乱拉乱接电线。没有经村两委同意私自乱拉乱接电线的罚500元，造成或没有及时检查造成火灾等灾害的，责罚教育当事人。

十、提倡文明新风尚，移风易俗，反对封建迷信及其他邪教活动，树立良好的民风、村风。

十一、红白喜事由红白喜事理事会管理，喜事新办，丧事从简，破除陈规旧俗，反对大操大办、铺张浪费，杀牛不得超过3头，婚嫁聘礼最高不超过8万（大学文凭及以上最高不得超过12万元），违反规定的，由村委会收取所超费用的同等罚款作为村公益事业费用。

十二、建立正常的人际关系，不搞宗派活动，反对家族主义及恶势力。一经发现村两委应及时制止，触犯法律的报送司法机关。

十三、积极开展“四好”创建，搞好公共卫生，加强村容村貌整治，严禁随地倒垃圾，违者经查实罚款100元。修房盖屋余下的垃圾碎片及时清理，柴草、粪土要定点堆放，在村组干道乱堆放粪土和其他杂物的罚款50～100元。

十四、建房要服从村庄建设规划。没有经过村两委和上级有关部门批准，不得擅自动工。不得违反规划或损害他人利益。

十五、扬正气，树新风，远离黄、赌、毒，有赌博、吸毒、贩毒情况，要采取相应措施，并及时上报相关部门。

十六、严格执行计划生育政策，提倡晚婚晚育、少生优生。凡是我村村民超生者，严格按照国家有关规定处罚，收取社会抚养费。

对违反上述条款者，触犯法律法规的，报送司法机关处理，尚未触犯刑律和治安管理处罚条例的，由村两委批评教育，责令改正。

村规民约自公布之日起实施！

里觉村村民委员会

2017年3月30日

36. （四川省凉山彝族自治州越西县书古镇）勒品村村规民约[①]

为促进我村的经济发展，增加群众懂法、用法意识，严厉打击偷盗、吸毒、邻里纠纷等不良行为和制止不良风气，禁止高额彩礼和婚丧嫁娶铺张浪费的现象，搞好我村社会治安，保护人民群众的生命财产，创造安定团结、和睦的生活环境，特制定本村规民约。

1. 禁止高额彩礼和红白喜事铺张浪费，婚嫁彩礼金不得超过 6 万元；提倡厚养薄葬，在彝族老人去世后，儿女不搞攀比宰杀牛羊和送礼金，不搞攀比摆阔，不浪费，老人去世后，提倡回锅肉接待客人，丧事杀牛不超过 3 头。

2. 认真开展本村城乡环境综合治理工作，充分发挥村保洁员的作用，及时清理本村公共地段和公路沿线，每家每户房前屋后无杂草垃圾，发现房屋周围 10 米范围内有垃圾堆放、污水、粪便等罚款 5 元，院坝内干净整洁，室内物品摆放有序，家具干净明亮，切实巩固我村“四好”创建活动的成果。

3. 不允许村民有酒驾的行为，机动农用车特别是运输泥碳土的车辆不能违规搭人，经劝告后不听，报当地派出所，所发生的事故后果自负。

4. 对各种偷盗的行为，偷鸡摸狗、偷盗四大牲畜、偷财产等的行为罚款 4000 元。

---

① 李剑于 2018 年 12 月 20 日提供。

5. 滥砍滥伐国有林木或私有林木一株，罚款 200 元，并赔偿一切损失，砍一背材禾的罚款 40 元。

6. 对因各种纠纷和意外事故引起所需要赔偿的，要合理解决，不允许敲诈。

7. 本村村民如果不积极配合打狂犬疫苗的，罚款 50 元。若发生咬人事件的一切后果由主人承担。

8. 牲畜破坏庄稼和地膜的，一棵罚款 10～20 元并赔偿一切损失，破坏树苗每棵赔偿 50 元。

9. 毁林开荒、放火烧山、复耕林地等罚款 400 元，情节严重的追究其法律责任。

10. 本村人员不得吸毒，违者罚款 3000 元；不得贩毒，违者罚款 4000 元，并追究其法律责任。

11. 禁止本村及外来人员到我村参与聚众赌博，违者罚款 2000 元以上，收缴当场赌资，并视情节移交相关部门处理。

12. 本村规民约一式两份，自 2017 年 3 月 28 日起施行。

37. （四川省凉山彝族自治州越西县）四甘普乡勒库村村规民约[1]

为了树立良好的民风，创造安居乐业的社会环境，促进经济发展，建设文明卫生新农村，经全体村民讨论通过，制定本村规民约。

---

① 李剑于 2018 年 12 月 20 日提供。

1. 村民之间应团结友爱，和睦相处，不打架斗殴，不酗酒滋事，严禁侮辱、诽谤他人，严禁造谣惑众、拨弄是非。

2. 自觉维护社会秩序和公共安全，不扰乱公共秩序，不阻碍公务人员执行公务，严禁非访、闹访、缠访、越级上访。

3. 不得私藏枪支弹药，拾得枪支弹药、爆炸物品，要及时上交公安机关。

4. 爱护公共财产，不得损坏水利、道路交通、供电、通信、生产等公共设施。

5. 严禁核桃基地放浪猪、牛、马、羊，如看管人员发现四大牲畜进入核桃基地，牛马一头罚款50元，猪羊一头罚款30元。

6. 如发现本村任何村民贩毒，将逐出本村，逐出家支，村民将不参加他任何红白喜事，断他的水电，如发现吸毒者上报公安机关，强制戒毒。

7. 提倡社会主义精神文明，移风易俗，反对封建迷信及其他不文明行为，树立良好的民风、村风。

8. 红白喜事由红白喜事理事会管理，喜事新办，丧事从简，破除陈规旧俗，反对铺张浪费、反对大操大办。（牛不得超出5头，彩礼金不得超出8万元人民币）

9. 不请神弄鬼或装神弄鬼，不搞封建迷信活动，不听、看、传淫秽书刊音像，不参加邪教组织。

10. 积极开展文明卫生村建设，搞好公共卫生，加强村容村貌整治，严禁随地乱倒乱堆垃圾、秽物，修房盖屋余下的垃圾碎片应及时清理，柴草、粪土应定点堆放。

11. 加强“四好”创建。定期检查，一月一评，实行五星考核，排名公布。

12. 婚姻大事由本人作主，反对包办干涉，男女青年结婚必须符合法定结婚年龄要求，提倡晚婚晚育。

13. 自觉遵守计划生育法律、法规、政策，实行计划生育，提倡优生优育，严禁无计划生育或超生，45岁以下已生够指标的必须采取节育措施。

14. 本村规民约自农户签字生效。

四甘普乡勒库村村民委员会

2017年3月30日

38. （四川省凉山彝族自治州越西县）铁西乡打子村村规民约①

为促使本村经济发展，社会和谐稳定，经2017年3月30日村民大会讨论通过，修改本民约，望全体村民遵照执行。

一、全体村民要积极参与“四好”创建活动，按照“四好”创建要求，在住房建设上要积极自力更生、投工投劳，改善居住环境；在过上好日子上要大力发展“1+X”产业，积极种植核桃，积极参加劳务培训，争做带头致富人；在养成良好习惯方面要积极送子女入学，崇尚科学，破除迷信，倡导健康文明的生活方式，养成良好的生活习惯和卫生习惯；在形

① 李剑于2018年12月20日提供。

成好风气方面要遵纪守法，尊老爱幼，诚信友善，勤劳节俭，主动移风易俗。

二、尊重和赡养老人，维护妇女儿童的合法权益，不得虐待老人和妇女儿童，形成尊老爱幼、家庭和谐的良好社会风气，对不遵守本条规定的村民，则由家支长者进行批评教育后交由村委会进行批评教育，责令改正，对构成违法犯罪的移交相关法律部门处理。

三、本村婚宴本着勤俭持家、喜事新办、移风易俗的原则，严禁高额聘礼，除舅舅钱及民族习惯必须给的钱以外，赠与礼金数量不得超过 8 万元，违者与本村有关的惠民政策挂钩，延后享受；在丧事办理中，不得铺张浪费，杀牛不得超过 3 头，对超过 3 头的，由村委会收取所超费用的同等罚款作为村公益事业费用。

四、自觉实行计划生育，坚持晚婚晚育、优生优育，严格按计划生育政策执行，对间隔不够和超生的，除缴纳社会抚养费外，需向村上缴纳 1000 元的罚款作为本村公益事业费用，同时与国家有关的惠民政策的享受挂钩。

五、搞好家庭和村内卫生，爱护集体一草一木，保持环境洁净、道路畅通，不得占道经营、乱丢垃圾，对占道经营的责令改正，对乱丢垃圾的收取 50 元的垃圾清扫费。

六、本村严禁有吸毒贩毒的行为发生，全体村民都有举报吸贩毒的义务，对吸毒人员由家支监督戒毒，对不能戒毒的交由公安机关处理，对吸贩毒的一经查实，立即送公安机关处理，对吸贩毒行为每年按民族习惯打鸡打狗，予以约束制止。

七、艾滋病病人、感染者要配合医疗机构管理，正确使用安全套，避免不洁性行为。村民要积极宣传，不歧视感染者、病人。

八、本村严禁聚众赌博，一经发现家支及村委会及时制止并进行批评教育，严禁聚众闹事、打架斗殴，如有此类现象发生，所有村民都有权及时进行制止，对因此造成的损失进行加倍处罚，对构成违法犯罪的及时移送公安机关。

九、本村村民严禁有偷盗行为的发生，一经查实对所盗物资进行加倍处罚。对构成犯罪的及时移送公安机关进行处理；严禁将牲畜放到别人的庄稼里，违者赔偿损失并加倍罚款。

十、自觉缴纳水费、电费、卫生清洁费及各种公益费用。

本村规民约自制定之日起执行。

铁西乡打子村党支部委员会、打子村村委会

2017 年 3 月 30 日

39.（四川省凉山彝族自治州越西县）瓦里觉乡且门村村规民约[①]

为规范村民意识及行为，经过且门村村民代表大会讨论通过本村村规民约。

第一条　村组干部、党员应积极学习、宣传、执行国家各项法律法规和政策，廉洁自律，带头履行《村规民约》。村两

① 李剑于 2018 年 12 月 20 日提供。

委处理村内事务要公平、公正、公开，保障村民权益，为村民服务，接受村民监督。

第二条　全体村民遵纪守法，诚实守信，自觉遵守《村规民约》，积极参与村内各项集体活动。反对邪教，抵制黄、赌、毒。

第三条　凡村内大事要事，严格按照“四议两公开”程序讨论通过，由村两委负责实施，监委会监督落实。

第四条　严格执行财务管理制度，做到日清月结，公开上栏。组账村管，村账由监委会审核、签字、盖章后交镇三资中心审理监管；杜绝挪用公款、白条顶库。

第五条　村民事调解组积极调解民间纠纷，努力做到大事不出村，小事不出组。

第六条　按照国家《土地管理法》有关规定，严格执行土地审批手续。若有人擅自占用土地，村民组长应及时上报，由村两委出面制止，并追究当事人责任。

第七条　贫困户、低保户的名额，由个人申请，组长及代表评议，报村两委依据相关政策审议，村监委会审核签字后，向全体村民公示，无异议后再上报。

第八条　当年1月1日—6月30日死亡的村民，享受上半年村民待遇；7月1日—12月31日死亡的村民，享受全年村民待遇。1月1日—6月30日出生的村民，享受全年村民待遇；7月1日—12月31日出生的村民享受下半年村民待遇。(村民待遇即村级分配待遇，下同)

第九条　按照我国《婚姻法》规定，婚入男女须达到法定婚龄、领有结婚证并将户口迁入者，依照户口迁入时间，享受本村村民待遇。

第十条　婚出男女如户口仍在本村，但常年不在本村居住者，自婚出之日起继续享受一年村民待遇；一年后无论户口是否迁出，均不再享受村民待遇。

第十一条　人人有责节约水电、爱护公共财产与公共设施，损坏者照价赔偿。维护村庄道路，不得破坏公路和私自占用路面。

第十二条　按照国家《森林法》有关规定，管理我村森林。保护花草树木，严禁乱砍乱伐。严禁带火种进山，在森林防火期间不准焚烧杂草、燃放鞭炮。不准在保护区放牧，违者按《森林法》有关规定处罚。若造成损失，根据实际损失赔偿。严禁捕杀、药杀野生动物。

第十三条　男女平等，支持、鼓励妇女参政议政。在推荐的入党积极分子中，女性比例应达到50%。换届选举中，女性村民代表应达到50%；女性入选村两委、村民组长，及其他村民议事机构的比例不低于三分之一。

第十四条　纯女户、有儿有女户婚嫁自由，男到女家、女到男家均可，享受本村村民待遇。对男到女家落户者，在推荐入党积极分子、选举村民代表及村组干部时，同等条件下优先。

第十五条　婚出男女户口没有迁出，或已经离开本村愿意返回并将户口迁回者，常年在本村居住，履行村民义务，接受村庄管理，可享受村民待遇。

第十六条　婚出男女因离婚或丧偶将户口迁回本村，常年在本村居住者可享受村民待遇，所带子女以有效法律文书为准。若再次婚出，其户口仍在本村的子女可继续享受村民待遇。

婚入男女离婚后愿意留村，户口仍在本村并常住者，继续享受村民待遇。若再婚，其配偶及所带子女将户口迁入者，可享受村民待遇。离婚妇女招婿，享受男到女家落户的优惠待遇；若出嫁，待遇同第十条。

提倡勤俭节约。红白喜事，喜事新办，丧事从简，破除陈规旧俗，反对铺张浪费、反对大操大办，做到饮食安全卫生。党员和村组干部带头执行。（牛不得超出 5 头，彩礼金不得超出 8 万元人民币）

第十七条　在本村举行婚礼并居住本村的新婚夫妇，不论户口是否迁入，均应接受本村计生管理。育龄妇女应积极参与生殖健康服务，参加定期康检，无故不参加并未及时补检者，按照《四川省人口与计划生育条例》有关规定处理。

第十八条　反对非法鉴定和人为选择胎儿性别，违反者由人口与计划生育部门按有关规定处理。

第十九条　违反政策生育者，依法缴纳“社会抚养费”后，子女方能享受本村各项待遇。

第二十条　反对任何形式的家庭暴力，村两委有责任预防和制止家庭暴力。

第二十一条　关爱未成年人，保护未成年人的合法权益，特别是女童的生存权和受教育的权利。父母不得以任何理由和形式虐待未成年子女。

第二十二条　尊老、敬老、养老。

1）子女须承担赡养老人义务，不得以任何形式遗弃或虐待老人。2）子女或其他赡养人不得以任何名义，强迫老年夫妇分开居住、赡养。3）夫妻应平等对待双方老人。4）保障单身老人再婚权利，子女不得加以干涉。5）60 岁以上老人所享受的低保金、高龄老人生活补助金、口粮款等，由村组干部直接发放给老人本人。

第二十三条　本村举办公益事业，无劳动能力的残疾人不承担筹资筹劳义务。

第二十四条　增强环保意识，维护环境卫生，不准乱贴乱画，垃圾集中放置在村内指定地点。村两委负责执行《村规民约》具体条款，监委会负责监督落实。执行中若遇争议，首先由村两委协调，协调不成，可召开村民代表大会决定。

第二十五条　三分之一以上村民代表或十分之一以上村民联名可提议修订《村规民约》的具体条款。修订《村规民约》应遵循“四议两公开”程序。

第二十六条　本《村规民约》自村民代表大会表决通过之日起公示七天后生效，同时上报瓦里觉乡政府备案。本《村规民约》的解释权归且门村村两委。

且门村村民代表大会

2017 年 3 月 30 日

40. （四川省凉山彝族自治州越西县）瓦普莫乡依呷村村规民约[①]

根据村上实际，以法律为依据，特制定本村村规民约，以后两委班子带头，大家共同遵守，为把村上建设成一个平安、安定、和谐、致富村而共同努力，经村民大会讨论决定，特制定以下村规民约：

一、严禁把牲畜放进经济林和药用林地，如有放进并损毁者，按损坏林的市场价赔偿。

二、严禁在本村内参加法轮功及其他邪教组织，如有违反者，村两委进行教育，情节严重的移交司法机关处理。

三、不准有偷盗行为发生，一经发现赔偿偷盗物的市场价，并处罚金（偷盗物的 3 至 5 倍计算），情节严重移交司法机关处理。

四、护林防火人人有责，纵火或者无意引起火灾的，按情节轻重给予制裁或移交司法机关处理；严禁乱砍滥伐，轻者罚款损毁树的 3 至 5 倍市场价，并补栽，情节严重的交司法机关处理。

五、红白喜事，主张勤俭节约，坚决制止铺张浪费、大操大办，礼金不能超过 8 万，违者重处。

六、严禁分帮立派，不准大家支欺压小家支，情节恶劣的交司法机关处理。

---

① 李剑于 2018 年 12 月 20 日提供。

七、不准因修建房子等建筑占村道和组道，违者强令禁止或拆除，并处500元罚金。

八、秋收季节不准乱放猪、牛、羊，违者按所损坏农作物3至5倍赔偿。

九、计划生育是国家基本国策，每个公民必须遵守。凡我村计划外生育的，应主动缴纳社会抚养费到乡政府再去上户。

十、严禁破坏公共建筑及设施，违者处500至1000元罚款，情节严重的交司法机关处理。

十一、尊重和赡养老人，实行厚养薄葬，维护妇女儿童的合法权益，不得虐待老人和妇女儿童，全村形成尊老爱幼、家庭和谐的良好社会风气，对不遵守本条规定的村民，则由家支长者进行批评教育后交由村两委，责令改正，对构成违法犯罪的交司法机关处理。

十二、搞好家庭和村内卫生，爱护集体一草一木，保持环境洁净整洁，道路畅通，不得占道经营，乱丢垃圾。

十三、本村严禁有吸毒贩毒行为的发生，全体村民都有举报吸毒贩毒者的义务，对吸毒人员由家支监督戒毒，对不能戒毒的交由公安机关处理，对贩毒一经查实，立即送公安机关进行处理，对吸贩毒行为每年按民族习惯打鸡，予以约束制止。

本村规民约自村民代表会议通过之日起施行。

2017年3月30日

41. （四川省凉山彝族自治州）越西县瓦曲觉乡呷多村村规民约[①]

为加快我呷多村尽快脱贫奔康，维护好、发展好我村各项事业及保护村民生命财产安全不受侵犯，做到有章可循，有法可依，结合我村实际，特制定以下规定，纳入村规民约，请广大村民自觉执行。

一、遵守村民自治章程，执行村民会议或村民代表会议的决定、决议及村两委安排的各项工作。

二、维护集体利益。以村两委为核心，执行村两委的工作安排，以大局为重，个人利益服从集体利益。

三、自觉维护村内的社会秩序和安定，维护和珍惜本村荣誉。尊老爱幼，保护老人、妇女、儿童在社会和家庭生活中的合法权益。严禁虐待、遗弃、伤害老人、妇女和儿童，敢于同一切违法犯罪行为作斗争。

四、村民邻里发生纠纷或村民发生赡养纠纷时，由村调解委员会三天内进行调解，并力争做到纠纷不出村、矛盾不上交。

五、全体村民都有保护耕地的义务。村内任何组织和个人使用土地都应服从统一规划和调整，不得侵占、买卖或以其他形式非法转让土地。严禁荒废耕地，否则，除责令限期复耕外，报区人民政府依法收取复耕费。

六、全体村民都要保护环境卫生。各户实行“门前三

① 李剑于2018年12月20日提供。

包”，积极搞好家庭环境卫生。实行定点倾倒垃圾，坚决杜绝垃圾乱倒的现象。鼓励并提倡村民绿化、美化庭院。

七、学龄儿童和青少年依法接受教育，其法定监护人应保证子女接受九年制义务教育。家长要带头并加强子女的安全教育，注意用火、用电安全。村民外出要自觉遵守交通规则。

八、提倡勤俭节约，反对婚嫁、丧葬大操大办。积极支持殡葬改革，服从殡葬管理。革除丧葬陋习，讲科学，破迷信，除陋习，树新风，自觉遵守“火把节”“彝族年”节假日规定。

九、提倡勤俭节约。红白喜事，喜事新办，丧事从简，破除陈规旧俗，反对铺张浪费、反对大操大办，做到饮食安全卫生。（牛不得超出6头，彩礼金不得超出7万元人民币）

十、违反本村规民约的，除触犯法律的交由有关部门依法处理外，村民委员会可作出如下处理：

1. 予以批评教育；

2. 要求写出悔过书，并在村内通报；

3. 责令其恢复原状或作价赔偿；

4. 视情节给予经济处罚；

5. 取消享受或者暂缓享受低保、五保等各类救助资金待遇。

十一、本村规民约如有与国家法律、法规、政策相抵触的，按国家法律、法规、政策规定执行。

本村规民约自村民会议或村民代表会议通过之日起施行。

瓦曲觉乡呷多村村民委员会

2017年3月28日

42. （四川省凉山彝族自治州越西县）瓦岩乡秋林村村规民约[①]

为了推进我村脱贫攻坚工作的顺利进行，维护社会稳定，提高全体村民的生活质量，结合我村处于少数民族边远高山贫困地区的实际情况，经全体村民讨论通过并制定本村规民约。

（1）每个村民要学法、懂法、守法。

（2）村民之间要团结友爱，不打架，不酗酒滋事，不搬弄是非、造谣惑众。

（3）养成好的生活习惯，每家必须拥有餐桌、碗柜，从“地上吃”改为“桌上吃”，并清洗摆放好碗筷炊具。

（4）协助村干部及上级领导做好各项工作，不妨碍公务人员开展工作。遵守计划生育，注意野外用火。

（5）严禁偷盗国家、集体和个人财物。

（6）严禁吸毒、贩毒、制造和种植毒品。

（7）严禁铺张浪费、勤俭节约，嫁娶不能超过 6 万元、丧事不能超过 1 万元。

（8）严禁赌博，包括为赌博提供场地。

（9）不参与邪教组织、不搞封建迷信。

（10）对于违反国家法律法规的移送司法机关处理。

（11）本条约从制定之日起执行。

秋林村村民委员会

2017 年 3 月 27 日

① 李剑于 2018 年 12 月 20 日提供。

43.　（四川省凉山彝族自治州越西县）五里箐乡斯拉村村规民约①

为引导全体村民树立“爱国守法、明礼诚信、团结友爱、勤俭自强、敬业奉献”的基本道德观念，提高自我管理、自我教育、自我服务的自觉性和能力，努力把本村建设成“生产发展、生活宽裕、乡风文明、村容整洁、管理民主”的社会主义新农村，根据国家有关法律、法规和政策，制定本村规民约。

本规约具有村与村民、村民与村民之间的契约性质，对全体村民均有相同的约束力。全体村民都应当自觉遵守执行，任何人不得以在外经商、务工为由拒绝执行。居住本村的外来人员参照执行本规约。

第一条　违反规约，应承担相应责任。承担责任的方式：一、批评教育；二、赔礼道歉；三、写出悔过书；四、违约行为公示或通报；五、恢复原状或赔偿损失。

第二条　村民委员会对违反本规约的行为人作出处理决定前，除予以口头批评教育外，必须查明事实，收集证据，集体讨论。处理决定须以书面形式，应公平公正、合乎情理。处理决定和相关材料要全部存档。村委成员不得公报私仇，借此打击报复平时对自己有意见的村民。

第三条　本村的党员、干部和村民代表应当模范遵守和执

---

① 李剑于2018年12月20日提供。

行本规约。

第四条　全体村民特别是党员、干部、村民代表要见义勇为，一旦发现违反规约的行为，要大胆制止。对单独难以处置的情形，要及时报告村领导，以防事态扩大。村民委员会对见义勇为、大胆制止违反本规约行为者予以表扬和一定的物质奖励。

第五条　努力学习党的路线、方针、政策，关心新农村建设事业。自觉接受国家法律、法规和社会主义荣辱观及公民基本道德的教育，积极参加文化知识和专业技能培训，争做遵规守法、诚实守信的合格公民和勤劳致富、科技致富的新型农民。

第六条　热爱家乡，热爱集体，积极支持和配合各级党委、政府涉及农业、农村、农民的工作，自觉执行村党支部、村民委员会、村民会议和村民代表会议的有关决定、决议和规定。

第七条　自觉保护耕地，严禁荒废耕地。村内任何单位和个人使用土地都必须服从村的统一规划和调整，不得侵占、买卖或者以其他形式非法转让土地。未经批准，不得改变土地用途，不得擅自在自留地、承包地挖塘、挖砂、取土等。

第八条　村民建房应服从村庄建设规划，经村委会和有关部门批准，统一安排，不得擅自动工、违反规划或损害四邻利益，新房建好后，应拆除旧房的，必须及时拆除并退出旧的宅基地。

第九条　实行计划生育，鼓励一对夫妇只生一个孩子。育龄人员自觉采取避孕节育措施，已婚育龄妇女自觉参加环孕检。严禁计划外生育。

第十条　凡符合服兵役条件的村民，应积极参加兵役登记和体检。严禁不参加兵役登记、体检、故意做假体检不合格和拒绝应征入伍的行为。

第十一条　尊敬长辈，严禁虐待、打骂、遗弃等伤害老年人的行为。成年子女、继子女、养子女和其他赡养义务人及其配偶对基本丧失劳动力或无生活来源的父母、继父母、养父母和其他应赡养的老年人必须履行赡养义务。赡养支出不得低于本村村民的基本生活水平。

第十二条　爱护未成年人，重视未成年人的教育。父母、继父母、养父母等法定监护人对未成年子女、继子女、养子女必须履行抚养义务，并保证他们接受国家规定的义务教育。村组织鼓励家长培养子女上大学，对有子女上大学的家庭给予适当的物质奖励。

第十三条　实行男女平等，保护妇女在社会和家庭生活中的合法权益。丈夫不得以妻子无现金收入、只生女孩等种种理由打骂和虐待妻子。任何人不得剥夺已婚女子的合法继承权。丧偶女子有继承遗产和携带未成年子女再婚的权利。家庭生活中不得歧视女孩子。

第十四条　不得违反法定程序越级上访和聚众集体上访。不借口煽动群众到机关、学校、企业、事业单位、村民委员会办公地、他人住宅和公共场所起哄闹事、制造事端、扰乱社会治安秩序。

第十五条　不参加法轮功、呼喊派等邪教和非法宗教组织的活动。不利用迷信活动造谣惑众、骗财骗物。不得捏造虚假的事实欺骗群众，引发恐慌；不得诽谤他人、污辱他人人格。

第十六条　不随意在公路、村道上晾晒农作物和其他物品。不私设障碍影响交通。不损毁、移动公共指示标志、有线电视广播线路等公共设施。不损毁村机耕路、排灌水渠、水库闸门、村道路灯、花木草坪、办公物品、村务公开栏、自来水管、文化体育卫生设施和其他集体设施、集体财物。

第十七条　不盗伐国家、集体、他人的林木和损毁政府明令保护的珍稀树木。砍伐承包经营的山林，必须依法办理相关手续，严格按照审批的数量范围伐木，及时补种树苗。各家各户要积极植树造林，绿化环境。

第十八条　死禽、死畜要挖坑深埋，作无害化处理，生活垃圾要集中到村公共垃圾池。发现多数家禽家畜得病，要及时向村委会报告，以防发生大面积的疫情。猪圈、牛栏、厕所要勤清理，以免臭气、脏水污染环境。要注意饮食卫生，以防病从口入。禁止在集体和农户房屋外墙乱贴乱涂广告，应当保持整洁。

第十九条　生产生活和祭奠扫墓时，要严格控制火种火苗，严防火灾发生。田间、菜地、果园使用农药，应当设立明显的告示。灭鼠灭蟑用药，要放在小孩不宜发现的位置。果园、菜地不得乱拉电网。施工拉线接电应由电工师傅操作。

第二十条　相邻之间应当团结友善，以礼相待，碰到困难要互相帮助，不损害对方利益，不偷不损毁他人的财物。要管好自己的家禽家畜，防止自家家禽家畜损毁他人的农作物和伤害他人。家庭成员之间、村民之间发生民事纠纷，应本着团结友爱的原则平等协商解决，协商不成的可申请村调委会调解，也可依法向人民法院起诉。

第二十一条　红白喜事由红白喜事理事会管理，办宴席之前必须向村委会和红白喜事理事会报备，喜事新办，礼金不得超过 6 万元整，女方出嫁对歌时不得发红包，丧事从简，办宴席时杀牛不得超过 4 头，修新房和乔迁时不得办宴席，破除陈规旧俗，反对铺张浪费、反对大操大办。如有违反者必将严惩。要破除封建迷信，反对婚嫁、丧葬铺张浪费，提倡勤俭持家、节约办事。

第二十二条　严格执行殡葬法规，倡导生态殡葬，严禁乱葬乱埋。

第二十三条　村民对村干部执行公务有意见的，应当通过正常途径向其上级领导反映，不得污辱、诽谤、围攻和殴打执行公务的村干部。

第二十四条　凡违犯本规约的，除触犯有关法律应由政府有关部门实施行政处罚和司法机关追究刑事责任外，村民委员会有权根据客观事实和本规约第三条的规定，酌情对行为人作出相应的处理决定。

第二十五条　对损坏村集体财物、设施的行为人，责令恢复原状或赔偿损失。对拒不恢复原状或赔偿损失的，则在村公开栏上公示违反本规约的行为（或通过村广播向全村通报），并以村经济合作社（或村民委员会）的名义报请政府有关部门处理或向人民法院起诉。

第二十六条　凡有家庭成员违反本规约的，该家庭当年不能参加市、乡镇、村级各类先进推荐评比，同时不得享受村里的各项优惠待遇。

五里箐乡斯拉村村委会

2017 年 3 月 28 日

44. （四川省凉山彝族自治州越西县）西山乡大庆村村规民约[①]

越西县西山乡大庆村，幅员面积 15 平方公里，北面与瓦岩乡相接，南面与西山乡关马村相接，西面背靠阳糯雪山，东面与马母果村相接。村辖 2 个村民小组，全村居民均为彝族，总户数 171 户、780 人，劳动力 236 人，10 名党员，低保户 16 户、98 人，五保户 2 户、2 人，参加新农合人数为 780 人，参加新农保人数为 132 人，耕地 380 亩，主要种植玉米、土豆，退耕还林 2430 亩，养殖羊 260 只、黄牛 150 头、生猪 560 头。现有建档立卡贫困户 36 户、155 人，计划 2017 年全面脱贫。

经 2017 年 3 月 28 日村民大会讨论通过，制定本民约，望全体村民遵照执行。

1. 热爱中国共产党，热爱社会主义，热爱集体。

2. 认真学法、知法、守法，自觉做遵纪守法的好公民。

---

① 李剑于 2018 年 12 月 20 日提供。

3. 尊重和赡养老人，维护妇女儿童的合法权益，不得虐待老人和妇女儿童，形成尊老爱幼、家庭和谐的良好社会风气，对不遵守本条规定的村民，则由家支长者进行批评教育后交由村委会进行批评教育，责令改正，对构成违法犯罪的移交相关法律部门处理。

4. 勤俭持家，勤劳致富，移风易俗，严禁高额聘礼，除舅舅钱及民族习惯必须给的钱以外，本着精简的原则，喜事新办，违者与本村有关的惠民政策挂钩，延后享受，彩礼最高不得超过 5 万元；在丧事办理中，不得铺张浪费，杀牛不得超过 2 头，对超过 2 头的，由村委会收取所超费用的同等罚款作为村公益事业费用；出丧火化之日不得再分牛肉，要适可而止，不得铺张浪费。

5. 自觉遵守计划生育政策，坚持晚婚晚育、优生优育，严格按计划生育政策执行，对超生的，严格按照计生政策缴纳社会扶养费。

6. 搞好家庭和村内卫生，爱护集体一草一木，保持环境洁净、道路畅通，不得占道经营，乱丢垃圾，对占道经营的责令改正，对乱丢垃圾的收取 100 元的垃圾清扫费。

7. 本村严禁有吸毒贩毒的行为发生，全体村民都有举报吸贩毒的义务，对吸毒人员由家支监督戒毒，对不能戒毒的交由公安机关处理，对贩毒的一经查实，立即送公安机关进行处理，对吸贩毒行为按照家支禁毒会议制定的规章将其开除出本家支，本村村民及家支成员拒绝参加吸贩毒人员家庭的白喜事。

8. 艾滋病病人、感染者要配合医疗机构管理，正确使用安全套，避免不洁性行为。村民要积极宣传，不歧视感染者、病人，严格落实“四免一关怀”政策。

9. 本村严禁聚众赌博，一经发现家支及村委会及时制止，并进行批评教育，严禁聚众闹事、打架斗殴，如有此类现象发生，所有村民都有权及时进行制止，对因此造成的损失进行加倍处罚，对构成违法犯罪的及时移送公安机关。

10. 针对本村弱势群体、特困群众（如：五保、孤儿、特困儿童）在生产生活中存在困难，本村村民要力所能及提供帮助，村组干部及包点干部要制定执行一对一帮扶。

11. 本村村民应自觉遵守村民大会的决议，协助村两委搞好经济发展项目、一事一议工程等，苦干而不苦熬，积极带头勤劳致富。

12. 自觉缴纳水费、电费、卫生清洁费及各种公益费用。

13. 对本村适龄儿童及时送到学校就读，严禁以各种理由拒送适龄儿童入学，若出现适龄儿童辍学的严格按照六长责任制进行责任倒查，其中因村主任失职造成适龄儿童辍学，乡政府将结合年度考评考核实行一票否决制；若因家长原因造成适龄儿童辍学，将延迟享受一切惠民政策，待整改落实到位，经复查核实后，根据实际情况予以享受。

14. 本村村民自觉参加本村公益活动及公益劳动。

15. 本村村民严禁有偷盗行为的发生，一经查实以所盗物资的价值进行加倍处罚。对构成违法犯罪的及时移送公安机关进行处理；严禁将牲畜放到别人的庄稼地里，违者赔偿损失并加倍罚款。

16. 本村规民约自制定之日起执行。

西山乡大庆村

2017 年 3 月 28 日

45. （四川省凉山彝族自治州越西县新市镇）彩林村村规民约[①]

为促进我村的社会经济全面发展，确保社会稳定、邻里和睦、村民团结，促进广大村民精神文明和物质文明建设，提高广大村民的政治思想素质，增强广大村民法律法规意识和参与共同管理本村各项民生利益（的积极性），维护本村公共秩序，为广大村民营造良好的生产生活环境，经村两委及党员、群众代表共同商议，拟订以下村规民约，望广大村民自觉遵守，互相监督。

一、确保社会秩序稳定、人民安居乐业

1. 坚决禁止各种违法犯罪行为，确保社会秩序稳定，营造安定详和社会环境。

2. 严厉禁止各种违法犯罪行为，吸贩毒分子，一经发现严厉打击绝不姑息，并向公安机关举报，让犯罪分子没生存的空间。

3. 严厉打击诈骗分子，一经发现坚决制止，团结一心，

① 李剑于 2018 年 12 月 20 日提供。

不给诈骗分子留生存的土壤。

4. 杜绝邻里纠纷，尽量化解邻里矛盾，不准许以强欺弱，以富欺贫，营造平等互助的社会氛围。

5. 不准无事生非，严禁吵嘴打架，如出现吵嘴打架、邻里纠纷，要求调解委员会给予解调的，调解委员会收取纠纷双方各 100～200 元的调解费。

6. 严禁偷盗、抢劫和破坏农作物的行为，各家长要加强对自家子女教育和管理，爱护庄稼、不偷不抢。

7. 如有偷盗抢劫，一经查获，按偷抢东西的 50～100 倍价格罚款。如有破坏庄稼的以偷盗论处。未成年人由家长或监护人承担赔偿责任。

8. 犬只管理，为避免带病犬只与人交叉传染及犬只伤人造成不必要的矛盾纠纷，凡喂养犬只的农户尽量将自家的犬只拴养或圈养。否则造成后果自己负责。

二、环境卫生

1. 为有一个干净卫生的生活环境，经村两委决定自 2017 年 7 月 1 日起凡在本辖居住的人（包括外来户）必须交纳卫生清运费 100 元，由专人清运处理垃圾，垃圾清运只限生活垃圾，生产垃圾及其他垃圾自己解决（建筑垃圾）。

2. 凡在本辖区内居住的住户，必须缴纳生活垃圾清运费，没有特殊，没有例外，不得找任何借口拒交。

3. 如有无理取闹拒不交垃圾清运费者，由村两委组织村民代表、村组干部强制执行，如有还不服从者，可采取极端措施（或是断水断电，或是取消所有扶持补助政策，村上不予任何证明）。

4. 收取的付费和运费必须公开透明、专款专用，不得挪用它，必须张榜公示，如出现任何挪用或不合理开支一经查实坚决追究责任。

三、公共设施维护

1. 为确保农业生产的正常运行，广大村民有责任、有义务做好公共设施维护工作。

2. 本村内的所有沟、路必须保持畅通，不准将车停在村道上，不准将石块、杂草、垃圾等倒在沟里、路上，确保沟路畅通，如发现以上现象责令其清理干净恢复原样，如有不服从者视其情节处以相应罚款（罚款数额，下无底线，上不封顶）。

四、土地管理

1. 自2017年5月1日起未经村镇及相关部门审批同意的禁止在承包地上建房，如有违反者按国家的相关政策规定一律拆除，所有损失由本人承担。

2. 坚决禁止建房、占用集体的沟路，如有建房时占用沟边、路的一律禁止，如有不服从者，村两委及群众有权强行拆除，造成的全部损失由本人承担。

3. 保持沟路畅通，各家院坝、后园里公共水沟由各家负责保持畅通。如有填埋堵塞由涉事房主负责疏通，如造成其他农户房屋损毁或影响其他农户农作物生产的由涉事者负责赔偿受害农户的全部损失。

五、安全生产，护林防火

1. 严禁拖拉机、机动三轮车搭人，违者村两委有责任有权力对驾驶员进行批评教育，性质恶劣者，村两委有权对其处以适当的罚款。

2. 在林区有耕地的农户，要加强防火意识，严禁春冬两季在林区烧荒及烧地埂，避免引起火灾，对集体或其他农户造成不必要的损失，给自己增加不必要的麻烦。

3. 山上烟水配套灌溉用水水池严禁所有人去洗澡，有小孩户一定要加强管理小孩，不然出现任何意外均由自己承担后果。

六、计划生育

所有家庭要严格遵守并执行国家的计划生育政策，每户不分民族只准生两胎，自觉采取节育措施，杜绝超怀超生的现象发生。如有反计生政策的由村上协助上级计生部门，按国家规定收取超生款每胎4.6万元。

七、外来人口管理：确保一方平安，加强社会治安综合治理

1. 凡户口不在本乡本村的外来人口，来本辖区居住、暂住的，必须接受本村两委会的统一管理，“十户联保”给本村签订联保责任书。

2. 外来人口必须自觉遵守本村规民约上的全部条款。

3. 如外来人口，在本村出现偷、抢、吸贩毒，破坏本村公共设施，所养的牲畜（包括犬只）糟蹋农作物，一律从重处罚。

4. 如出现以上现象而不接受处罚，甚至无理取闹的，本村有权截断其生活用电及生活用水，性质恶劣造成不良影响或不良后果的将其驱逐出本辖区，没收其在本村非法购买的土地。

彩林村村民委员会

2017年3月30日

46. （四川省凉山彝族自治州）越西县新乡乡依觉村村规民约①

根据我村实际，为把村上建设成一个平安、安定、和谐、致富村而共同努力，经村民大会讨论决定，特制定以下村规民约：

一、严禁把牲畜放进经济林，如有放进并损毁者，按损坏林的市场价赔偿。

二、严禁在本村内参加法轮功及其他邪教组织，如有违反者，村两委进行教育，情节严重的移交司法机关处理。

三、不准有偷盗行为发生，一经发现赔偿偷盗物的市场价，并处罚金（按偷盗物的3至5倍计算），情节严重的移交司法机关处理。

四、护林防火人人有责，纵火或者无意引起火灾的，按情节轻重给予制裁或移交司法机关处理；严禁乱砍滥伐，轻者罚款损毁树的3至5倍市场价，并补栽，情节严重的交司法机关处理。

五、红白喜事，主张勤俭节约，坚决制止铺张浪费、大操

① 李剑于2018年12月20日提供。

大办，礼金不能超过 8 万，违者重处。

六、严禁分帮立派，不准大家支欺压小家支，情节恶劣的交司法机关处理。

七、不准因修建房子等建筑占村道和组道，违者强令禁止或拆除，并处 500 元罚金。

八、秋收季节不准乱放猪、牛、羊，违者按所损坏农作物 3 至 5 倍赔偿。

九、计划生育是国家基本国策，每个公民必须遵守。凡我村计划外生育的，应主动缴纳社会抚养费到乡政府再去上户。

十、严禁破坏公共建筑及设施，违者处 500 至 1000 元罚款，情节严重的交司法机关处理。

十一、尊重和赡养老人，实行厚养薄葬，维护妇女儿童的合法权益，不得虐待老人和妇女儿童，全村形成尊老爱幼、家庭和谐的良好社会风气，对不遵守本条规定的村民，则由家支长者进行批评教育后交由村两委，责令改正，对构成违法犯罪的交司法机关处理。

十二、搞好家庭和村内卫生，爱护集体一草一木，保持环境洁净整洁、道路畅通，不得占道经营、乱丢垃圾。

十三、本村严禁有吸毒贩毒行为的发生，全体村民都有举报吸毒贩毒者的义务，对吸毒人员由家支监督戒毒，对不能戒毒的交由公安机关处理，对贩毒一经查实，立即送公安机关进行处理，对吸贩毒行为每年按民族习惯打鸡，予以约束制止。

本村规民约自村民代表会议通过之日起施行。

2017 年 3 月 30 日

47.（四川省凉山彝族自治州越西县）依洛地坝乡依吉村村规民约①

为提高全村村民自我管理、自我教育、自我约束能力，树立良好的民风、村风，创造安居乐业的社会环境，促进经济发展，建设文明卫生新农村，加快构建和谐社会，根据国家法律、法规和有关政策规定，结合本村实际，经全体干部、党员、村民代表讨论通过制定本村村规民约。

第一条　自觉遵守计划生育政策，提倡晚婚晚育、少生优生，必须孕前体检，不违反计划生育政策，违者主动接受计生处罚。

第二条　提倡社会主义精神文明，移风易俗，喜事新办，不铺张浪费，丧事从简，按照彝族风俗，火化当天不再分肉。不搞陈规旧俗，反对邪教及其他不文明行为，树立良好的社会风尚。

第三条　维护全村社会和谐稳定，提高群防群治的意识，积极同偷盗、抢劫、纵火等犯罪行为作斗争。做到不贩毒、不吸毒，一旦发现要罚款两头牛再移送司法机关。自觉维护社会秩序和公共安全，不阻碍公务，违者追究责任。

第四条　进一步加强防艾意识，发放“禁毒防艾”资料，村民之间要做到互尊、互爱、互助，建立好邻里关系，和谐相处。

① 李剑于2018年12月20日提供。

第五条　积极开展文明卫生村建设，搞好公共卫生，加强村容村貌整治，严禁随地乱倒乱堆垃圾、秽物，修房盖屋余下的垃圾碎片应及时清理，柴草、粪土应定点堆放。

第六条　自觉做好用水、用电、用火等安全。自觉遵守并教育好子女，不要在塘堰和高压线附近玩耍，加强安全隐患排查，杜绝安全事故的发生。村民必须自觉遵守安全公约，不得违反，违反者造成损失的，后果自负。

第七条　严禁私自砍伐国家、集体或他人的林木，严禁损害他人庄稼、瓜果及其他农作物，加强牲畜看管，严禁放浪猪、牛、羊，违反者按村规民约处罚。

第八条　父母应尽抚养、教育未成年子女的义务，子女应尽赡养老人的义务，与老人分开居住的家庭成员，要经常回家看望老人，问候老人，不得虐待老人和子女，违反者经教育不改造成后果的，要承担法律责任。

第九条　遵守交通法规，自觉做到不超载、不超速、不无证驾驶和酒后驾驶，严禁非法运营电动车拉人，驾驶和乘坐摩托车要戴好安全头盔，下坡、弯道视线不明等路段，要低速行驶，确保自己和他人人身安全，如有违反者造成后果自负。

第十条　村民建房，自觉服从新农村整体规划，要经村委会和村镇规划所和有关部门批准，不得乱建乱搭，未经批准乱修乱搭的，造成经济损失的后果自负。

第十一条　严禁破坏庄稼，一旦发现无论是何种庄稼以每株 20 元罚款。

第十二条　按照县委县政府的要求，统一火把节和彝族年的过节时间。

第十三条　一旦有国家项目覆盖本村，全体村民积极配合支持。

依洛地坝乡依吉村村民委员会

2017年3月30日

48.（四川省凉山彝族自治州越西县）竹阿觉乡如宝村村规民约①

为了推进我村脱贫攻坚的工作顺利进行、维护社会稳定、提高全体村民的生活质量，结合我村处于少数民族边远高山贫困地区的实际情况，经全体村民讨论通过并制定本村规民约：

（1）每个村民要学法、懂法、守法。

（2）村民之间要团结友爱、不打架、不酗酒滋事、不搬弄是非、造谣惑众。

（3）养成好的生活习惯，每家必须拥有餐桌、碗柜，从“地上吃”改为“桌上吃”，并清洗摆放好碗筷炊具。

（4）协助村干部及上级领导做好各项工作，不妨碍公务人员开展工作。遵守计划生育，注意野外用火。

（5）严禁偷盗国家、集体和个人财物。

（6）严禁吸毒、贩毒、制造和种植毒品。

（7）严禁铺张浪费，勤俭节约、嫁娶不能超过6万元、

① 李剑于2018年12月20日提供。

丧事不能超过 1 万元。

（8）严禁赌博，包括为赌博提供场地。

（9）不参与邪教组织、不搞封建迷信。

（10）对于违反国家法律法规的移送司法机关处理。

（11）本条约从制定之日起执行。

竹阿觉乡如宝村村民委员会

2017 年 3 月 30 日

49. （四川省凉山彝族自治州越西县中所镇）顺利村村规民约[①]

为了保障顺利村村民的合法权益、正当利益不受侵害，维护农村健康、稳定的社会环境，促进农村经济快速发展，建设文明健康、卫生的新农村。经过“两委会”讨论研究，村民代表大会表决，群众大会通过，特制定顺利村村规民约如下：

一、每个村民须学法、知法、守法、和睦相处，不参加打架斗殴，聚众闹事，不得拨弄是非，诽谤他人，邻居之间应相互尊重、相互关心、相互支持、相互理解、团结友爱，共同维护社会秩序和公共安全。严禁偷盗、诈骗、哄抢集体或个人财产。严禁聚众赌博，严禁参加法轮功及反党活动、反社会主义的邪教组织。

① 李剑于 2018 年 12 月 20 日提供。

二、每户村民应教育好自己的子女，遵守法律、法规，不参加吸毒、贩毒等其他违法行为，认清毒品危害，遵守村规民约，爱护公共财产，公共财产属集体所有，任何人不得随意损坏、破坏，若无意损坏者必须照价赔偿，故意破坏者，除照价赔偿外，视情节处200~500元罚款，赔偿和罚款由当事人或监护人承担。

三、任何人不得以任何理由非法侵占集体道路公共场所，不得破坏水利、道路交通、代电通信、生产等公共设施，若不听劝告者，村民委员会召开民主议评会（社员代表会）通过表决终止办理一切村上事务，情节严重的移交司法机关处理。

四、严禁私自砍伐集体或他人树木，自己的树木属于退耕还林也需上报村委会同意，并上报上级党委政府批准，否则后果自负。

五、严禁偷盗、损坏、破坏他人庄稼、瓜果及农作物，严禁偷盗集体及私人财产，一经发现人赃俱获者除承担吃伙食的全部费用外，采取每株罚款200~1000元，瓜果、玉米、庄稼每个或每株20元罚款，鸡、猪、狗、鸭等家禽处200~500元罚款。

六、房屋转让或出租，必须上报村委会，并经村委会同意，不得自行做主转让或出租，如不听劝者，村委会可召开民主议事会（村民代表会），形成决议后将终止办理村上一切事务，并将对其实施断电、断水。

七、上山不带火，下岗不带青，每户村民应增强森林防火、防洪意识，村委会建立健全三项制度，每个村民都有责任和义务维护好森林，特别是春节上山祭祀和清明节祭祀严禁任何人带火、火炮、香蜡上山。若私自带上山引发火灾者，除赔偿损失外移交司法机关处理。

八、实行门前三包，积极开展文明、卫生活动建设，搞好公共卫生，加强村容、村貌整治，严禁在机耕道、村道等公共场所，他人房前、房后，他人地里乱倒垃圾。各家门口垃圾必须打扫干净，不得扫入沟里，不得将化粪池里粪便排入沟里，在本村进出境内种烤烟的农民不得将烟叶、地膜等杂物倒入他人地里，有上述情况者视情节处50～500元罚款。

九、在本村范围内居住的外村人员，适用此村规民约，必须严格遵守本村村规民约，若发现有偷盗、吸毒、贩毒等其他不法行为者，除驱逐出本村外移交司法机关处理。

十、严禁乱放猪、鸡、鸭、狗等其他牲口，先在十户联保组内协商解决，如协商解决不好转村调解委员会处理。

十一、为维护老年人的合法权益，弘扬中华民族尊老、敬老、养老的传统美德，促进家庭和睦、和谐，保障老年人的晚年生活，奉养老人须自觉履行自己的职责和义务，严禁对自己的老人不管、不顾、不关爱，严禁打骂老人、妇女、儿童。

十二、喜事新办、丧事从简，破除陈规陋习，反对铺张浪费。若发现违反本村村规民约行为者，全体村民有权制止，如在维护本村利益时，导致干部及村民受伤，除由肇事者全部承担费用外，另由村委会组织村民慰问和表彰并给以奖励。

以上村规民约望全体村民干部相互转告，自觉遵守，本村村规民约一式三份，本村一份，镇公安派出所一份，镇综汉

（治）办一份。

中所镇顺利村村民委员会

2017 年 3 月 31 日

50. （四川省凉山彝族自治州越西县越城镇）东城社区居民公约[①]

为了加强社会主义精神文明建设、搞好东城社区的社区管理，维护全体居民和社区单位的合法权益，维护小区公共环境和社会秩序，保障居民家庭和社区单位合法利益，根据《中华人民共和国城市居民委员会组织法》和有关法规、规章、规范性文件制定本公约，全体居民和社区单位均须自觉遵守。

第一章　居民的基本权利和义务

第一条　全体居民在社区党支部和社区居委会的带领下，坚持四项基本原则，坚持学习三个代表思想、坚持科学发展观，坚定不移地走社会主义道路，接受党的路线、方针、政策教育和法制教育，做一个有理想、有文化、遵纪守法的好公民。

第二条　居民在遵守法律、法规和依法制定的居民公约面前一律平等，除依法享有宪法和法律赋予的权利和同时必须履行义务外，还享有与承担以下的权利和义务。

---

① 李剑于 2018 年 12 月 20 日提供。

1. 居民按规定上交各项公益事业费和完成社区分配的义务工。

2. 居民要自觉维护社区内社会秩序的安定，维护和珍惜本社区荣誉，爱护集体财产，敢于同一切违法犯罪行为作斗争。

3. 居民对社区组织工作人员，有提出批评和建议的权利，对他们的违法失职行为，有向国家有关机关提出申述、控告、检举的权利，但是不得捏造或歪曲事实进行诬告。

第三条　居民在行使权利和义务的同时不得损害国家、社会、集体的利益和他人的合法权益。

第二章　婚姻与计划生育

第一条　实行婚姻自主、一夫一妻、男女平等制。

第二条　法定年龄双方凭身份证、户口簿自愿办理婚姻登记手续，领取结婚证。

第三条　禁止歧视、虐待、遗弃女婴，由此造成严重后果的报司法部门依法严厉处理。

第四条　对未婚先育、早婚早育、无准生证生育、非法同居或计划外超生子女所承担社会抚养费，按镇政府有关征收标准及时收缴。

第五条　提倡优生优育、婚前检查、孕前检查，生育二胎妇女应做好安环等节育措施。

第六条　积极协助社区开展计划生育工作，无故刁难、围攻、打骂计划生育工作人员，情节轻微的进行批评教育，造成严重后果和社会不良影响的交由相关部门依法追究责任。

第三章　社会治安综合治理

第一条　社区成立社会综合治理领导小组、调委会、暂住人口窗口、帮教小组、巡逻队。

第二条　治安管理

1. 严禁聚众斗殴、寻衅滋事采取其他手段扰乱公共秩序。加强本社区市场、学校、公路和娱乐场所的治安管理，维护公共秩序。

2. 严禁赌博活动，废除一切赌债，对摆赌场、设赌摊及参赌人员有权查禁取缔并责令写悔过书，通报批评，对违反治安管理处罚条例和犯罪的报公安司法机关处理，并对举报有功人员给予奖励。

3. 积极开展社会治安综合治理工作的宣传，禁止非法制作、传播、收看淫秽录像和对毒害身心健康的物品进行查禁，制止迷信活动，任何居民不得容留吸贩毒人员。

4. 严禁居民非法侵入他人住宅，殴打他人，毁坏公私财物，严禁偷盗公私财物，违者责令写悔过书，并退还财物或折价赔偿，情节较重的，报司法机关依法处理。

5. 经常对用水、用电设施进行安全检查，发现隐患，及时报告，采取措施，堵塞漏洞。

第四章　人民调解与信访维稳

第一条　建立健全调解组织，实行目标责任承包。每年调解主任要和社区综合（办）签订目标管理，“责任书”做到谁主管谁负责，确保组织人员、工作制度、报酬的三落实。

第二条　民事调解工作中，专人负责，党员干部、群众代表参与旁听，以示公平、公正、公开的办事制度，确实做好妇女、儿童、老年人的合法权益保护，依法依规处理好各种矛盾纠纷。

第三条　信访维稳工作需要广大的党员干部和社区居民共同参与，把信访工作作为重点工作，专人负责，只要属于正当的诉求理由的，热情接待，协助上级解决落实。不属于正当诉求的，要耐心劝导，依法依规做好解释工作，力争把信访、上访率降到年度最低。

第四条　坚持预防为主、调防结合方针，对申请调解的民间纠纷，一般须在受理后一个月内调解，做到纠纷不出社区，矛盾不上交，预防纠纷激化，矛盾在萌芽状态时化解。

第五条　对参与信访维稳或民事调解的工作人员及居民代表可给予适当的误餐补贴，根据占用时间进行相应的补偿。

第五章　交通安全管理

第一条　居民外出要自觉遵守交通规则，确保人身安全。

第二条　严禁机动车、船或人力三轮在本社区的路道、河道上乱停乱放，影响交通安全。

第六章　公共环境

在本辖区范围内，不得有下列行为。

1. 损坏绿化和随意砍伐树木。

2. 违反规定饲养家禽、家畜及宠物。

3. 占用或损坏房屋共用部位、共用设备、公共设施或移动共用设备。

4. 在楼院、平台、屋顶及道路或者其他场地搭建建筑物、构筑物。

5. 随意停放车辆，乱设摊、乱设集贸市场。

6. 随意堆杂物、丢弃垃圾、高空抛物。

7. 在建筑物、构筑物上乱张贴、乱涂写、乱刻画。

8. 传播封建迷信思想、有损社会公德行为。

9. 修练法轮功及组织、传播法轮等邪教。

10. 违反规定存放易燃、易爆、剧毒、放射性等物品和排放有毒、有害、危害物质。

11. 聚众喧闹、噪声扰民等危害公共利益或其他不道德行为。

12. 打架斗殴、聚众赌博、卖淫嫖娼、吸毒贩毒。

13. 法律、法规、规章禁止的其他行为。

14. 居民将房屋出租、出借时，要求使用人遵守法律、法规和本居民公约并及时到社区和派出所进行登记。

15. 居民或业主、物业使用人装修房屋，应遵守有关物业装修制度，并事先告知物业公司。装修房屋的建筑垃圾按指定的地点堆放，装修房屋不得影响、妨碍他人正常休息，造成他人损失的，应承担赔偿责任。

第七章　暂住人口与户籍迁入管理

第一条　外来人员到社区暂住一个月以上的，须在三天内持当地镇级证明和本人身份证及近期一寸免冠半身照片三张，到社区暂住人口管理窗口办理登记入册手续。

第二条　企事业单位和个体工商户雇佣外来人员的，由单位或户主负责办理暂住人口登记手续，登记时雇佣单位或个人要与社区暂住人口管理窗口，签订治安承包责任书，在规定期限内不申报登记，对用工单位或个人给予教育警告。

第三条　迁入社区的外来人员必须在辖区内有固定房产登记信息，并且有房产证或者其他证明房屋所有者的证明。

第四条　迁入本社区的外来人口，由原居住地派出所出具无犯罪记录证明和尿检证明。

第五条　除婚嫁、工作调动、学生户籍回迁外的户籍迁入，外县迁入人员每人收取500元服务管理费，此费用将用于社区公共设施建设。

第八章　帮教工作

第一条　建立矫正人员和违法青少年的帮教组织网络，帮教小组要定好帮教对象，制定帮教计划，落实帮教措施，做到责任到人、包干到底。

第二条　各部门要协助做好帮教工作，认真做好归正人员的工作安置，要经常开展对帮教对象的法制教育，进行耐心疏导，促进思想转化，预防和减少归正人员重新走上违法犯罪道路。

第九章　无物业小区治理与治安联防

第一条　针对无物业小区脏乱差治安防范，成立治理领导小组，发动党员、干部、群众共同参与治理。

第二条　党员代表、居民代表有义务参加进小区治理活动，对代表参加治理活动的工作量和工作时间应发放一定生活补贴。

第三条　各企业事业单位、个体工商户要切实加强门卫、值班、巡逻制度，凡本社区 18～50 周岁的男性居民，均有按社区巡逻计划参加巡逻的义务。

第十章　精神文明建设

第一条　开展尊老、爱老、敬老、助老活动，保护老年人、妇女、儿童的合法权益。

第二条　各户要求做好灭鼠、灭蟑螂、灭蚊蝇、改厕等家庭卫生方面工作的同时，实行“门前三包”积极配合清卫队搞好全社区环境卫生，坚决杜绝垃圾乱倒、家禽乱放的现象。

第三条　在不影响他人房屋采光、道路畅通的情况下大力提倡居民绿化庭院。

第四条　凡本社区适龄青年，都要踊跃报名参加社区应急民兵小分队，符合参加民兵条件的青年，应积极参加民兵组织和训练活动。

第五条　具有专业知识、技术、社区工作经验人员应主动参加社区志愿者服务队，积极参加社区组织的公益活动。

第十一章　民风民俗

第一条　提倡喜事新办，丧事从简，破除陈规旧俗，反对铺张浪费、反对大操大办。

第二条　提倡婚姻嫁娶自由，反对收取高额聘金、礼金。

第十二章　居民禁毒公约

第一条　东城社区居委会禁毒领导小组是社区居委会的常设机构，社区居民必须服从其工作管理，并积极支持开展工作，加强管、防结合，积极参与，监控帮教从毒品贩卖开始，执行举报有奖，对吸贩毒人员实行支部+家支+户联保。

第二条　社区居民要自觉遵守和学习国家有关禁毒方面的法律、法规及各项规章制度，提高拒毒、识毒、防毒能力，坚决做到不吸、不种、不制、不贩毒品。

第三条　不准为吸毒、贩毒人员提供条件，不准包庇涉毒违法犯罪活动，对他人的涉毒违法犯罪活动要主动向政府部门检举、揭发，并积极协助公安机关做好打击和惩治犯罪的工作。

第四条　要预防家庭成员涉毒，营造文明、温馨的家庭气氛，关注孩子的身心健康，并且应该响应有关部门的号召，积极参与创建“无毒社区”“无毒家庭”“不让毒品进我家”等各种活动，永做“无毒”家庭。

第十三章　志愿者管理

为创建卫生城市、文明城市，社区党员干部从我做起，居民积极参与，组织环境整治、交通文明劝导、敬老助残等志愿者队伍，服务于辖区居民群众。

每周二、周四对街道“牛皮癣”小广告进行清理，正确引导居民不乱倒垃圾，不随地吐痰，不占道经营、乱停乱放。

社区居民有参加各项公益劳动的义务，城镇低保对象每年必须参加三次以上的志愿者活动，不参加者，每次向社区缴纳人民币 100 元，作为环境治理的工作经费。

定期组织辖区党员干部、居民群众开展交通文明劝导、敬老助残服务活动。

本居民公约，经居民代表大会审议通过，自公布之日起生效。

越城镇东城社区

2017 年 3 月 28 日

51. （四川省凉山彝族自治州越西县普雄镇）普雄社区居民公约[1]

为推进“和谐社区建设、提高居民文明素质、促进社区经济全面发展、社会综合治安稳定”，把社区建设成文明、安定团结的居住区，根据《中华人民共和国城市居民委员会组织法》等有关法律规定，结合社区实际情况制定本公约。

一、本社区居住的居民、外来流动经商人员及驻社区境内

① 李剑于 2018 年 12 月 20 日提供。

的单位、企业或个人都必须遵守执行本公约并接受社区的监督管理。

二、本乡规民约坚持教育为主的原则。

三、居民间应团结互助、和睦相处，不打架斗殴、不酗酒滋事。不得从事或参与违法犯罪活动。不得涉及“黄、赌”恶习，不参加吸毒贩毒等涉毒行为，凡发现参与吸贩毒人员及时上报，移交公安机关处理。

四、爱护公共财产，不得损坏水利、电力、交通、学校、医院和社区办公室及火把广场等公共设施。凡损坏或偷盗的按原价的伍倍赔偿。

五、学法、知法、守法。不参加任何邪教和反动组织。自觉遵守《婚姻法》《妇女权益保障法》《未成年人保护法》，不超生，遵守国家的法律法规。邻里发生纠纷应调解处理，不能调解处理的要依靠社区或上级组织解决。对不听劝阻制造纠纷的当事人造成人身伤害或财产损坏的，必须承担全部医疗及相关费用，按实际财产损失的三倍进行补偿。

六、商户要诚信文明经商，不占道经营。

七、积极参与社区建设，搞好公共卫生和市容整洁。实现门前三包（包卫生、包绿化、包秩序）。做好安全隐患排查和防范，做好防火、防盗、防抢、防地质灾害工作。

八、凡雇佣或出租房屋给外来流动人员的，雇主或房屋出租户要检查其有效证件，并向自管小组长或社区报告备案登记。

九、如果有人到居民家中或商铺里酗酒闹事、敲诈勒索、打架斗殴或发现偷盗、抢窃者要一呼百应，每户在家人员必须出来对抗和制止以上违法乱纪行为，勇于同一切坏人坏事和不良行为作斗争。

十、在单位做个好职工；在家做个好家长；在校做个好学生；在社区做个好公民；响应政策号召履行公民义务。

十一、对违反上述条款者，每次必须向社区缴纳500元的公共建设基金，用于社区的公共建设。

本《居民公约》报：越西县民政局、普雄镇政府、普雄公安分局备案。

本《居民公约》自公告之日实施（由社区解释、监督、执行）

普雄镇普雄社区居委会：制

2017年3月30日

52.（四川省攀枝花市米易县草场乡）晃桥彝族村村规民约①

第一章　总则

第一条　为规范广大村民自觉参与我村社会事务的管理，把我村建设成为文明繁荣的社会主义新农村，特制定本村规

① 来自：http：//195417. cnlhzb. com/article26416，2020年1月27日最后访问。

民约。

第二条　本村规民约依照《中华人民共和国村民委员会组织法》《中华人民共和国治安管理处罚法》等国家的有关法律法规，联系本村实际和全体村民的意愿，经村民反复讨论修改，民主制定。

第三条　本村规民约在不违反国家法律、法规条件下，在本村范围内具有规范行为效力，无论党员、干部、群众都必须严格遵守。

第二章　村民的义务和权利

第四条　全体村民必须自觉地坚持四项基本原则，认真学习和执行党的路线、方针、政策，自觉遵守国家法律、法规，遵守本村规民约。按照村民小组长的安排，自觉参加每月一天的农民学习或科技培训。

第五条　认真履行村民义务，积极主动地缴纳水费和村民讨论通过的“一事一议”、项目建设集资等款项。

第六条　爱护集体财产和水利、交通等公益设施，维护他人合法财产。

第七条　保护妇女儿童的合法权益，自觉实行计划生育，不包办买卖婚姻，做到邻里和睦，严禁打架斗殴。

第八条　每个村民必须自觉参加村、社组织的水利建设、乡村公路维护等公益事业的投工投劳，若不参与者，按各社的实际情况，收取30~50元/日的义务工费。

第三章　村内事务管理

第九条　因民事纠纷引起的打架斗殴或损坏他人财物，违反村规民约的行为，情节轻微的，由社长调处。社长调处不服而要求上转村的，由社长提出书面意见转村调处，情节严重的送公安司法部门处理。

第十条　加强土地管理。招工、招干、结婚外嫁、死亡、农转非者，其承包地、自留地按《农村土地承包法》执行。

第十一条　加强人口和户籍管理。户口簿内登记入户人员的出生年月、性别、族别等项目一律不得私自更改，对故意涂改户口证件，假报户口或冒领他人户口证件、居民身份证，来人不办理暂住户口登记的，根据情节轻重处以 20 ~ 100 元罚款。

第十二条　有儿不能招女婿上门（儿子无赡养能力，或因升学等特殊情况，经社员大会讨论同意，报村、乡审批同意后方可招一女婿上门）；无儿有女者，只能招一女婿上门。

第十三条　认真贯彻执行《中华人民共和国婚姻法》《中华人民共和国人口与计划生育法》《四川省人口与计划生育条例》，自觉实行优生优育，转变生育观念，树立社会主义新风尚。严禁不履行结婚手续而非法同居、怀孕的丑恶现象发生；严禁虐待老人、妇女、儿童，严禁不承担抚养、赡养义务。若违反以上规定，除批评教育外，从重处罚。

第十四条　加强防火意识，严禁一切野外用火，对必要的生产用火，必须办理用火许可证。对不办理许可证者，处罚款

100～500 元/起的起火费。若违反规定而引发火灾，所造成的损失由肇事者承担一切责任，触犯刑法的，移交司法机关处理。

第十五条　认真贯彻执行《义务教育法》，尊师重教，自觉维护学校正常的教学秩序，严禁在校园范围内摆摊设点。凡适龄儿童必须自觉按时送其入学，在九年义务教育期内不得辍学。不能雇用童工，违者处 100～1000 元罚款。

第十六条　包产田地、自留地界，一律定为上管下，但交界处栽种的经济林木等，不能影响下边的庄稼。

第十七条　移风易俗，严禁在耕地内、公路边葬坟，对红白事不能大操大办和不能搞封建迷信活动。违反规定者给予 100～500 元罚款。

第十八条　落实守土有责，严禁将土地、房屋转卖给乡境外人员，坚决抵制“三无盲流人员”迁入本村境内，严禁“三无盲流人员”在本村境内毁林开荒、乱砍滥伐、违章搭建等。

第四章　村民事务及其他

第十九条　损坏公物、公共设施和他人财物者，除照价赔偿经济损失外，视其情节轻重，并处以 1～3 倍的罚款。

第二十条　侵占乡村便道公路、机耕道、水利设施等的行为，除责令限期恢复外并处以 100～1000 元的罚款。

第二十一条　倡导社会主义新风尚，严禁赌博、偷盗、贩毒，严禁出售或传播淫秽图画、录相和其他不健康的东西，坚决抵制法轮功等邪教组织。对非法所得的赃款、赃物全部移交公安机关，情节严重的送司法机关处理。

第二十二条　认真贯彻执行《森林法》，严禁乱砍滥伐、毁林开荒，违反者按相关法律法规从重处罚。

第二十三条　搞好邻里团结，严禁酒后闹事、无事生非、结伙斗殴、寻衅滋事、非法侵入他人住宅、辱骂及侮辱妇女或儿童等的行为，违反者处以50～200元罚款。

第二十四条　对村、社干部，检举人，证人打击报复的，故意伤害他人的，除赔礼道歉、赔偿一切损失外，处以100～500元罚款，情节严重的，移交司法机关处理。

第二十五条　对阻碍国家工作人员及村社干部执行公务，采取威胁等手段的，处以100～500元罚款。情节严重的，移交司法机关处理。

第二十六条　违反本村规民约给他人合法利益造成损失或损害的，一律由违反者负责赔偿损失和负担医疗、误工等费用。若违反者不满十六周岁或无民事行为能力的，由其家长或监护人负责。

第二十七条　对违反村规民约的当事人，坚持教育与处罚相结合的原则，具体由村民委员会、村调委会执行。

第二十八条　积极搞好环境卫生，严禁占用便道公路堆放垃圾、杂物、弃土等，死禽死畜必须远离水源深埋等无害化处理，违者除责令清除外，并处以100～500元罚款。若处理不及时造成疫情蔓延或传播，依据相关法律法规移交司法机关处理。

第二十九条　凡在我村界内，无论任何人（包括流动人口）违反本村规民约的，按本村规民约处理。

第三十条　对本村规民约未规定的其他事宜、事项，参照本村规民约条款处理，与国家法律、法规相抵触的，按法律、法规执行。

第三十一条　本村规民约经晃桥彝族村支部、村民委员会、村民会议讨论制定，全体村民自觉遵守执行。

本村规民约从2005年4月1日生效。本村规民约由晃桥彝族村村民委员会负责解释。

53.（四川省乐山市峨边县）黑竹沟镇底底古村就新型冠状病毒感染的肺炎之村规民约防疫防控[①]

一、在新型冠状病毒防疫防控当前，我村全体村民必须高度重视，在新型冠状病毒未解除之前任何村民不得传谣、信谣，不得存有惶恐天下不安之心，要相信科学。

二、在黑竹沟镇党委政府统一领导下，全村上下必须齐心协力，将新型冠状病毒的防疫防控工作摆在全村的中心工作之中。

三、在防疫防控工作未解除之前，从外地打工回家的村民，必须主动联系村组干部，村组干部结合实际联系相关医疗

① 来自：《黑竹沟镇：底底古村制订疫情防控村规民约》，http：//www.ebrd.gov.cn/nd.jsp？id＝1988，2020年2月13日最后访问。

卫生对进出人员进行相应的观察。

四、因农村居住分散的特殊性，为尽早打赢疫控战役，任何村民不得任意走人户、串邻居，不得出现五人以上聚在一起（家庭成员除外）。

五、底底古村共有四个小卖部，为方便村民在防疫防控期生活的需要，原则上小卖部不关门。到小卖部购买生产、生活用品的村民，要速购速回，不得三五成群地逗留在小卖部。

六、在防疫防控工作未解除之前，我村全体村民不得三五成群地聚集到公共场地中来（如上、下两个广场、禅驿酒店小广场等）。特别是外出务工返乡人员，在医学观察期间更不得走村入户。

七、在防疫防控期间村民们要勤洗手，出门时记住戴口罩，不能聚集在一起打牌、烤火。如有此情况可以拨打举报电话：0833—5276333。

八、这是全体村民在黑竹沟镇党委、政府和村两委的领导下“不要出门变为我坚决不出门”的防疫防控实际行动。

九、在防疫防控工作未解除前，任何村民不得居家做毕摩文化。

底底古村村支部委员会（章）

底底古村村民委员会（章）

2020 年 1 月 25 日

54. （贵州省毕节市黔西县杜鹃街道）大兴社区居规民约[1]

（2017 年 3 月 20 日社区居民代表大会会议通过）

为推进民主法制建设，维护社会稳定，树立良好的民风、村风，创造安居乐业的社会环境，促进社区经济发展，建设文明卫生新农村，经全体居民代表讨论通过，制定以下居规民约。

一、社会治安

1. 严禁任何单位和个人非法制造、经销、买卖和私藏管制刀具、火枪、凶器和危险物品等。严禁吸毒、贩毒。任何人不得以各种借口煽动群众到机关、学校、企业、居民委员会办公地、他人住宅起哄捣乱，闹事、制造事端，不得寻衅滋事，扰乱社会治安秩序。

2. 每个居民都要学法、知法、守法，自觉维护法律尊严，积极同一切违法犯罪行为作斗争。

3. 居民之间应团结友爱，和睦相处，不打架斗殴，不酗酒滋事，严禁侮辱、诽谤他人，严禁造谣惑众、搬弄是非。

4. 自觉维护社会秩序和公共安全，不扰乱公共秩序，不阻碍公务人员执行公务。

5. 严禁偷盗、敲诈、哄抢国家、集体、个人财物，严禁赌博、严禁替罪犯藏匿赃物。

---

① 高其才于 2019 年 7 月 11 日搜集。

6. 爱护公共财产，不得损坏水利、道路交通、供电、通信、生产等公共设施。

7. 严禁非法限制他人人身自由或非法侵犯他人住宅，不准隐匿、毁弃、私拆他人邮件。

8. 严禁私自砍伐国家、集体或他人的林木，严禁损害他人庄稼、瓜果及其他农作物，加强牲畜看管，严禁放浪猪、牛、羊。

9. 严禁非法生产、运输、储存和买卖爆炸物品，经销烟火爆竹等易爆物品须经公安机关等有关部门批准。不得私藏枪支弹药，拾得枪支弹药、爆炸物品须及时上交公安机关。

对违反上述社会治安条款者，触犯法律法规的，报送司法机关处理。尚未触犯刑律和治安管理处罚条例的，由社区批评教育，责令改正。

二、消防安全

1. 加强野外用火管理，严防山火发生。

2. 家庭用火做到人离火灭，严禁将易燃易爆物品堆放户内、寨内，定期检查、排除各种火灾隐患。

3. 加强村寨防火设施建设，定期检查消防池、消防水管和消防栓，保证消防用水正常。

4. 对村内、户内电线要定期检查，损坏的要请电工及时修理、更新，严禁乱拉乱接电线。

5. 加强居民尤其是少年儿童安全用火用电知识宣传教育，提高全体居民消防安全知识水平和意识。

三、村风民俗

1. 严禁传播淫秽物品，严禁卖淫嫖娼，严禁赌博和小偷小摸，反对迷信活动，严禁利用迷信活动造谣惑众，骗取财物。

2. 积极推行殡葬改革，服从殡葬管理。提倡勤俭节约，反对婚嫁、丧葬大操大办。红白喜事由红白喜事理事会管理，必须持有小组长签批的字据到社区登记申报审批，方可操办。喜事新办，丧事从简，破除陈规旧俗，反对铺张浪费，反对大操大办。白事家属必须到社区进行亡故人员信息登记后，按照黔西县殡葬管理条例相关政策申报办理，严禁违规治丧安葬。

3. 提倡社会主义精神文明，移风易俗，反对封建迷信及其他不文明行为，树立良好的民风、村风。

4. 不请神弄鬼或装神弄鬼，不搞封建迷信活动，不听、看、传淫秽书刊音像，不参加邪教组织。

5. 建立正常的人际关系，不搞宗派活动，反对家族主义。

6. 积极开展文明卫生社区建设，搞好公共卫生，加强村容村貌整治，严禁随地乱倒乱堆垃圾、秽物，修房盖屋余下的垃圾碎片应及时清理，柴草、粪土应定点堆放。

7. 居民建房应服从村庄建设规划，并按照规定程序申报，经居委会和上级有关部门批准，在领取《建房许可证》后，按批准的地点和面积施工建房。未经批准，不得擅自动工，不得违反规划或损害四邻利益。

违犯上述规定的给予批评教育，出具检讨书，情节严重的交上级有关部门处理。

四、邻里关系

1. 不得非法搜身，侵入他人住宅和限制他人人身自由，不准诽谤他人和侮辱妇女，邻里之间发生纠纷不得采用威胁、要挟的方法。对殴打他人造成伤害的，应赔偿医药费、误工费等，情节严重的，提请司法机关依法处理。

2. 居民之间要互尊、互爱、互助，和睦相处，建立良好的邻里关系。

3. 在生产、生活、社会交往过程中，应遵循平等、自愿、互惠互利的原则，发扬社会主义主义新风尚。

4. 邻里纠纷，应本着团结友爱的原则平等协商解决，协商不成的可申请居委会调解，也可以依法向人民法院起诉，树立依法维权意识，不得以牙还牙，以暴制暴。

五、婚姻家庭

1. 遵循婚姻自由、男女平等、一夫一妻、尊老爱幼的原则，建立团结和睦的家庭关系。

2. 婚姻大事由本人作主，反对包办干涉，男女青年结婚必须符合法定结婚年龄要求，提倡晚婚晚育。

3. 自觉遵守计划生育法律、法规、政策，实行计划生育，提倡优生优育，严禁无计划生育或超生。

4. 实行计划生育，提倡晚婚，对非法同居、非法怀孕和计划外生育者，对有辱骂、侮辱、殴打计划生育工作人员等行为者，按有关法制法规和政策严肃处理。

5. 夫妻地位平等，共同承担家务劳动，共同管理家庭财产，反对家庭暴力。

6. 要尊老爱幼，保护老人、妇女、儿童在社会和家庭生活中的合法权益，禁止虐待遗弃、伤害行为。任何人不得剥夺已婚女子的合法继承权。丧偶户女子有继承遗产和带户再婚的权利。

7. 父母应尽抚养、教育未成年子女的义务，禁止歧视、虐待、遗弃女婴，破除生男才能传宗接代的陋习。子女应尽赡养老人的义务，不得歧视、虐待老人。

8. 父母、继父母对未成年的子女、继子女和养子女必须依法履行抚养义务。成年子女、继子女、养子女及其配偶，对基本丧失劳动能力或无生活来源的父母、继父母、养父母必须依法履行赡养义务。

9. 居民发生赡养纠纷，由居委会进行调解，调解不成的，居民委员会支持被赡养人依法向人民法院提起诉讼。

六、留守儿童

1. 关爱保护农村留守儿童，根据国发〔2016〕13 号文件：国务院《关于加强农村留守儿童关爱保护工作的意见》，家庭、政府、学校尽职尽责，社会力量积极参与，加强对农村留守儿童的关爱保护。

2. 强化家庭监护主体责任。父母要依法履行对未成年子女的监护职责和抚养义务，外出务工人员要尽量携带未成年子女共同生活或父母一方留守照料，不得让不满 16 周岁的儿童脱离监护单独居住生活。

3. 外出务工人员要与留守未成年子女常联系，多见面，及时了解掌握他们的生活、学习和心里状况，给予更多亲情关爱。

4. 父母或受委托监护人不履行监护职责的，居民委员会、公安机关和有关部门要及时予以劝诫、制止；情节严重或造成严重后果的，公安等有关机关要依法追究其责任。

七、兵役登记

凡符合服兵役条件的本社区居民，都有服兵役的义务，应积极主动参加兵役登记、体检和应征，对逃避服兵役（包括参加初检、复检和检查合格拒绝服兵役的居民），按照有关法律和政策规定予以处理，情节严重的由有关部门依法追究法律责任。

八、集体财产

1. 全体居民均有保护耕地的义务，社区内任何组织和个人使用土地都应服从社区的统一规划和调整，不得侵占、买卖或者以其他形式非法转让土地。

2. 社区居民严禁荒废耕地，对荒废耕地者，除责令限期复耕种外，报上级部门（街道）收取抛荒费。

3. 不偷拿国家、集体、他人财物，不在公路、水域航道上设置障碍，不损毁、移动指示标志，不损毁机耕道路、排灌渠道、耕作机械等集体公共设施，不乱砍滥伐树木。

4. 社区居民要爱护公共财产，不准随意毁林开荒。

5. 任何居民杜绝占用集体财产。

6. 社区集体荒地、荒山，严禁任何单位和个人开垦种地，对于之前已开垦耕种的荒地，由农户自行耕管，任何个人和单位无荒山、荒地的转让权利。

7. 社区集体的荒山、林地、山塘属集体所有，任何个人不得私自占有、转让、出售，如重大项目建设及集体公益事业单位需征占的，若产生补偿的经济效益，社区提成50%，用于社区基础设施建设及集体公益事业，小组受益提成50%，用于本小组的公益事业，严禁分配给个人。

九、违反社区居规民约的，除触犯法律由有关门部依法处理外，居民委员会可作出如下处理：

1. 予以批评教育；

2. 责令其写出悔过书，用社区广播进行通报；

3. 责令其恢复原状或照价赔偿；

4. 视情况给予经济处罚；

5. 取消享受或者暂缓享受社区（或上级政府）的优惠待遇。

十、凡违反本居规民约要进行处理的，必须在调查核实后，经居民委员会（或居民代表会）集体讨论、决定，不得擅自处理。

十一、凡被依法处罚或违反本居规民约的居民，在本年度不评先进户、文明户、五好家庭户、遵纪守法户。外来人员在本社区居住的参照执行本居规民约。

十二、本居规民约有与国家法律、法规、政策相抵触的，按国家规定执行。

十三、本居规民约自2017年3月20日经大兴社区居民代表大会讨论一致同意通过，具有法律约束力，自2017年3月20日起施行，2014年2月25日居规民约同时废止，望广大居

民共同遵守，监督执行。

大兴社区居民委员会

大兴社区居务监督委员会

2017 年 3 月 20 日

55.　（云南省曲靖市马龙县马鸣乡）咨卡村村规民约[①]

为了使村民团结互助，提高思想政治和道德水平，增强法治观念，从而进一步搞好社会治安，减少违法犯罪的发生，村委会特制定以下公约：

一、村民要遵纪守法，自觉学习国家颁布的各项法律、法规，勇于同各种丑恶行为作斗争，做合格村民。

二、搞好户院联防，发现问题及时向村委会报告。

三、爱护公共设施，发现破坏行为时要主动上前制止、及时报告，自己无意损坏的要自觉及时修复。

四、自觉爱护林木、青苗，平时教育子女不折树枝、保护小树、不损坏农作物，看管好自己的家禽家畜，发生问题主动登门道歉。

五、家庭和睦，尊老爱幼，不虐待家庭成员，与邻里和睦相处。

六、村民发生纠纷要妥善处理，自己不能解决的主动报告

① 卢燕于 2015 年 11 月 29 日提供。制定时间约为 2013 年。

村委会，防止打架及其他违法现象发生。

七、以上各项村民要自觉遵守、自觉执行，违者视情节轻重酌情处罚。

56. （云南省红河哈尼族彝族自治州开远市乐白道街道办事处）红石岩村村规民约①

1. 不得共产党就不得我们呢幸福生活，我们要听党的话，跟党走，要爱国，爱我们呢家乡，爱集体。

2. 公家叫做呢事情要赶紧克做，有酿事情觉得不合呢好呢挨村干部和各级领导说，罢得不得就一大窝呢闹。②

3. 国家法律法规要认领，见着好人好事要敢说。

4. 不是自己呢东西不能偷也不能整烂，偷着要被抓呢，整烂么要赔呢。

5. 村子是我们呢家，大家要爱它，村子呢事么要关心，大家商量了干，叫扫地、干义务么赶紧克整，不克整要罚扫地。

6. 一个寨子呢人，和和气气呢，有哪样事呢，一家帮下一家。

7. 出克干活计，罢乱开荒，乱放火，放牛羊酿呢。

8. 在家用火用电么，要注意安全，不是会有危险呢，水

---

① 高其才于2020年1月27日从网络上搜集，网址：http：//society. yunnan. cn/html/2018 -03/30/content_ 5145016. htm，制定时间大概在2017年。用方言表达。

② “罢得不得就一大窝呢闹”意为闹纠纷。

电不能乱接。

9. 罢整封建迷信活动，罢参加邪教组织，罢装神弄鬼黑人，嫁姑娘讨媳妇办白事，要节约，租用公家呢桌椅碗筷，要按规定给钱，整烂要赔。

10. 结婚么不是要等到岁数再结，姑娘儿子喜欢么罢干涉，小娃么生两个就可以了，小娃好好呢领，个个小娃都要读书呢，不是长大样都认不得，两口子好好呢过，老人好好养养，哪个都有老呢一日，不是二日又后悔。

11. 寨子跟家的要爱干净，脏水罢乱倒乱淌，渣渣罢乱堆乱倒，不听么后果自负，要单个来整干净，老实过分呢罚款。

12. 这个村规民约么大家要遵守，这个寨子才会过呢好成酿。

57. （云南省大理白族自治州南涧彝族自治县碧溪乡回龙山村村委会）石龙村村规民约①

（2018 年 11 月 17 日经村民代表大会讨论通过）

第一条　为保障我村民小组的村民更好地实行村民自治，实现“自我管理，自我教育，自我服务，自我约束”，由村民依规办理自己的事情，创建和谐宜居美丽新农村，特制定此村规民约。

第二条　村民小组长、中共党员带领村民认真学习党在农

① 胡兴东于 2020 年 3 月 1 日提供。

村的政策和有关法律法规。

第三条　村民小组的事务处理做到公平、公开、公正，保障村民权益，为村民服务，接受村民监督。

第四条　全体村民遵纪守法，诚实守信，自觉遵守《村规民约》，积极参与村内各项集体活动，发现违法违规的人和事，敢于制止并及时向村委会报告。

第五条　全体村民自觉发扬传统美德，尊老爱幼、孝敬父母、保护妇女儿童合法权益。

第六条　村民之间团结友爱，和睦相处。

第七条　依法使用宅基地，服从村庄建设规划，不损害整体规划和邻里利益。

第八条　保护公路和公共活动场所，禁止占用公路晒谷、操办酒席、堆放建筑材料等。

第九条　禁止侵占、买卖集体土地。

第十条　遵守社会公德，自觉维护社会公共秩序。

第十一条　保护生态资源，禁止无合法手续砍伐及运输林木；禁止在林区草场等野外用火，防止森林火灾；不得侵占或私自开采矿产资源和水利资源等国有资源；爱护野生动植物，禁止捕杀野生动物。

第十二条　每个村民都必须养成良好的卫生与环保习惯，自觉维护环境卫生，按标准缴纳生活垃圾处理费用，自觉搞好公共卫生，保证村容整洁，本村活动场所由 3 户村民自由组合成清扫小组，逢周二、周六定期负责轮流包干清扫，房前屋后则严格按照“五包”，即包净化、包绿化、包亮化、包美化、包秩序，保持卫生整洁，做到垃圾不乱倒、粪土不乱堆、污水不乱流、柴草不乱放，保持家庭、村庄道路、河道清洁。每个村民都应积极参与和开展村组组织的卫生清理整治活动。

第十三条　通过村民代表在本村内选出卫生保洁员 1 名。保洁员负责全村环境卫生和水资源使用监督，定期清理垃圾堆放点垃圾，确保村内卫生整洁，村古井应坚持“先生活、后生产”原则，特别在干旱季节，禁止私压管道取水。

第十四条　提倡节俭操办红白喜事，反对大操大办。严格按照上级党委政府有关要求进行操办，由村民理事会和监事会负责执行和监督。

第十五条　反对封建迷信和非法宗教活动，打击邪教组织。

第十六条　严禁村民种毒、吸毒、贩毒。

第十七条　严禁低保户、特困人员、建档立卡贫困户在享受国家扶持、救济期间，家庭成员有参加打麻将等赌博活动、酗酒滋事等行为。一经查实，立即取消该户一切优惠待遇。

第十八条　村民自觉维护社会稳定，群防群治、严厉打击违法犯罪活动。

第十九条　凡违反国家法律法规、违反村规民约、影响村民小组的发展和形象、不参加集体公益事业的，取消各种评奖。

第二十条　本村规民约于 2018 年 11 月 17 日由村民代表会议讨论通过并施行。

石龙村村民小组

2018 年 11 月 17 日

58. （云南省玉溪市峨山彝族自治县双江镇）高平村村民委员会村规民约[1]

（1999年12月21日）

村规民约是村民自治活动中村民群众最基本的行为规范，村规民约的制定必须遵循合法、民主，结合本村实际的原则，维护和发展有利于社会主义物质文明和精神建设的社会关系和社会秩序。

一、要遵纪守法，尊老爱幼，尊师重教，用村规民约规范自己的行为，创建安定团结的社会环境，促进高平村两个文明建设的稳步、健康发展。

二、要自觉维护高平村的社会治安、公共秩序、环境卫生及村容村貌整洁。不准卖淫、嫖娼、赌博、吸毒、偷盗公私财物，不准破坏公共设施妨碍交通秩序、侮辱诽谤他人、酗酒滋事、打架斗殴。严禁非法限制他人的人身自由，侵犯他人的住宅和隐私。

三、要珍惜、合理利用、有效保护好森林、水源、土地、矿产等自然资源；严禁私自砍伐国家集体和他人的林木，严禁在水源保护区乱伐、乱开垦；严禁损坏庄稼，不准任意侵占集体的空地，不准在道路、街道两边堆放柴木、木料、粪草等妨碍交通的东西。严禁乱挖和盗卖集体矿石。

① 来自：马京主编，彝族调查组编写：《云南民族村寨调查 彝族 峨山双江镇高平村》，云南大学出版社2001年版，第204－207页。

四、认真遵守户口管理规定，出生、死亡要及时申报和注销。外来人员需要在本村短期居住的，应向村治保委汇报，并办理临时居住手续。

五、提倡社会主义精神文明，做到移风易俗，喜事新办，丧事从简，不搞铺张浪费、陈规陋习和封建迷信活动；建立正常的人际关系，不搞宗派和宗族势力；不准生产、传送、买卖封建迷信、淫秽、爆炸物品和其他违禁品。

六、私人建设用地，必须申请，上级正式批准办理手续后方可使用，不得私自占用征用，依法使用宅基地；新批宅基地按村、镇规划执行，不准损坏整体规划和四邻的利益，更不能影响公共设施以及交通要道。

七、要节约用水用电，严格管理，不准乱拉乱接和偷用电。

八、要认真贯彻人口基本国策，全村村民要遵循婚姻法、男女平等、婚姻自由、一夫一妻、尊老爱幼的原则，自觉做好计划生育和晚婚晚育，夫妻在家庭中的地位平等，反对男尊女卑思想，不准打架骂人，夫妻双方共同承担家务劳动，共同管理家庭财产。

九、对丧失劳动能力、无固定收入的老人，其子女必须尽赡养义务，生病就医、生活服务，由子女负担或承担费用；父母承担未成年或无生活能力子女的抚养教育，不准虐待儿童，不准使小学生辍学。

十、在村民的日常生活、交往、经营、借贷活动中要遵循平等、自愿、互利的原则，有关生产活动要服从村委会的安排。

十一、要种好承包田地，家畜造成他人庄稼或他人损害的，饲养或管理人员应负经济责任；没有或限制行为能力的人给他人造成损害的，监护人应负经济责任。

十二、邻里之间要相互尊重，相互帮助，相互理解，团结友爱，和睦相处。遇有纠纷发生，能自行调解的自行解决，不能的要依靠组织解决；不准制造事端，仗势欺人和强加于人。

十三、对违反以上村规民约的村民，本着说服教育的原则，并给予一定处罚处理。具体处罚标准为：

（一）偷鸡摸狗和盗窃实物者，发现一次按实物价的一倍罚款，经说服教育后不听劝阻或情节严重的，报送司法机关处理。

（二）触犯国家的法律法规的，报送司法机关处理；情节严重但尚未触犯刑律和治安处罚条例的，由村委会批评、教育外酌情罚款。对扰乱本村社会治安、违反《治安管理处罚条例》的，一律送司法机关处理。

（三）砍伐少量修房补漏林木的收取 20 元/m^3 成本费，滥砍乱伐一立方以上林木者按《森林法》处罚。盗卖的木料全部没收并按《森林法》规定处理。在规定的水源保护区滥砍滥伐者，一经发现，没收其林木并给予重罚。乱挖和盗卖集体矿石者，一经发现，按照《矿产资源法》给予处罚。

（四）破坏基础设施建设和公共设施、财物的，第一次发现将责令其修复，并视情节严重程度加以罚款，第二次发现或连续发现的送司法机关处理。

十四、村规民约由村委会制定，经村民代表会议讨论通过有效，由村民委员会或村民小组负责实施。

第四章　土家族地区村规民约

1.　（湖北省恩施土家族苗族自治州恩施市太阳河乡）村规民约①

一、遵纪守法

村民自治立规章，村规民约记心上。
条约本是大家定，人人遵守理应当。
党纪国法挺在前，制度你我不要犯。
学法守法会用法，违法乱纪要处罚。
国家建设新常态，依法治国正加快。

---

① 来自：《恩施市太阳河乡：村规民约“七字经”字字句句促和谐》，载搜狐网，网址：http：//www. sohu. com/a/240794747_ 100160019，2020 年 2 月 14 日最后访问。制定时间大概为 2018 年 7 月。

二、综治维稳

层级调处解纠纷，法律顾问进农村。

各类矛盾属地管，无理上访羞先人。

非访不是维权路，不去上级乱投诉。

矛盾纠纷先调处，调处不好再起诉。

不信邪教不传谣，赌毒不染家风好。

三、无事酒治理

闲来不整无事酒，无事整酒好丑陋。

违规整酒应处罚，食药安监出面查。

红白喜事要报告，整酒敛财不讨好。

烟花爆竹要禁放，陋习改掉都夸奖。

移风易俗新风气，全民参与好志气。

四、邻里关系

争来斗去两堵墙，让他三尺又何妨。

街坊邻里常相敬，远亲不如近相邻。

看好房门帮友邻，管好家人斗坏人。

团结友善亲邻里，重要事项要协商。

外出务工报组长，方便有事对你讲。

五、生态环境

生态环境保护好，清洁家园很重要。

采挖河石是违规，电鱼毒鱼是犯罪。

秸秆火土要禁烧，惹祸烧山要坐牢。

上坟祭祖要文明，牢记安全和环保。

垃圾污水不乱扔，乱砍滥伐要严惩。

六、乡村建设

土地流转守诚信，唯利是图是小人。

耕地保护是红线，不得违规乱搭建。

修房改屋要申请，两违建设会严惩。

惠农补贴明白账，土地撂荒不应当。

重大建设要配合，共同受益积德多。

七、民生保障

合作医疗是保障，依法缴费保健康。

社保政策老有靠，六十岁后多逍遥。

两费缴纳自觉交，不要干部上门讨。

医保不交有病了，莫求民政给低保。

惠民政策纵然多，懒汉等靠通不过。

八、科教文化村风民俗

自家娃娃要爱护，供读九年是义务。

踊跃送子服兵役，公民义务要谨记。

民歌之乡要传承，争做白豪太阳人。

星级文明在农村，评选条件有十星。

核心价值牢记心，共同践行守诚信。

九、扶贫帮困

家乡建设新农村，不忘初心感党恩。

精准脱贫是统领，帮扶对象须奋进。

党的政策惠民心，观念转变要先行。

干部帮扶虽应该，人穷不忘格式在。

扶贫济困献爱心，全乡一家心连心。

十、尊老爱幼

百善当以孝为先，一辈做给一辈看。

尊老爱幼好传统，太阳河人好家风。

妇女儿童受保护，留守人员要关注。

家里留守有老小，常打电话别忘了。

赡养老人是义务，欺老虐老会严处。

十一、计划生育

人口政策已出台，全面两孩已放开。

计划生育要搞好，宣传教育少不了。

生男生女不重要，优生优育早知道。

违法生育不允许，优质服务要参与。

婚育新风进万家，处处盛开文明花。

十二、道路交通安全

三无车辆你莫坐，一经出事悔不过。

交通安全常铭记，醉酒驾驶会刑拘。

四方一责要签订，交通检查好通行。

乡村道路是命脉，人人爱护都有责。

村组公路常管理，通畅干净利自己。

十三、公共设施保护、公益事业

爱国爱党爱村庄，热心公益有担当。

家事国事天下事，事事不要太自私。

塘库河堰大家管，蓄水保水图心安。

公益设施要爱惜，损毁公物法不许。

人畜饮水和公路，一事一议来管理。

十四、旅游发展

梭布石林名景区，旅游名片要珍惜。
石乳双峰省界上，各地旅客来观光。
李爸沟与茶山河，太阳旅游资源多。
全域旅游齐努力，人人个个都受益。
做好旅游大文章，美好太阳共开创。

2.　（湖北省恩施土家族苗族自治州）恩施市红土乡龙角坝村村规民约[①]

爱国爱党是首要，政治意识不动摇。
共享党的好政策，全靠党的好领导。
水电路网全覆盖，切莫私自来阻挠。
为人处事守法规，损人利己理不饶。
安全意识很重要，防火防汛又防盗。
电气设备勤检修，平安驾驶谨记牢。
坚决打击黄赌毒，黑恶势力把根刨。
破除陋习懂科学，远离迷信和邪教。
优生优育人为本，男女平等重家教。
家庭和睦万事兴，夫妻恩爱偕到老。

---

① 来自：《恩施州两篇村规民约入选全省优秀村规民约》，载恩师土家族苗族自治州民政局网，网址：http：//mzj. enshi. gov. cn/2019/0930/900744. shtml，2020 年 2 月 14 日最后访问。制定时间大概为 2018 年。

婆媳妯娌心连心，五好家庭用心造。
邻里团结如亲人，互帮互助多关照。
赡养父母尽孝道，重养轻葬方为好。
文明绿色祭祖宗，墓葬用地莫超标。
无事整酒不能搞，红白喜事从简操。
房前屋后勤打扫，垃圾分类莫乱抛。
科技创新重教育，勤劳致富是法宝。
节俭持家保小康，切忌懒惰去逍遥。
家容村貌要整洁，山清水秀共创造。
努力共创文明村，乡村振兴列前茅。

3. （湖北省恩施土家族苗族自治州恩施市红土乡红土溪村）村规民约“四句半”[①]

1. 各位同志大家好，我和你们聊一聊，今（儿）谈村规民约事，一项一项细细表，开搞！

2. 红土溪村百姓多，山清水秀人安乐，党的政策确实好，人人都唱喜气歌，听你说。

3. 孝敬父母礼为先，常言忠孝两难全，尊老爱幼传美德，合家欢乐笑开颜，孝为先。

4. 家庭和睦定生财，兄弟姊妹要有爱，团结友善亲邻里，

① 来自：《村规民约方言“四句半”约出文明乡风》，“魅力红土溪”微信公众号，2020年2月15日最后访问。制定时间大概为2017年7月。

自己矛盾自化解，想得开。

5. 层级调处解纠纷，无理上访羞先人，各类矛盾属地管，村安人和保一方，都平安。

6. 核心价值常记牢，不信邪教不传谣，共同践行守诚信，赌毒不染家风好，实在高。

7. 勤俭节约持好家，莫把五谷抛洒哒，一滴汗水一颗谷，耗财犹如浪推沙，可惜哒!

8. 婚丧嫁娶随风俗，闲来莫整无事酒，损人利己不讨好，你说到底丑不丑，丑丑丑。

9. 交通安全隐患多，三无车辆不能坐，酒后驾驶危险大，丢掉性命起车祸，哦嗬!

10. 消防安全进万家，和谐幸福你我他，护林防火要当先，严控火源最关键，经常念!

11. 耕地保护是红线，不得违规乱搭建，土地管理有规定，政策法规不能偏，不能偏。

12. 爱惜水源不污染，保护动物生态全，庭院出雅添美景，鸟语花香展新颜，换新天!

13. 青山绿水金银山，全域旅游大文章，人人个个都受益，美好生活共开创，攒劲干!

14. 六城同创美环境，车辆停放摆齐整，言行举止讲文明，村容整洁道路新，利国民。

15. 社会保障普惠及，农合社保老所依，扶孤助残显公德，生育奖扶见诚意，(大拇指) 这好滴!

16. 精准脱贫政策好，村民不能等靠要，“五个一批”真落实，撸起袖子加油搞，不得了。

17. 参军卫国要争先，军民团结紧相连，拥军爱民当模范，国泰民安奔小康，响当当。

18. 党的建设时时抓，理想信念莫忘哒，不忘初心保传统，干部作风顶呱呱，顶呱呱！

19. 东一扯来西一拉，情况现象都说哒，晓得大家弄个（怎么）说，倾听意见说真话，笑哈哈！

20. 村有规来民有约，逐字逐句对照做，强村富民争创优，携手共圆中国梦，你我他！

4. （湖北省恩施土家族苗族自治州鹤峰县邬阳乡）石龙寨村村规民约①

为了提高全体村民自我管理、自我教育、自我约束的能力，促进全村经济社会安定团结建设，根据《中华人民共和国宪法》《中华人民共和国村民委员会组织法》的相关规定，结合《中共鹤峰县第十四届委员会第二次会议关于着力提升全民素质切实创优发展环境的决议（草案）》精神，按照打造“美丽鹤峰”、争做“美丽鹤峰人”，着力实现“四新八无”目标（即倡导新风尚、发展新文化、培育新公民、建设新家园；无非法上访，无阻扰施工，无安全责任事故，无政策外生育，无违规整酒，无违规建房，无群体性事件，无重大治安、刑事案件），经全体

① 高其才于2018年12月27日搜集。制定时间大概为2013年。

村民认真讨论，特将《村规民约》修订并予以公告。

第一章　村风文明管理

第一条　每个村民必须树立爱国、敬业、诚信、友善的良好品格，养成比、学、赶、帮的良好习惯，相信科学，破除迷信，不参与邪教组织和一切违法犯罪行为。

第二条　举止文明，为人友善，道德高尚，行为规范，衣着整洁，热情好客，做情操高雅的新型农民，全体村民要加强民族团结，实现全民族的和谐、稳定发展，把石龙寨建成湖北省少数民族特色村寨。

第三条　村民之间要互敬、互爱、互助、和睦相处，做到大事讲让步、小事不计较，建立良好的和睦友好邻里关系。

第四条　保护环境，讲究卫生，做到室内外物品放置有序，整洁卫生。村委会每季度组织卫生状况评比，对不卫生的户给予通报。

第五条　爱护公共财产，不得损坏水利、道路交通、供电通信、生产生活等公共设施，不得以任何不正当手段将国家集体及他人财产据为己有。

第六条　不打架斗殴，不寻衅滋事，不辱侮辱、诽谤他人，不造谣惑众、拨弄是非。

第七条　村民有赡养老人和扶养教育子女的义务，禁止使用家庭暴力，不准歧视和虐待家庭成员。

第八条　村民要积极参加乡、村组织的各种会议，支持和配合村委会的工作，自觉完成落实到各户的工作任务。

第九条　组织积极向上的文体娱乐活动，让民族文化走进校园。严禁开设赌场聚众赌博，严禁打牌赌博，违者报公安机关处理，对举报人予以奖励。

第十条　要树立正确的人生观、价值观，不搞封建迷信活动。不听、看、传淫秽书刊音像制品。不参加小团伙、派别、宗族势力和黑社会组织活动。

第十一条　严禁操办除婚丧嫁娶以外的一切酒席，除丧事外，其他酒席的申报一律实行书面申报制，经村委会审查，符合有关条件，签订安全责任书后方可办理。提倡移风易俗，喜事简办。

第十二条　对违规操办酒席者，对操办者处罚款 500 ~ 1000 元，对总管处罚款 100 ~ 200 元，对酒席服务人员每人处罚款 50 ~ 100 元。

第十三条　不准参与除婚丧嫁娶外的酒宴及相关的人情往来。

第十四条　积极参与支持“十星级文明户”建设活动，得满星的，将予以物质及荣誉奖励，凡是年末评比在“六颗星”以下的，取消该户家庭成员所有政治荣誉奖励，评比表模、当兵、升学、职务晋级等一律以政审不合格论处。

第二章　基础设施建设和管理

第十五条　积极支持国家在本村范围内的道路、电力、水利、国土整治等基础设施建设，有事合理诉求依法依规协商解决，不得出难题，甚至阻扰施工，因违反造成损失须赔偿。

第十六条　农村家庭使用的人畜饮水管道设施和用电线路设施的占地和地面管护，在本村内需无偿提供方便，并共同维护和管理。

第十七条　通村、通组公路建设占地，农户须无偿提供，地面附着物由农户无偿自行清理保管，并不得影响施工。因违反造成损失须赔偿且村委会将给予书面通报批评。

第十八条　人畜经常出入的便道不得占用，并保持畅通，田间地头生产通道按照常规性保持畅通，如公益性、集体性建设出入搬运材料等，要无偿提供。田、土坎界只许用刀割，不准有挖铲和破坏性行为。

第三章　综治安全管理

第十九条　增强法律意识，强化法制观念，自觉接受普法教育，做到人人学法、守法、用法、护法，积极检举揭发违法犯罪行为，维护社会稳定。

第二十条　树立高度的国家安全意识，严防“法轮功”、“门徒会”等邪教组织不法份子的破坏和捣乱活动。要有高度警惕意识，发现有诈骗、造假和冒名等动态可疑的人及时向村委会报告。

第二十一条　严禁在公共场所、办公场所、民房住宅等地持械闹事、借酒发疯、打架斗殴。

第二十二条　非法生产和经营烟花爆竹等易燃易爆物品的活动。自觉遵守乡人民政府限放烟花爆竹的相关规定。

第二十三条　自觉遵守交通规则，严禁村民行车必须

“三证”齐全（驾驶证、行车证、保险证），驾驶人员驾驶车辆不得超员、超载、超速。村民要自觉不乘着“三无”、“三超”车辆，违背以上行为，给予500元至1000元罚款。村民乘坐非法车辆导致安全事故，相关责任自行承担。

第二十四条　加强野外用火管理，革除烧火粪陋习，严防山火发生。村寨院落注意防火防盗安全，必须清理排除各种安全隐患。凡是肇事者必须承担其全部责任。

第二十五条　村组内及家庭发生任何火灾及其他事故，全民都要有高度的使命感，必须服从调度和指挥，对组织不动者或煽动人心有意回避者给予相应的处罚。

第二十六条　严格执行《土地管理法》和《森林法》，不允许乱砍乱伐、乱占滥用、批少占多、批甲用乙等违规操作行为。村民建房应服从村庄规划建设，本村户籍人口的迁居在规划区内建房优先办理审批手续。外村户籍人口迁居必须取得当地组织和村民的认可，方能建房居住，对村户籍人口迁入，不得收受任何费用。

第二十七条　农村土地承包者只有从事农业生产的使用权，没有所有权。在土地承包期间，只要承包户按合同经营，承包关系不变，若因公益事业、集体事业需要征用土地，按《土地管理法》有关规定完善相关手续，任何单位和个人不能随意阻扰。

第二十八条　加强农作物的管理，防控农业生产损失，严禁人和牲畜践踏庄稼，管好自家的小孩和精神病人以及牲畜，对造成实际损害的，轻者批评教育，造成损失的，赔偿直接经济损失。

第二十九条　邻里纠纷，应本着团结友爱的原则，公平合理解决。

第三十条　本村一般性民间纠纷，先由村民组长及时调解处理，处理不了的，由村调解委员会出面调解，对久拖不决难以调解和当事人横蛮无理纠缠不清的调解案件，村调解委员会可以据情作出调解意见，当事人不服，可在15日内申请上级政府复议或向人民法院起诉，超过时效的，村委会按调解意见执行。尽一切努力将矛盾化解在基层，做到“小事不出组，大事不出村”。

第三十一条　严格依法信访，村接到信访能答复的及时办理，做好解释工作，不允许违法上访和群体性上访，违者依法追究其策划者和组织者的责任。

第三十二条　醉酒者在醉酒状态中，村委会不予接待办理其日常事务。

第四章　人口与计划生育管理

第三十三条　全村公民应自觉学习和遵守《中华人民共和国人口与计划生育法》《中华人民共和国婚姻法》《湖北省人口与计划生育工作条例》《恩施土家族苗族自治州人口与计划生育条例》等法律法规，自觉履行计划生育义务，为稳定低生育水平作贡献。

第三十四条　本村的中共党员、党代表、村组干部、教师、退休干部、计生协会会员、村民代表、人大代表等，应带头实行计划生育，积极参与村委会组织的生育文明建设活动，教育子女、亲属自觉遵守相关的计划生育政策、法律、法规，履行好计划生育义务，弘扬婚育新风尚，争做生育文明的典范。

第三十五条　男女双方达到法定年龄结婚时，应主动申请办理一孩《生育服务证》后怀孕生育子女；符合条件可再生育一个子女的，应办理《生育服务证》后怀孕生育子女。怀孕后必须在3个月内向村委会报告，小孩出生后，当月底前必须向村委会如实报告小孩的姓名、性别、出生时间（阳历时间）、出生地点、生产类别。不按时报告的，予以书面通报批评。

第三十六条　本村村民在怀孕期间，禁止非医学需要的胎儿性别鉴定，禁止非医学需要的人工终止妊娠（不含政策外怀孕对象）。

第三十七条　当年生育对象应积极主动落实长效节育措施。顺产生育的三个月内、剖宫产生育的七个月内主动到有资质的医院或计生技术服务机构落实以上环为主的长效节育措施。并按规定享受乡人民政府的奖励。

第三十八条　申请在本村上户的小孩，其父母一方必须出示落实长效措施的证明单，方可办理上户手续。本村家庭成员中，如有死亡情况发生的，必须在当月内，到派出所注销户口。

第三十九条　村民不得收留、隐瞒计划外怀孕和计划外生育人员，不得非法收养或捡养小孩。情节轻微的，村委会将通报批评一次；情节严重的，按政策外生育标准，申请人口计生行政部门征收社会抚养费。

第四十条　建立关爱女孩长效机制。村委会对当年考入重点一类大学的计生家庭户子女奖励500元，独女户、双女户家庭奖励翻倍。严禁歧视、辱骂、排斥双女户或独女户。如有发生，一经查实，责令其赔礼道歉，并通报批评一次。

第四十一条　外来流动人口在本村区域内务工的，必须在当月内，主动到村委会申报登记，用工单位或村民个人务必配合有关单位加强流动人口管理，查验流动人口的身份证，属已婚育龄妇女的要查验《流动人口婚育证明》。村委会如发现用工单位或村民个人家庭中，出现政策外怀孕或生育未上报的，处以该单位或该户1000元的罚款，对村民个人书面通报批评。

第四十二条　跨县以上流出的本村育龄人员，流出后要向村委会报告在外的可靠联系方式，一旦有事，村委会便于找本人直接联系；育龄妇女流出前必须办理《流动人口婚育证明》；对外出半年以上不履行计划生育义务的夫妻，如出现计划外生育，对该户在村里办理一切手续时，实行初审否决权，并书面通报批评。

第五章　其他

第四十三条　凡违反本村规民约，除在条约中有明确规定的外，村委会可视其情节作出如下处理：

1. 予以批评教育；

2．责令写出悔过书，张贴通报；

3．责令其恢复原状或作价赔偿；

4．追究其因不当行为造成的国家集体及他人的经济损失；

5．取消或暂缓享受未普遍享受的相关优惠待遇；

6．违反本村规民约，明知有错又不改正的，来自上级政府、部门及其他群团组织的一切政治荣誉，村委会将建议政法综治部门予以一票否决；

7．违反本村规民约，给村级集体荣誉造成极坏影响，情节严重的，其家庭成员招工、招干、入伍、升学，其政审时，村一级将暂缓签字盖章。

第四十四条　外来人员在本村居住的参照执行本村规民约。

第四十五条　本村规民约有与国家法律法规政策相抵触的，按国家法律法规执行。

第四十六条　按村规民约收取的罚款用于本村公益事业或救助品学兼优的贫困生，或用于关爱女孩活动，接受村民监督。

第四十七条　本村规民约自村民会议讨论通过之后施行。

第四十八条　本村规民约由村民委员会或村民小组组织实施，由村民委员会负责解释。

5. （湖北省恩施土家族苗族自治州）利川市忠路镇综合村村规民约[①]

（2012年4月7日修订通过）

一、鼓励村民大力兴办民营企业，积极发展个体工商业。在经营活动中，要做到文明经商，合法经营，公平竞争，礼貌待人。坚决反对和制止拉帮结伙、欺行霸市、强买强卖等违法行为，积极协助公安机关打击黑恶势力。

二、村民要热心支持公益事业，积极参加捐赠公益事业，凡在本村范围内的公路沿线，因建设需要扩宽路面，占用的土地面积，农户要自觉让出支持道路建设。除承包地以外的土地，不给任何补偿，不得无理取闹，更不得防碍建设施工。

三、树立尊老爱幼，敬婆爱媳，妯娌和睦，街邻互助的新风尚。反对虐待家庭成员，不赡养老人，不送子女上学，搬弄是非造成邻里矛盾等行为。坚决反对违规整酒，对违规整酒者将取消国家的一切惠农政策。提倡喜事新办，丧事从简，反对大操大办。反对封建迷信活动，积极协助公安机关打击参加“邪教组织”和“反动组织”的违法行为。

四、尊师重教，科技兴农，科技兴村，树立尊重知识、尊重人才的良好风气。积极开展文明健康的文化娱乐活动，不侮辱诽谤他人，不寻衅滋事，不传播淫秽物品，不参与赌博活

① 来自：恩施新闻网，网址：http：//www. enshi. cn，2014年7月23日最后访问。

动。对家庭成员涉及上述违法行为的家庭，不得纳入本村“低保户”和“十星级文明户”的评审。

6.（湖北省恩施土家族苗族自治州利川市南坪镇）黄田村村规民约①

一、主动学习，每位村民都要认真学习掌握国家基本的法律、政策和科学文化知识。

二、技能致富，每位村民都要积极参加技术培训和科普活动，每家至少一人掌握一门以上的实用技术，每家至少有一个以上比较稳定的生产发展项目。

三、履行义务，每位18岁至60岁有劳动能力的男性村民，18岁至55岁有劳动能力的女性村民，每年至少出一个义务工参与村公益事业，因故不能出义务工的，以村人平数以赈代工或每年栽种三棵行道树，所有村民均需履行国家法定的纳税、服兵役、抗灾救灾等义务。

四、孝敬老人，对家中60岁以上的老人，每名子女每年须奉送不少于300斤稻谷的口粮，不少于500元的零用钱；老人生病，子女应及时送医治疗并照料，确保老人有房住，有衣穿，有饭吃，能看病，在外工作的子女每人每年至少回家探望一次老人，每周至少与老人通一次电话，春节、端午节、中秋

① 来自：《黄田村村规民约》，载“利川致良知”微信公众号，2018年5月14日最后访问。制定时间大概为2016年。

节、重阳节、老人生日需问候老人，如有违背，第一次村委个别提醒，第二次全村公开批评。

五、关爱小孩，父母要确保未成年子女完成 9 年义务教育，外出务工的父母对留守的未成年子女，每周至少通两次电话，每学期至少回家团聚一次，与老师至少沟通一次，尽到监护照料、关爱保护责任，如有违背，第一次村委个别提醒，第二次全村公开批评。

六、诚实守信，说老实话，做老实事，做老实人，不说有损黄田声誉的话，不做有损黄田形象的事，重约守信，按时偿还银行贷款和他人财物，足额缴纳水费。如有掺杂作假、坑蒙拐骗、敲诈勒索等行为，受到司法、行政机关处罚的村民，全村公开批评。

七、共创平安，不参与黄、赌、毒、邪教等非法行为，不骂人、不打架；不造谣、信谣、传谣，不损害公共财物；不无证驾驶；不露天焚烧秸秆、垃圾；不乱拉乱接自来水管，不使用自来水灌溉鱼塘、农田；村民有义务向村委会和公安机关举报他人违法违纪行为，并与其进行斗争。

八、凡建必报，在自家宅基地翻盖住房，要报村、乡备案；在宅基地扩建住房面积，在村组其他地域选址修建住房，要逐级报村、乡、市批准，先批后建；未批私建的，报请市政府职能部门依法拆除；村组公共区域，不准私自搭建任何建筑，一经发现，限当日拆除，全村公开批评。

九、讲究卫生，各组要做到通组路干净，河、沟、渠通畅，无乱搭乱建；不乱扔死亡的牲畜、家禽（用生石灰深理）；各户要做到“六净一齐”（门前净、厅堂净、卧室净、厨房净、厕所净、个人卫生净和屋内外摆放整齐），各户外墙周边 10 米内的卫生由自家负责扫净，生活垃圾装袋固定放置；护路保洁员负责公共卫生区域清扫，垃圾收集；红白喜事产生的垃圾，当事人及时清理，组长负责监督，村委会每季度检查评比通报一次环境卫生情况。

十、健美生活，每位村民都应该追求健美生活方式，积极参与读书、盆景、书画、根雕等健康向上的文化生活，积极参加广场舞、太极拳等健美活动，不断提升生活品味，丰富生活情趣。60 岁以下身体健康的村民，特别是贫困户村民，在劳作时间进行带有输赢的打麻将、玩扑克等娱乐活动，全村公开批评。

本村规民约经村民代表大会通过，解释权归村委会，对违反村规民约的村民，除按上述条约中规定的全村公开批评外，还将纳入黑名单管理，整改期限半年，在整改期限内不享受村集体经济相关优惠条件，一年内不得参与评优活动。

7. （湖北省恩施土家族苗族自治州利川市汪营镇）清江村村规民约①

为弘扬中华民族传统美德，树立良好的村风民风，推进全

① 来自：《清江村村规民约》，载“清江源头第一村”微信公众号，2018 年 7 月 20 日最后访问。制定时间大概为 2017 年。

村精神文明建设，创造积极向上、创优争先、安居乐业的良好氛围，建设产业兴旺、生态宜居、乡风文明、治理有效、生活富裕的美丽乡村，特制定清江村村规民约，请全村村民遵照执行。

一、总则

爱党爱国爱清江，邻里和睦多谦让。

尊老爱幼守法规，勤劳致富享安康。

二、细则

1. 热爱中国共产党，牢记党的恩情，常怀感恩之心；

2. 热爱祖国，热爱人民，家是最小国，国是千万家；

3. 热爱清江河，热爱清江村，乐做清江人；

4. 保护生态环境，爱护公共设施，维护集体利益；

5. 邻里之间和睦相处，遇到困难互帮互助；

6. 妥善处理邻里纠纷，团结友爱礼让谦恭；

7. 孝顺父母，经济上供养、生活上照料、精神上关怀；

8. 关爱子女，重言传、重身教，教知识、育品德；

9. 倡导相亲相爱、向上向善、共建共享的家庭文明新风尚；

10. 学法知法守法，坚决抵制违法犯罪，自觉维护法律尊严；

11. 以自力更生、勤劳致富为荣，以等靠要、好逸恶劳为耻；

12. 厉行勤俭节约、精打细算，反对大手大脚、铺张浪费；

13. 破除封建迷信，提倡移风易俗，树立文明新风。

8. （湖北省恩施土家族苗族自治州建始县长梁乡白云村）封山育林公约[①]

一、不准毁林开荒；

二、不准在封育区放牧、割草；

三、不准在封育区砍树、剔枝、砍柴、挖树桩疙瘩；

四、不准在封育区毁林采石、取土；

五、不准在封育区狩猎；

六、不准在封育区烧荒、烧田埂、烧火土、上坟烧香、放鞭炮；

七、不准在封育区野外取火取暖、野炊、打火照明。

9. （湖北省恩施土家族苗族自治州建始县长梁乡白云村）预防灾害公约[②]

乱修乱建、侵占河道、乱砍乱挖，往往造成生态环境的恶化，容易诱发山洪，加剧灾害的发生。必须规范人类自身活动，最大限度减轻灾害损失。

严禁在河滩及沟谷等低洼地带建房，应选择在平整稳定的

① 来自：余浩然：《土家族习惯法生态价值及其现代利用研究——基于建始县白云村的调查》，中南民族大学2016年硕士学位论文。制定时间不详。

② 来自：余浩然：《土家族习惯法生态价值及其现代利用研究——基于建始县白云村的调查》，中南民族大学2016年硕士学位论文。制定时间不详。

山坡和高地。

严禁侵占溪河滩地，修桥要留足过洪能力。

严禁向溪河内倾倒生活垃圾、工程渣土等废物废料。

严禁乱砍滥伐、乱采乱挖、毁林开荒等破坏自然生态行为。

10.（湖北省恩施土家族苗族自治州建始县茅田乡）三道岩村村规民约①

一、无打架斗殴，有饶人胸怀。

二、无上访取闹，有明理本色。

三、无黄赌毒盗，有道德情操。

四、无无证驾驶，有安全意识。

五、无烟花爆竹，有驱霾担当。

六、无死角垃圾，有卫生习惯。

七、无整无事酒，有节俭自觉。

八、无封建迷信，有科学信仰。

① 来自：《湖北：恩施州建始县以村规民约引领乡风文明建设》，载中国文明网，网址：http：//www.wenming.cn/specials/wmcj/xymh/gy/201807/t20180713_4759417.shtml？winzoom=1，2020年2月14日最后访问。制订时间为2017年3月。

11. （湖北省恩施土家族苗族自治州建始县景阳镇大树椏村）村规民约[①]

五做到

做到庭院干净，做到尊老爱幼，做到邻里和睦，
做到诚信守法，做到知耻感恩。

五不

不整无事酒，不燃放鞭炮，不装穷争利，
不赌博吸毒，不无理上访。

12. （湖北省恩施土家族苗族自治州来凤县百福司镇兴安村）封山育林公约[②]

为培育和保护森林资源，增加单位面积的立木蓄积，提高森林覆盖率，改善生态环境，特制定如下公约：

一、村境内的原始林、竹林属全封区。全封区内，严禁背柴、放牧，违者处罚。背柴每人（罚）伍拾元，猪、牛、羊

① 来自：《建始县引导村民强化基层自治树立文明乡风》，载湖北文明在线网，网址：http：//hub. wenming. cn/yw_ 37663/201709/t20170927_ 44 38201. shtml，2020 年 2 月 14 日最后访问。制定时间为 2017 年。

② 来自：姚丹：《土家族传统与生态保护研究》，中南民族大学 2011 年硕士学位论文。

每头（罚）叁拾元。

二、村寨的风水树、神树不准砍伐。砍树、背柴、扯竹笋，违者每人罚款拾元。

三、封山期内，在封山育林区只能从事造林、抚育、管护、开展病虫害防治等与封山育林有关的工作，不得随意采伐林木。不准乱砍滥伐。砍用柴树木，必须凭证采伐，并经护林员指定采伐。有证超伐每根一百元，无证乱砍，每根（罚）贰百元。情节严重者，交林业部门处理。

四、严禁倒卖木材，违者卖木板一丈，罚贰百元，每棵（罚）贰百元。

五、木柴加工必须凭证加工，私自加工者，处罚每丈壹百元。

六、盗林伐木材，无人认领的，由护林员没收，交村处理。

七、为防止山火发生，禁止在枯树林木区抽烟，违者罚款一百元。

八、对举报者实行奖励，按罚款数的20%进行奖励，为举报者保密，但要实事求是。

九、若有外村人员乱砍、偷砍本村境内林木，按以上条款处理并上报乡林业站。

十、不准砍火畲、放火烧山，违者交林业站处理。

十一、对经济价值较高的树种，可重点采取除草松土、除蘖、间苗、抗旱、抚育性修枝等培育措施。

十二、对自然繁育能力不足或者幼苗、幼树分布不均的间隙地块，进行补植或者补造。

十三、在封山育林区内采伐密度过大或老化的杂竹必须经林业主管部门批准，在统一规定的时间内，按照采伐作业设计书的要求进行，应保留竹龄五年以下的杂竹，采伐后立竹不少于 150 株/亩。

十四、保护森林，人人有责，望广大村民遵照执行。

兴安村村委会

二〇〇三年十月

13. （湖北省恩施土家族苗族自治州咸丰县唐崖镇）唐崖司村村规民约[①]

唐崖司，世遗地，众乡亲，须珍惜。
建公益，惠自己，讲奉献，不争利。
睦近邻，友万里，宾如归，传佳誉。
尚科学，不迷信，重文化，兴教育。
树文明，守礼义，护环境，除陋习。
赌毒黄，须远离，讲诚信，遵法纪。

① 来自：《〈村规民约〉助力民族团结进步示范村建设》，载“咸丰民族宗教”微信公众号，2017 年 12 月 30 日，2020 年 1 月 28 日最后访问。制定时间为 2016 年。

14.（湖北省恩施土家族苗族自治州咸丰县唐崖镇）双河口村村规民约[①]

讲文明，有礼貌；守诚信，重情操；
多行善，尽孝道；邻里和，无烦恼；
黄赌毒，不能搞；信鬼神，瞎胡闹；
违规酒，把民扰；旧习俗，脑后抛；
屋内外，勤打扫；脏东西，莫乱倒；
未审批，不建造；讲村容，形象好。

15.（湖北省恩施土家族苗族自治州咸丰县唐崖镇）大石沟村村规民约[②]

爱我大家园，共保环境优。服从大规划，建房按要求。
家风传万代，敬老且扶幼。和美成家道，勤劳争上游。
卫生勤打扫，垃圾莫乱丢。热心公益事，旁观无理由。
共恨黄赌毒，毫厘钱不投。杜绝无事酒，违规亲也仇。

---

① 来自：《了不起！咸丰这8个村庄，创造了自己的“三字经”“五字诀”！》，载“文明恩施”微信公众号，2017年7月27日，2020年1月28日最后访问。制定时间为2016年。

② 来自：《了不起！咸丰这8个村庄，创造了自己的“三字经”“五字诀”！》，载“文明恩施”微信公众号，2017年7月27日，2020年1月28日最后访问。制定时间为2016年。

16.（湖北省恩施土家族苗族自治州）咸丰县唐崖镇四方石村村规民约[①]

一、遵纪守法

村民自治立规章，人人遵守记心上。
党纪国法挺在前，规章你我都莫犯。
柴米油盐酱醋茶，如今样样不离法。
学法守法气象新，个个争做好公民。

二、综治维稳

矛盾纠纷不出村，无理上访自伤身。
非访不是维权路，调解不成再起诉。
远离毒赌黄不涉，不信邪教讲科学。
扫黑除恶民风正，和谐治理家业兴。

三、扶贫帮困

家乡建设新农村，不忘初心感党恩。
精准脱贫是统领，帮扶对象须奋进。
党的政策惠民心，观念转变要先行。
济困助残互相帮，全村一家美名扬。

四、乡村建设

土地流转守诚信，唯利是图皆小人。
修房改屋要申请，两违建设必严惩。

---

① 来自：《恩施州两篇村规民约入选全省优秀村规民约》，载恩师土家族苗族自治州民政局网，网址：http://mzj.enshi.gov.cn/2019/0930/900744.shtml，2020年2月14日最后访问。制定时间为2018年。

惠农补贴明白账，土地撂荒不应当。

重大建设要配合，共同受益积德多。

五、邻里关系

争来斗去两堵墙，让他三尺又何妨。

院落邻里敬如宾，远亲不如好近邻。

团结友善不逞强，相亲相爱大家帮。

外出务工相互讲，有事一起共商量。

六、整无事酒

无事整酒亲戚怕，当面恭贺背后骂。

红白两喜先报备，后勤保障理事会。

烟花爆竹要禁放，陋习改掉都夸奖。

移风易俗新风气，全民参与数第一。

七、生态环境

生态环境保护好，清洁家园很重要。

破坏生态是犯罪，乱捕滥伐要查追。

秸秆火土要禁烧，惹祸烧山去坐牢。

上坟祭祖讲文明，安全环保常提醒。

八、民生保障

合作医疗是保障，依法缴费保健康。

医保不交有了病，莫求低保找民政。

社保基金自觉交，六十岁满领钞票。

惠民政策纵然多，懒汉等靠通不过。

九、村风民俗

自家娃娃要爱护，供读九年是义务。

踊跃送子服兵役，公民义务要谨记。

星级文明在农村，评选条件有十星。

核心价值牢记心，共同践行守诚信。

十、尊老爱幼

点点爱心点点善，处处阳光处处暖。

四方石人唱家风，最美家庭其乐融。

妇女儿童受保护，留守人员倍关注。

赡养老人是义务，欺老虐老必严处。

十一、计划生育

计生政策已出台，全面两孩已放开。

生男生女都一样，提高素质家国强。

违法生育不允许，优质服务要参与。

婚育新风进万家，处处盛开文明花。

十二、交通安全

三无车辆你别坐，一经出事悔不过。

交通安全常铭记，无证驾驶会刑拘。

四方一责要签订，交通检查好通行。

村组道路是命脉，自觉养护莫破坏。

17.（湖北省恩施土家族苗族自治州咸丰县朝阳寺镇）鸡鸣坝村村规民约[①]

家里勤打扫，垃圾不乱倒，院子摆整齐，多种花和草。

① 来自：《〈村规民约〉助力民族团结进步示范村建设》，载“咸丰民族宗教”微信公众号，2017年12月30日，2020年1月28日最后访问。制定时间为2016年。

乡邻间和睦，碰见把手招，无事不整酒，娱乐不带钞。
厚养胜厚葬，勤把家风教，笑迎八方客，一杯茶水泡。
外出讲素质，守法要公道，子女多读书，从业走正道。
致富凭双手，不再等靠要，齐把产业兴，共向小康靠。

18.（湖北省恩施土家族苗族自治州咸丰县黄金洞乡）大沙坝村村规民约①

康养沙坝美如画，农旅融合锦上花。
村规民约共遵守，幸福小康人人有。

19.（湖北省恩施土家族苗族自治州咸丰县清坪镇）把界村村规民约②

公益事，要积极；公家物，要爱惜。
敬老人，尊伦理；爱儿童，重教育。
婚丧事，破陋习；无事酒，不参与。
倒垃圾，莫随意；不赌博，无劣迹。
建房子，须审批；遵章法，守规矩。
邻里间，有情义；互帮助，如兄弟。

---

① 来自：《〈村规民约〉助力民族团结进步示范村建设》，载“咸丰民族宗教”微信公众号，2017 年 12 月 30 日，2020 年 1 月 28 日最后访问。制定时间为 2016 年。

② 来自：《〈村规民约〉助力民族团结进步示范村建设》，载“咸丰民族宗教”微信公众号，2017 年 12 月 30 日，2020 年 1 月 28 日最后访问。制定时间为 2016 年。

20. （湖北省恩施土家族苗族自治州咸丰县高乐山镇）白岩村村规民约[①]

立家风，讲孝悌，邻里睦，讲和气。
无事酒，不操办，婚丧简，不比攀。
公益事，齐心做，公家物，齐爱护。
倒垃圾，不乱弃，堆杂物，不随意。
建房屋，须审批，葬新坟，须隐蔽。
讲科学，不封闭，赌毒黄，不参与。

21. （湖北省恩施土家族苗族自治州咸丰县高乐山镇）梅子坪村村规民约[②]

立家风，行孝悌，邻里和，重礼义。
无事酒，不操办，婚丧事，宜从简。
讲奉献，兴公益，建房屋，须审批。
闲杂物，摆整齐，倒垃圾，不随意。
重科学，破陋习，赌毒黄，要远离。

---

① 来自：《〈村规民约〉助力民族团结进步示范村建设》，载“咸丰民族宗教”微信公众号，2017 年 12 月 30 日，2020 年 1 月 28 日最后访问。制定时间为 2016 年。

② 来自：《〈村规民约〉助力民族团结进步示范村建设》，载“咸丰民族宗教”微信公众号，2017 年 12 月 30 日，2020 年 1 月 28 日最后访问。制订时间为 2016 年。

22. （湖北省恩施土家族苗族自治州巴东县清太坪镇）薛家山村村规民约[①]

为加快薛家山村美丽乡村步伐，推进基层治理法制化建设，维护社会和谐稳定。提高全体村民自我管理、自我教育、自我约束的能力，树立良好的民风、村风，创造安居乐业的社会环境，促进经济发展、文明和谐、卫生整洁的新农村，经全体村民讨论通过，制定以下村规民约，望全体村民认真遵照执行：

一、热爱祖国，拥护中国共产党领导，遵守国家法律法规。

二、弘扬正气，抵制歪风邪气，严禁赌博、吸毒、封建迷信等违法活动。

三、维护村容村貌，搞好环境卫生，美化生活环境，优化育人环境，严禁乱倒垃圾脏物。

四、关心集体，关心他人，关心全村公共事业，积极参加村民会议，商讨公共事务。

五、村民自觉爱护公共财物，不得损坏或占为己有。

六、村民之间和睦相处，互相帮助。不骂人、不打架、不酗酒、不造谣、不传谣。

七、倡导移风易俗，勤俭节约，做到喜事新办、丧事简办，反对大操大办、铺张浪费。不建豪华墓，严禁乱砍滥伐、严禁燃放鞭炮。

---

① 来自：《薛家山村规民约》，载“清廉薛家山”微信公众号，2019 年 8 月 1 日，2020 年 1 月 29 日最后访问。制定时间大概为 2015 年。

八、弘扬美德，守孝道，严禁虐待、不赡养老人，侵害老人和妇女儿童的合法权益。

九、树立良好的安全意识，维护好人身安全、生产安全、财产安全，加强野外用火、安全用电管理，严防森林火灾及用电安全事故发生。拒绝三无车辆违法上路，确保交通安全。

十、勤劳致富，科技致富，带头致富，共同致富。不制假造假，不参加非法传销，不搞非法借贷。

十一、凡外来人员进驻本村，也必须服从本村管理，遵守本村规民约。

23. （湖北省恩施土家族苗族自治州巴东县清太坪镇）白沙坪村村规民约①

一、遵纪守法

村民自治立规章，村规民约记心上。

条约本是大家定，人人遵守理应当。

党纪国法挺在前，制度你我不要犯。

学法守法会用法，违法乱纪要处罚。

国家建设新常态，依法治国正加快。

二、综治维稳

层级调处解纠纷，法律顾问进农村。

各类矛盾属地管，无理上访理不通。

---

① 来自：《白沙坪村村规民约》，载“清廉白沙坪”微信公众号，2019年7月22日，2020年1月29日最后访问。

非访不是维权路，不到上级乱投诉。
矛盾纠纷村调处，调处不服再起诉。
不信邪教不传谣，赌毒不染代代传。

三、无事酒治理

闲来不整无事酒，无事整酒好丑陋。
违规整酒应处罚，食药安监出面查。
红白喜事报村里，安全过事都开心。
烟花爆竹要禁放，陋习改掉保平安。
移风易俗新农村，全民参与来治理。

四、邻里关系

争来斗去两堵墙，让他三尺又何妨。
乡村邻里常相敬，远亲不如近相邻。
看好房门帮友邻，管好家人斗坏人。
团结友善亲邻里，重要事项要协商。
外出务工村里报，方便有事对你讲。

五、生态环境

生态环境保护好，清洁家园很重要。
用材审批要合法，乱砍滥伐要追查。
秸秆火土要禁烧，惹祸烧山要坐牢。
上坟祭祖要文明，牢记安全和环保。
垃圾污水不乱倒，行为规范教后人。

六、乡村建设

土地流转守诚信，唯利是图是小人。
耕地保护是红线，不得违规乱搭建。

修房盖屋要申请，两违建设会严惩。
惠农补贴明白账，土地撂荒不应当。
重大建设要配合，共同受益积德多。

七、民生保障

合作医疗是保障，依法缴费保健康。
社保政策人人晓，六十岁后靠得牢。
两费缴纳自觉交，不要干部上门讨。
医保不交有病了，住院治疗掏腰包。
惠民政策纵然多，懒汉等靠通不过。

八、科教文化村风民俗

自家娃娃要爱护，九年教育是义务。
踊跃送子服兵役，保家卫国要谨记。
文化娱乐要传承，争做自豪白沙人。
文明建设在农村，评选条件有十星。
核心价值记在心，共同践行守诚信。

九、扶贫帮困

家乡建设新农村，不忘初心感党恩。
精准脱贫是统领，帮扶对象须奋进。
党的政策惠民心，观念转变要先行。
干部帮扶虽应该，自身努力奔小康。
扶贫济困献爱心，天下一家心连心。

十、尊老爱幼

百善当以孝为先，一辈做给一辈看。
尊老爱幼好传统，白沙人民好家风。

妇女儿童受保护，留守人员要关注。
家里留守有老小，常留电话别忘了。
赡养老人是义务，欺老虐老法不容。

十一、计划生育

人口政策已出台，全面两孩已放开。
计划生育要搞好，宣传教育少不了。
生男生女不重要，优生优育早知道。
违法生育不允许，优质服务要参与。
婚育新风进万家，处处盛开文明花。

十二、道路交通安全

三无车辆你莫坐，一经出事悔不过。
交通安全常铭记，醉酒驾驶会刑拘。
四方一责要签订，交通检查好通行。
乡村道路是命脉，人人爱护都有责。
村组公路常管理，通畅干净利自己。

十三、公共设施保护、公益事业

爱国爱党爱村庄，热心公益有担当。
家事国事天下事，事事不要太自私。
塘库河堰大家管，蓄水保水图心安。
公益设施要爱惜，损毁公物法不许。
人畜饮水和公路，一事一议来管理。

2019 年 1 月 13 日

24.（湖北省恩施土家族苗族自治州巴东县溪丘湾乡）白羊坪村村规民约[①]

为了引导全体村民树立“爱国守法、明礼诚信、团结友爱、勤俭自强、敬业奉献”的基本道德观念，提高自我管理、自我教育、自我服务的自觉性和能力，不断推进我村法治建设，树立良好的村风、民风、家风，创造安居乐业的社会环境，促进经济发展，建设最美村庄，根据国家有关法律、法规，制定本村规民约：

一、村风民俗

1. 积极践行和弘扬社会主义核心价值观，提倡社会主义精神文明新风尚，移风易俗，反对封建迷信及其他不文明行为，树立良好的家风、民风、村风。

2. 严禁红白喜事大操大办，提倡喜事新办，丧事从简，破除陈规旧俗，反对铺张浪费、反对大操大办。

3. 全体村民不搞封建迷信活动，不听、不看、不传播淫秽书刊音像，不参加邪教组织。

4. 积极开展文明卫生村庄建设，搞好公共环境卫生，加强村容村貌整治，严禁随地乱倒乱堆垃圾、秽物，建房修屋余下的建筑垃圾应及时清理，柴草、粪土应定点堆放。

5. 建房应服从村庄建设规划，经村委会和上级有关部门

① 来自：《白羊坪村村规民约》，载“家在白羊”微信公众号，2019年9月25日，2020年1月29日最后访问。制定时间大概为2016年。

批准，统一安排，不得擅自动工，不乱搭乱建，不得违反规划或损害四邻利益。

6. 全村要树立新思想、新观念，保证道路畅通，组级公路建房必须离 5 米，否则不办理审批手续。

二、社会治安

7. 村民要学法、知法、守法、用法，自觉维护法律尊严，积极同一切违法犯罪行为作斗争。

8. 村民之间应团结友爱，和睦相处，不打架斗殴，不酗酒滋事，不酒后驾车，严禁侮辱、诽谤他人，严禁造谣惑众、拨弄是非。

9. 自觉维护社会秩序和公共安全，不扰乱公共秩序，不阻碍公务人员执行公务。

10. 严禁偷盗、敲诈，严禁侵占国家、集体、个人财物，严禁赌博，严禁替罪犯藏匿赃物。

11. 严禁非法生产、运输、储存和买卖爆炸物品；经销烟火、爆竹等易燃易爆物品须经公安机关等有关部门批准。不得私藏枪支弹药，拾得枪支弹药、爆炸物品，要及时上交公安机关。

12. 爱护公共财产，不得损坏水利、道路交通、供电、通信、生产等公共设施。

13. 严禁非法限制他人人身自由或非法侵犯他人住宅，不准隐匿、毁弃、私拆他人邮件。

14. 严禁私自砍伐国家、集体或他人的林木，严禁损害他人庄稼、瓜果及其他农作物，加强牲畜看管，严禁放养猪、牛、羊。

15. 全村树立新观念，提倡文明驾驶，不强行破坏各种道路和通信设施。严禁“三无”车辆非法载客，严禁燃放鞭炮，严禁车辆乱停乱靠，严禁到处乱倒垃圾。

三、消防安全

16. 加强消防安全警示教育，全民提高防范火灾事故的安全责任意识，加强野外用火管理，严防山火发生。

17. 家庭用火做到人离火灭，严禁将易燃易爆物品堆放户内，定期检查、排除各种火灾隐患。

18. 对村内、户内电线要定期检查，损坏的要请电工及时修理、更新，严禁乱拉乱接电线。

19. 加强村民尤其是少年儿童安全用火用电知识宣传教育，提高全体村民消防安全知识水平和意识。

20. 加强防火设施建设。

四、婚姻家庭

21. 自觉遵守计划生育法律、法规、政策，实行计划生育。

22. 父母应尽抚养、教育未成年子女的义务；子女应尽赡养老人的义务。

23. 夫妻地位平等，共同承担家务劳动，共同管理家庭财产，反对家庭暴力。

24. 加强未成年人思想道德教育、个人理想引导以及特长技艺方面的培养。

五、邻里关系

25. 村民之间要互尊、互爱、互助，和睦相处，建立良好的邻里关系。

26. 在生产、生活、社会交往过程中，应遵循平等、自愿、互惠互利的原则，发扬社会主义新风尚。

27. 邻里纠纷，应本着团结友爱的原则平等协商解决，协商不成的可申请村调解委调解，也可依法向人民法院起诉，树立依法维权意识，不得以牙还牙，以暴制暴。

六、其他

本规约由村民委员会负责解释。本规约与国家法律、法规、政策相抵触的，按照国家法律、法规、政策执行。本村规民约自村民代表会议表决通过之日起施行。

25.　（湖北省恩施土家族苗族自治州巴东县溪丘湾乡将军岭村）村规民约①

行为规范

1. 实行村民自治，发扬人民民主，树立“爱国守法、明礼诚信、团结友爱、勤俭自强、敬业奉献”的基本道德观念，提高“自我管理、自我约束、自我服务”。

① 来自：《将军岭村〈村规民约〉》，载“巴东北门”微信公众号，2019年11月5日，2020年1月29日最后访问。

2. 按照“产业兴旺、生态宜居、乡风文明、治理有效、生活富裕”的总要求建设美丽家园。

3. 村内大小事务，严格按照“四议两公开”程序讨论通过，由村支“两委”负责实施，监督委员会监督落实，对每项工作进行公开公示，广泛接受人民群众的监督。

4. 土地依法属于国家和集体所有，严守耕地红线，严禁违法占地。必须按照《土地经营权证》和《林权证》合法经营、管理和受益。

5. 村民必须节约用水，严格以表计量收费，水费按照三水厂的标准收费。干旱期间，必须保证人畜饮水。

6. 尊重事实，不信谣、不传谣。全村实行“禁鞭”。

人居环境

1. 认真做好“门前三包”（包卫生、包绿化、包秩序），房前屋后“扫干净、摆整齐”，搞好垃圾分类清运处理。

2. 搞好禽、畜疫情防疫和卫生消毒，每户落实“厕所革命”。

3. 注重饮食卫生，以防病从口入，定期搞好身体健康检查。

移风易俗

1. 遵循婚姻自由，男女平等，反对家庭暴力，共建和睦家庭。

2. 重视子女教育，百善孝为先；关爱、尊重父母，厚养薄葬；主动关心、帮助孤寡老人和残疾人员。

3. 邻里之间，互尊互爱，互帮互助，互让互谅，共建和谐的邻里关系。

4. 婚丧嫁娶设宴时不得铺张浪费，提倡勤俭持家、节约办事，不准整“无事酒”。

5. 禁止打牌、赌博，不得参加任何邪教组织，不搞封建迷信活动，不搞豪华墓、生祭碑。

平安创建

1. 所有村民认真学习党的路线、方针、政策，争做遵纪守法、诚实守信的合格公民和勤劳致富、科技致富的新型农民带头人。

2. 全力开展“扫黑除恶”专项斗争，做到“有黑扫黑、无黑除恶、无恶治乱、无乱治霸”。

3. 牢固树立安全防范意识，强化护林防火，杜绝乱砍滥伐，车辆不超载，及时购买保险，“三无”车辆及时报废。

4. 村人民调解委员会积极调解矛盾纠纷，努力做到“大事不出村，小事不出组”。

5. 共同遵守村庄整洁，增强生态环保意识，粮食、蔬菜、果树不得使用明令禁止的农药，推广使用有机肥料，禁止焚烧农作物秸秆。

2019 年 9 月 25 日召开党员、代表大会讨论通过，请所有居民遵照执行！

26．（湖北省宜昌市长阳土家族自治县龙舟坪镇）郑家榜村村规民约[1]

（2003 年 8 月 20 日经村民代表大会通过）

为了发展农村经济，促进三个文明建设的健康发展，进一步落实社会治安综合治理各项措施，实现本村社会风气的根本好转，维护农村社会稳定，根据《村民委员会组织法》《治安管理处罚条例》《土地管理法》《义务教育法》《农业法》等法律法规，结合本村实际情况，制定本村规民约。

第一条　认真学习党在农村的各项方针政策，严格遵守国家法律法规。

第二条　自觉执行上级党委、政府和村党支部、村委会的决定和决议。

第三条　积极争创“十好农户”。村委会每年组织一次评比的活动，使 90% 以上的农户达到“十好农户”标准。

第四条　村民之间要互帮互助，尊老爱幼，做到家庭和睦，邻里团结。

第五条　相信科学、反对封建迷信和歪理邪说。

第六条　易风易俗，喜事新办，丧事简办，厉行节约，反对铺张浪费。

第七条　自觉维护社会秩序，敢于同一切违法犯罪行为作

① 来自：陈晓丹：《当代土家族地区村规民约研究——以湖北省长阳土家族自治县为个案》，中南民族大学 2011 年硕士学位论文。

斗争，积极向有关机关举报违法犯罪线索，做一名合格的义务治安协管员。

第八条　增强集体观念，爱护公共财产。

第九条　正确处理国家、集体、个人三者之间的利益，勤劳致富，依法纳税。

第十条　依靠科学技术，自觉调整产业结构和种植结构，形成各自的主导产业，其收入占全家总收入的80%以上，人平均纯收入高于全镇平均水平。

第十一条　合理配置劳动力资源，鼓励剩余劳动力外出打工，发展打工经济。

第十二条　自觉增加对土地的投入，合理安排消费与投资。

第十三条　符合结婚法定条件的村民，应当依法办理结婚登记手续，坚决反对非法同居。

第十四条　严格遵守国家计划生育政策，自觉采取节育措施，杜绝计划外生育，提倡一对夫妇只生一个孩子。符合生育两个孩子条件的夫妇必须依法取得两孩准生证后方可怀孕生育。两孩间隔期必须达到4周岁以上。

第十五条　村民之间发生纠纷，都应以礼相让，互相谅解，共同协商，自觉化解矛盾。不能达成一致意见的，申请村调委会进行调解，调解不成的，申请有关行政机关解决或者通过诉讼程序解决，不得激化矛盾，严禁采取非法手段侵犯权利。

第十六条　爱护公共财物，不得毁坏公路、桥梁、自来水、电力、有线电视等公共设施。

第十七条　严禁乱占耕地，村民修建房屋和其他永久性建筑必须提出书面申请，经村民委员会审核，然后报土管部门批准后，方可施工。

第十八条　保护森林资源，严禁毁林开荒和乱砍滥伐。

第十九条　村民对有关部门及其工作人员的工作需要提出批评、意见和建议，或者对有关问题需要申诉、控诉、请求解决的，应当按照正常途径进行，不得越级上访和集体上访，不得采取过激行为。

第二十条　因迁移、出生、死亡、婚嫁等原因导致人员变化的，必须依照户口管理规定，在一个月内办理迁入、迁出登记、注销手续。对违反户口管理，不按规定申报办理各项户口变更手续的应主动到当地派出所讲明情况，接受处罚。

第二十一条　如遇灾情，应及时向村委会报告，树立舍小家顾大家的全局意识，积极投身抗灾第一线，帮助灾民生产自救，重建家园，使其充分体现社会主义大家庭的温暖。

第二十二条　本村规民约由村民代表会议讨论通过，全体村民应共同自觉遵守。

第二十三条　本村规民约自二〇〇三年九月一日起执行。

27. （湖北省宜昌市长阳土家族自治县龙舟坪镇郑家榜村）计划生育村民自治公约[①]

一、每个村民都要学习、宣传党和国家的计划生育方针、政策，自觉地依法实行计划生育。

二、每个未婚青年都要自觉学习、履行《婚姻法》规定的权利和义务，提倡晚婚晚育。

三、已婚育龄夫妇双方都有实行计划生育的权利和义务，都应与村民委员会签订《计划生育保证书》，坚持做到持证生育，保证节育措施的落实，杜绝计划外生育，切实履行保证书的有关条款，女方属非农户口的只能生育一个孩子。

四、所有已婚育龄夫妇都要自觉接受节育技术服务和生育保健服务，按要求接受“三查”服务。

五、要优生优育，生男生女都一样，不重男轻女，不歧视女，不遗弃、残害婴幼儿。

六、凡属流动人口，在异地有30日以上居住史的，都要持户籍所在地计生部门出具的《流动人口计划生育管理证》，流出者每季度及时向户籍所在地计划生育部门反馈生育、节育有关情况，流出者主动接受现居住地计划生育管理。

七、凡流入本村的流动人口实行“谁用工，谁负责；谁租房，谁负责；谁的管区，谁负责”的原则，由出租房屋户

① 来自：陈晓丹：“当代土家族地区村规民约研究——以湖北省长阳土家族自治县为个案》，中南民族大学2011年硕士学位论文。制定时间不详。

和用工单位共同管理。接纳流动人口从业和租房的，须向村民委员会提供计划生育证件，不收留、包庇、窝藏违反计划生育的对象，不阻挠计划生育工作人员执行公务，协助计划生育部门监督其实行计划生育。

八、凡收养的子女，必须符合《收养法》的规定，收养子女或生育子女的，必须三日以内到村委会及计划生育管理部门申报有关情况。

九、每个村民有违反计划生育规定的人员举报的权利和义务，有积极支持计划生育工作人员依法管理计划生育的责任。

十、违约责任。违约者除按法律、法规处罚外，需向村民委员会缴纳50～100元的违约金。

十一、本公约经村民代表大会讨论通过生效，自公布之日起执行。

28. （湖北省宜昌市长阳土家族自治县龙舟坪镇郑家榜村）卫生公约①

一、自觉遵守村民卫生规范，搞好个人卫生，自觉维护公共环境卫生秩序。

二、树立“乡村是我家，卫生靠大家”的思想，从个人做起，不做影响全村环境卫生的事，自觉参加全村的环境卫生

① 来自：陈晓丹：《当代土家族地区村规民约研究——以湖北省长阳土家族自治县为个案》，中南民族大学2011年硕士学位论文。制定时间不详。

活动。

三、坚持搞好住房前后、邻居之间的环境卫生，保持道路的畅通和整洁。

四、禁止柴草乱放、粪土乱堆、垃圾乱倒、污水乱泼、禽畜散放。

五、禁止在溪河岸、水井、水泥边倾倒垃圾和排放污水。

六、自觉保护生态环境，未经批准不得随意砍伐山林、开垦荒山和采挖土石方。

七、禁止使用巨毒鼠药灭鼠和使用巨毒农药对农作物杀虫。

八、本公约要求全村每一位居民自觉遵守，对违反本公约的行为，村爱卫会、村组干部依照《湖北省爱国卫生条例》进行批评教育及处理。

29.（湖北省宜昌市长阳土家族自治县龙舟坪镇）郑家榜村农家乐服务公约[①]

为进一步推动农家乐行业自律与诚信建设，切实维护旅游消费者合法权益，结合本村实际，特制定《郑家榜村农家乐服务公约》（以下简称《公约》）。

一、诚实守信、遵纪守法。自觉遵守国家法律法规、行业

---

① 来自：《郑家榜村用乡规民约打造“不宰人景区”》，载湖北法治网，网址：http://www.124.gov.cn/2015/0814/466950.shtml，2020年2月14日最后访问。制定时间大概为2014年。

行规，坚决抵制损害游客利益、败坏社会风气的各种违法行为，树立守法规、讲信誉、重服务的良好形象。

二、规范服务、统一标示、着装统一。自觉按照全村统一定制标示标牌，接待人员着装一致、仪表整洁、语言文明、举止大方、服务态度好。

三、统一标准，统一价格。

餐饮价格：严格按照村指导价格经营［一般火锅120元（约3斤）、荤菜25元、素菜10元］；反对欺诈行为，货真量足，不降低、克扣客人餐食标准，不出售过期、变质和假冒伪劣商品。

住宿价格：普通客房，每人每天50元；标准客房，每人每天70元（电视、空调、独立卫生间）。

四、公平交易、接受监督。对待客人要一视同仁、平等服务，遵守商业道德；自觉接受社会各界的监督，加强行业自律。

全村农家乐经营户应自觉严格遵守以上《公约》，对严重违反《公约》的农家乐，村委会在调查核实后，将按程序汇报上级主管部门对评定的星级给予摘牌处罚，并联合旅游、工商、卫生、公安等行政执法部门依据法律、法规给予责令停业、暂扣或者吊销经营许可证、营业执照等处罚，同时在新闻媒体张榜公布。

监督电话：

132××××××××（陆晓琴，村党支部书记、村委会主任）

136××××××××（张俊波，村农家乐主管人员）

30．（湖北省宜昌市长阳土家族自治县龙舟坪镇）龙舟坪村村规民约①

（2003 年 8 月 20 日经村民代表大会通过）

为了发展农村经济，促进三个文明建设的健康发展，进一步落实社会治安综合治理各项措施，实现本村社会风气的根本好转，维护农村社会稳定，根据《村民委员会组织法》《治安管理处罚条例》《土地管理法》《义务教育法》《农业法》等法律法规，结合本村实际情况，制定本村规民约。

第一条　认真学习党在农村的各项方针政策，严格遵守国家法律法规。

第二条　自觉执行上级党委、政府和村党支部、村委会的决定和决议。

第三条　积极争创“十好农户”。村委会每年组织一次评比活动，使 90% 以上的农户达到“十好农户”标准。

第四条　村民之间要互帮互助，尊老爱幼，做到家庭和睦，邻里团结。

第五条　相信科学、反对封建迷信和歪理邪说。

第六条　易风易俗，喜事新办，丧事简办，厉行节约，反对铺张浪费。

第七条　自觉维护社会秩序，敢于同一切违法犯罪行为作

① 来自：陈晓丹：《当代土家族地区村规民约研究——以湖北省长阳土家族自治县为个案》，中南民族大学 2011 年硕士学位论文。

斗争，积极向有关机关举报违法犯罪线索，做一名合格的义务治安协管员。

第八条　增强集体观念，爱护公共财产。

第九条　正确处理国家、集体、个人三者之间的利益，勤劳致富，依法纳税。

第十条　依靠科学技术，自觉调整产业结构和种植结构，形成各自的主导产业，其收入占全家总收入的80%以上，人平均纯收入高于全镇平均水平。

第十一条　合理配置劳动力资源，鼓励剩余劳动力外出打工，发展打工经济。

第十二条　自觉增加对土地的投入，合理安排消费与投资。

第十三条　符合结婚法定条件的村民，应当依法办理结婚登记手续，坚决反对非法同居。

第十四条　严格遵守国家计划生育政策，自觉采取节育措施，杜绝计划外生育，提倡一对夫妇只生一个孩子。符合生育两个孩子条件的夫妇必须依法取得两孩准生证后方可怀孕生育。两孩间隔期必须达到4周岁以上。

第十五条　村民之间发生纠纷，都应以礼相让，互相谅解，共同协商，自觉化解矛盾。不能达成一致意见的，申请村调委会进行调解，调解不成的，申请有关行政机关解决或者通过诉讼程序解决，不得激化矛盾，严禁采取非法手段侵犯权利。

第十六条　爱护公共财物，不得毁坏公路、桥梁、自来水、电力、有线电视等公共设施。

第十七条　严禁乱占耕地，村民修建房屋和其他永久性建筑必须提出书面申请，经村民委员会审核，然后报土管部门批准后，方可施工。

第十八条　保护森林资源，严禁毁林开荒和乱砍滥伐。

第十九条　村民对有关部门及其工作人员的工作需要提出批评、意见和建议，或者对有关问题需要申诉、控诉、请求解决的，应当按照正常途径进行，不得越级上访和集体上访，不得采取过激行为。

第二十条　因迁移、出生、死亡、婚嫁等原因导致人员变化的，必须依照户口管理规定，在一个月内办理迁入、迁出登记、注销手续。对违反户口管理，不按规定申报办理各项户口变更手续的应主动到当地派出所讲明情况，接受处罚。

第二十一条　如遇灾情，应及时向村委会报告，树立舍小家顾大家的全局意识，积极投身抗灾第一线，帮助灾民生产自救，重建家园，使其充分体现社会主义大家庭的温暖。

第二十二条　本村规民约由村民代表会议讨论通过，全体村民应共同自觉遵守。

第二十三条　本村规民约自二〇〇三年九月一日起执行。

31.（湖北省宜昌市长阳土家族自治县龙舟坪镇）龙舟坪村村规民约[①]

第一条　为大力弘扬和践行社会主义核心价值观，切实加强思想政治工作，推进民主政治建设，创建和谐有序的生产生活环境，维护社会稳定良好局面，促进本村物质文明、政治文明、精神文明、社会文明和生态文明“五位一体”协调发展。根据国家的法律法规和政策，特制定本村规民约，望全体村民互相监督、共同遵守。

第二条　本村规民约是群众自我约束、自我管理的行为准则，适用于本村范围的全体村民，由村民委员会和村公民道德理事会共同监督执行。

第三条　自觉学习，模范执行法律和政策。全体村民要自觉学习和模范执行党和国家的路线、方针、政策和法律法规，积极维护改革发展稳定的大局，为创造和谐稳定环境作贡献。

第四条　主动参与，积极支持公益事业。要摆正国家、集体、个人三者利益关系，在个人和国家、集体利益发生冲突时，个人利益要服从国家、集体利益。在国家工程、重点项目建设和各种公益事业征地补偿中按规定政策执行，不得利用征地无理要求提高补偿，不得在建设中“扯横皮”“敲竹杠”，不搞过激行为，不组织不参与集体访、越级访、无理缠访和闹

① 来自：《龙舟坪村村规民约》，载“龙舟坪村村委会”微信公众号，2018年8月14日，2020年1月29日最后访问。

访，严格依法依规按政策维护自己的合法权益。

第五条　移风易俗，生活方式健康向上。自觉抵制赌、毒、黄，反对邪教和封建迷信活动；提倡喜事新办、丧事从简，反对大操大办、铺张浪费。在生产和日常生活中，不带彩打牌；不种毒、制毒、贩毒和吸毒；不听、不看和不传播迷信及淫秽书刊音像制品；不搬神弄鬼、不算命卜卦、不看风水；家庭操办婚丧嫁娶事宜，不得请己亲以外的人参与，要坚决刹住婚庆宴、足米宴、白事宴、生日宴、升学宴、乔迁宴、入伍宴等“人情风”。

第六条　奉献社会，和谐人际关系。不搞宗派活动，反对家族主义，邻里之间互相尊重、相互帮助，不惹事生非、不吵架、不斗殴、不侮辱，彼此宽容，主动关心帮助老、弱、病、残者解决生产生活上的困难，每个家庭至少一年为困难人群做一至两件有益的事。

第七条　尊老爱幼，建立美满幸福家庭。弘扬尊老爱幼和家教传统，反对家暴和歧视、遗弃、虐待行为。子女（继子女、收养子女）必须按法律承担对老人的赡养责任，兄弟姐妹不得相互推诿；父母、继父母有扶养教育子女的义务，不得歧视、虐待、遗弃病残子女，子女也不得虐待、歧视、遗弃老人，要互相体贴，彼此照顾。

第八条　讲求卫生，绿化美化净化家园。提倡绿化、美化、净化家园，保护和爱护环境，反对乱砍滥伐、乱开乱炸、乱搭乱建行为。村民不得乱倒垃圾、乱泼污水、撒放畜禽，做到室内室外干净整洁、无蜘蛛、无蚊虫、厕所常洗无臭味。

第九条　以诚立身，做一个令别人尊重的人。村民在生产经营和社会活动交往中，应遵循平等、自愿、互利原则，对自己承诺的事敢于负责任，不投机耍滑，不占小便宜；待人讲文明，遇事讲公道，做一个诚实守信、文明处事、见义勇为的人。

第十条　执行国策，做执行计划生育政策的模范。提倡优生优育、全面实施二孩生育，反对买卖包办婚姻、“两非”和重男轻女、计划外生育行为，支持村组干部做好计划生育工作。

第十一条　教育和处理。违犯村规民约的，轻者由村民委员会或村公民道德理事会给予批评教育，责令作出书面检讨，并向他人赔理道歉，造成损失的要赔偿损失；已被评为“十星”文明户违犯村规民约的，取消“十星”文明户资格，并收回标牌和手册，不再享受其优惠政策；情节严重构成犯罪的，交由司法机关依法查处。

第十二条　本村规民约于2018年1月18日经村民代表大会讨论通过，自通过之日起正式执行。

32. （湖北省宜昌市长阳土家族自治县龙舟坪镇）大堰村村规民约[①]

（2003年8月20日经村民代表大会通过）

为了发展农村经济，促进三个文明建设的健康发展，进一

① 来自：陈晓丹：《当代土家族地区村规民约研究——以湖北省长阳土家族自治县为个案》，中南民族大学2011年硕士学位论文。

步落实社会治安综合治理各项措施，实现本村社会风气的根本好转，维护农村社会稳定，根据《村民委员会组织法》《治安管理处罚条例》《土地管理法》《义务教育法》《农业法》等法律法规，结合本村实际情况，制定本村规民约。

第一条　认真学习党在农村的各项方针政策，严格遵守国家法律法规。

第二条　自觉执行上级党委、政府和村党支部、村委会的决定和决议。

第三条　积极争创“十好农户”。村委会每年组织一次评比活动，使90%以上的农户达到“十好农户”标准。

第四条　村民之间要互帮互助，尊老爱幼，做到家庭和睦，邻里团结。

第五条　相信科学、反对封建迷信和歪理邪说。

第六条　易风易俗，喜事新办，丧事简办，厉行节约，反对铺张浪费。

第七条　自觉维护社会秩序，敢于同一切违法犯罪行为作斗争，积极向有关机关举报违法犯罪线索，做一名合格的义务治安协管员。

第八条　增强集体观念，爱护公共财产。

第九条　正确处理国家、集体、个人三者之间的利益，勤劳致富，依法纳税。

第十条　依靠科学技术，自觉调整产业结构和种植结构，形成各自的主导产业，其收入占全家总收入的80%以上，人平均纯收入高于全镇平均水平。

第十一条　合理配置劳动力资源，鼓励剩余劳动力外出打工，发展打工经济。

第十二条　自觉增加对土地投入，合理安排消费与投资。

第十三条　符合结婚法定条件的村民，应当依法办理结婚登记手续，坚决反对非法同居。

第十四条　严格遵守国家计划生育政策，自觉采取节育措施，杜绝计划外生育，提倡一对夫妇只生一个孩子。符合生育两个孩子条件的夫妇必须依法取得两孩准生证后方可怀孕生育。两孩间隔期必须达到 4 周岁以上。

第十五条　村民之间发生纠纷，都应以礼相让，互相谅解，共同协商，自觉化解矛盾。不能达成一致意见的，申请村调委会进行调解，调解不成的，申请有关行政机关解决或者通过诉讼程序解决，不得激化矛盾，严禁采取非法手段侵犯权利。

第十六条　爱护公共财物，不得毁坏公路、桥梁、自来水、电力、有线电视等公共设施。

第十七条　严禁乱占耕地，村民修建房屋和其他永久性建筑必须提出书面申请，经村民委员会审核，然后报土管部门批准后，方可施工。

第十八条　保护森林资源，严禁毁林开荒和乱砍滥伐。

第十九条　村民对有关部门及其工作人员的工作需要提出批评、意见和建议，或者对有关问题需要申诉、控诉、请求解决的，应当按照正常途径进行，不得越级上访和集体上访，不得采取过激行为。

第二十条　因迁移、出生、死亡、婚嫁等原因导致人员变化的，必须依照户口管理规定，在一个月内办理迁入、迁出登记、注销手续。对违反户口管理，不按规定申报办理各项户口变更手续的应主动到当地派出所讲明情况，接受处罚。

第二十一条　如遇灾情，应及时向村委会报告，树立舍小家顾大家的全局意识，积极投身抗灾第一线，帮助灾民生产自救，重建家园，使其充分体现社会主义大家庭的温暖。

第二十二条　本村规民约由村民代表会议讨论通过，全体村民应共同自觉遵守。

第二十三条　本村规民约自二〇〇三年九月一日起执行。

33.（湖北省宜昌市长阳土家族自治县龙舟坪镇）刘家冲村村规民约①

尊敬的各位党员、村民同志们：

为建设社会主义新农村：生产发展、生活宽裕、乡风文明、村容整洁、管理民主，构建和谐社会，加强社会主义精神文明、政治文明和物质文明的建设，使广大村民能自我管理、自我服务、自我教育，严格规范党员、干部、群众的行为，增强法制观念，强化社会治安管理，保持社会稳定，维护广大村民的合法权益，使其真正做到：讲文明话、办文明事、做文明

① 来自：陈晓丹：《当代土家族地区村规民约研究——以湖北省长阳土家族自治县为个案》，中南民族大学2011年硕士学位论文。

人，形成一种良好的村风，坚定正义永远战胜邪恶的信心，使每一个村民从灵魂深处明辨是非，懂得法律存在的严肃性，为此制定本村规民约。

一、社会治安：

第一条　每个村民都要学法、知法、守法，遵守国家的法律法规以及本村的规章制度，同一切违法犯罪行为、邪教组织作斗争，主动维护改革发展稳定的大局，创造和谐有序的发展环境。

第二条　自觉维护社会秩序和公共安全。按政策程序依法维护自己的合法权益，不搞过激行为，不集体上访，不无理缠访，不阻碍公务人员执行公务，树立良好的公民形象。

第三条　村民之间应团结友爱，和睦相处，谈吐文明，举止大方。待人处事不讲粗话脏话，不打架斗殴，不酗酒滋事，严禁侮辱、诽谤他人。

第四条　严禁盗窃设施、哄抢国家、集体、个人财物，严禁赌“码”赌博，严禁替罪犯隐藏赃物。爱护公共财产，不得损坏水电、交通、生产等公共设施。

第五条　严禁非法生产、运输、存储和买卖爆炸物品。生产、销售烟火、爆炸物品和购置各种枪支，须经公安机关批准，捡拾枪支弹药、爆炸危险物后，要及时上交公安机关。

第六条　严禁非法限制他人人身自由，或者非法侵占他人住宅，不准隐匿毁弃、私拆他人邮件。不制作、出售、传播淫秽物品，不调戏妇女，遵守社会公德。

第七条　严禁私自砍伐林木和携带火种进入林区，不准在村附近或田边路旁乱挖土，严禁损害庄稼及其他农作物，严禁畜禽放养、牛羊啃青。严禁在江河堰塘和水库毒鱼、电鱼、破坏水产资源，违者要受到相应的处罚和教育。

第八条　严格用水、用电管理，不经批准，不准私自安装水电设施，节约用水用电，严禁偷水偷电，一经发现，给予处罚。

第九条　认真遵守户口管理规定，出生、死亡要及时申报和注销。外来人员，需要在本村短期居住的应向村治保会汇报，办理相关手续。在本村暂住务工、经商的外来人员必须服从本村的村规民约，严禁非法同居、未婚非婚怀孕、非婚生育，否则接受处罚。

第十条　对违犯上述社会治安条款者，按以下办法处理：

（一）触犯法律法规的，报送司法机关处理。

（二）情节较轻但尚未触犯刑律和治安管理处罚法的由村委会批评、教育。

二、村风民俗：

第一条　倡导健康文明的新风尚，提倡婚事新办，反对铺张浪费；推行丧事从简，实行殡葬改革；移风易俗，破除陈规陋习；不请神弄鬼，不算卦相面，不看风水；远离黄、毒、赌，不听、不看、不传迷信和淫秽的书刊及音像制品。

第二条　建立正常的人际关系，不搞宗派和宗族活动，积极参加村里组织的各种文化、体育活动，提倡全民健身运动。广泛开展学科学、用科学、靠科学发家致富的比、学、赶、帮活动。

第三条　春耕不好害一年，育儿不严害一生。抓好青少年教育，教育他们加强自身修养、学习好科学文化知识，提倡见义勇为、伸张正义，向英雄模范人物学习，抵制不正之风，做新时代的榜样。积极申请加入党团组织。

第四条　服从乡村建房规划，不扩占，不超高，搬迁、拆迁不提过分要求，拆旧翻新，必须经过村委会、城建局、国土资源局，统一安排，不准擅自动工，自觉拆除一切违章建筑。

第五条　自觉服从交通法规，严禁无证、酒后驾车。不准在道路上随意挤占路面和乱扔东西，保持路面清洁，确保道路畅通。

第六条　违犯上述规定的给予批评教育，情节较重的交司法机关处理。

三、邻里关系：

第一条　邻里之间要和睦相处，与人为善，互相尊重，互相帮助，扶贫帮困；彼此坦诚相见，相互谦让宽容，有话当面说清，不在背后造谣惑众、拨弄是非。

第二条　在经营、生活、借贷、社会交往过程中，应遵循平等、自愿、互利的原则，自觉履行诺言。在生产过程中，自觉服从村两委会安排，不随意更换、移动地界标志，发扬共产主义风格，小事不斤斤计较，退一步自然幽雅，让三分何等清闲。

第三条　依法使用宅基地，宅基地按镇、村规划执行，不得损坏整体规划和四邻利益。

第四条　村民饲养的动物、家畜造成他人损害的，动物饲养人或管理人负经济赔偿责任。没有或限制行为能力的人，给他人造成损害的，监护人应负经济赔偿责任。

第五条　加强道德修养，与邻里发生纠纷，要本着先贵己后贵人，以心平气和的态度相互论理。能自行调节的自行调节处理，不能自行处理的依靠组织解决，不能仗势欺人、强加他人，对不听劝阻制造纠纷的当事人，情节轻微的予以教育，造成人身或财产损失的，需承担医疗费用及法律责任。

四、婚姻家庭：

第一条　全村村民要遵循婚姻自由、男女平等、一夫一妻、尊老爱幼的原则，建立团结和睦的家庭关系。

第二条　婚姻大事由本人作主，反对他人包办干涉，不借婚姻索取财物。

第三条　自觉做到计划生育，晚婚晚育，少生优育。育龄夫妇要严格遵守《中华人民共和国人口与计划生育法》及有关政策，反对非法婚姻和计划外生育。

第四条　夫妻在家庭中地位平等，反对男尊女卑，不准打骂妻子，夫妻双方共同承担家务劳动，共同管理家庭财产。

第五条　父母、继父母承担未成年人或无生活能力子女的抚养教育，不准虐待病残儿、继子女和收养的子女，家长要确保子女完成九年制义务教育。

第六条　孝敬父母，关心老人的衣食住行，除每年按时供应口粮和生活费外，承担医疗费等其他费用，使上一辈老人过上安逸的晚年生活。

五、环境卫生：

第一条　保护生态环境，搞好环境绿化美化和家庭卫生。村民各家各户，门前院内要保持清洁，清除垃圾，清理卫生死角，清除废弃堆积物。养成良好的卫生习惯。

第二条　搞好公共卫生和村容整洁。禁止在公共场所乱吐乱扔，乱倒垃圾。村内道路是供通行之用，不要因自己停车堆草、堆放建筑物而占用道路，影响车辆、行人通行。凡有上述情况者，应自觉纠正。

2007 年 8 月

34. （湖北省宜昌市长阳土家族自治县龙舟坪镇）白氏坪村村规民约[①]

尊敬的各位党员、村民同志们：

为建设社会主义新农村：生产发展、生活宽裕、乡风文明、村容整洁、管理民主，构建和谐社会，加强社会主义精神文明、政治文明和物质文明的建设，使广大村民能自我管理、自我服务、自我教育，严格规范党员、干部、群众的行为，增强法制观念，强化社会治安管理，保持社会稳定，维护广大村民的合法权益，使其真正做到：讲文明话、办文明事、做文明人，形成一种良好的村风，坚定正义永远战胜邪恶的信心，使

① 来自：陈晓丹：《当代土家族地区村规民约研究——以湖北省长阳土家族自治县为个案》，中南民族大学 2011 年硕士学位论文。

每一个村民从灵魂深处明辨是非，懂得法律存在的严肃性，为此制定本村规民约。

一、社会治安：

第一条　每个村民都要学法、知法、守法，遵守国家的法律法规以及本村的规章制度，同一切违法犯罪行为、邪教组织作斗争，主动维护改革发展稳定的大局，创造和谐有序的发展环境。

第二条　自觉维护社会秩序和公共安全。按政策程序依法维护自己的合法权益，不搞过激行为，不集体上访，不无理缠访，不阻碍公务人员执行公务，树立良好的公民形象。

第三条　村民之间应团结友爱，和睦相处，谈吐文明，举止大方。待人处事不讲粗话脏话，不打架斗殴，不酗酒滋事，严禁侮辱、诽谤他人。

第四条　严禁盗窃设施、哄抢国家、集体、个人财物，严禁赌“码”赌博，严禁替罪犯隐藏赃物。爱护公共财产，不得损坏水电、交通、生产等公共设施。

第五条　严禁非法生产、运输、存储和买卖爆炸物品。生产、销售烟火、爆炸物品和购置各种枪支，须经公安机关批准，捡拾枪支弹药、爆炸危险物后，要及时上交公安机关。

第六条　严禁非法限制他人人身自由，或者非法侵占他人住宅，不准隐匿毁弃、私拆他人邮件。不制作、出售、传播淫秽物品，不调戏妇女，遵守社会公德。

第七条　严禁私自砍伐林木和携带火种进入林区，不准在村附近或田边路旁乱挖土，严禁损害庄稼及其他农作物，严禁畜禽放养、牛羊啃青。严禁在江河堰塘和水库毒鱼、电鱼、破坏水产资源，违者要受到相应的处罚和教育。

第八条　严格用水、用电管理，不经批准，不准私自安装水电设施，节约用水用电，严禁偷水偷电，一经发现，给予处罚。

第九条　认真遵守户口管理规定，出生、死亡要及时申报和注销。外来人员，需要在本村短期居住的应向村治保会汇报，办理相关手续。在本村暂住务工、经商的外来人员必须服从本村的村规民约，严禁非法同居、未婚非婚怀孕、非婚生育，否则接受处罚。

第十条　对违犯上述社会治安条款者，按以下办法处理：

（一）触犯法律法规的，报送司法机关处理。

（二）情节较轻但尚未触犯刑律和治安管理处罚法的由村委会批评、教育。

二、村风民俗：

第一条　倡导健康文明的新风尚，提倡婚事新办，反对铺张浪费；推行丧事从简，实行殡葬改革；移风易俗，破除陈规陋习；不请神弄鬼，不算卦相面，不看风水；远离黄、毒、赌，不听、不看、不传迷信和淫秽的书刊及音像制品。

第二条　建立正常的人际关系，不搞宗派和宗族活动，积极参加村里组织的各种文化、体育活动，提倡全民健身运动。广泛开展学科学、用科学、靠科学发家致富的比、学、赶、帮活动。

第三条　春耕不好害一年，育儿不严害一生。抓好青少年教育，教育他们加强自身修养、学习好科学文化知识，提倡见义勇为、伸张正义，向英雄模范人物学习，抵制不正之风，做新时代的榜样。积极申请加入党团组织。

第四条　服从乡村建房规划，不扩占，不超高，搬迁、拆迁不提过分要求，拆旧翻新，必须经过村委会、城建局、国土资源局，统一安排，不准擅自动工，自觉拆除一切违章建筑。

第五条　自觉服从交通法规，严禁无证、酒后驾车。不准在道路上随意挤占路面和乱扔东西，保持路面清洁，确保道路畅通。

第六条　违犯上述规定的给予批评教育，情节较重的交司法机关处理。

三、邻里关系：

第一条　邻里之间要和睦相处，与人为善，互相尊重，互相帮助，扶贫帮困；彼此坦诚相见，相互谦让宽容，有话当面说清，不在背后造谣惑众、拨弄是非。

第二条　在经营、生活、借贷、社会交往过程中，应遵循平等、自愿、互利的原则，自觉履行诺言。在生产过程中，自觉服从村两委会安排，不随意更换、移动地界标志，发扬共产主义风格，小事不斤斤计较，退一步自然幽雅，让三分何等清闲。

第三条　依法使用宅基地，宅基地按镇、村规划执行，不得损坏整体规划和四邻利益。

第四条　村民饲养的动物、家畜造成他人损害的，动物饲养人或管理人负经济赔偿责任。没有或限制行为能力的人，给他人造成损害的，监护人应负经济赔偿责任。

第五条　加强道德修养，与邻里发生纠纷，要本着先贵己后贵人，以心平气和的态度相互论理。能自行调节的自行调节处理，不能自行处理的依靠组织解决，不能仗势欺人、强加他人，对不听劝阻制造纠纷的当事人，情节轻微的予以教育，造成人身或财产损失的，需承担医疗费用及法律责任。

四、婚姻家庭：

第一条　全村村民要遵循婚姻自由，男女平等，一夫一妻，尊老爱幼的原则，建立团结和睦的家庭关系。

第二条　婚姻大事由本人作主，反对他人包办干涉，不借婚姻索取财物。

第三条　自觉做到计划生育，晚婚晚育，少生优育。育龄夫妇要严格遵守《中华人民共和国人口与计划生育法》及有关政策，反对非法婚姻和计划外生育。

第四条　夫妻在家庭中地位平等，反对男尊女卑，不准打骂妻子，夫妻双方共同承担家务劳动，共同管理家庭财产。

第五条　父母、继父母承担未成年人或无生活能力子女的抚养教育，不准虐待病残儿、继子女和收养的子女，家长要确保子女完成九年制义务教育。

第六条　孝敬父母，关心老人的衣食住行，除每年按时供应口粮和生活费外，承担医疗费等其他费用，使上一辈老人过上安逸的晚年生活。

五、环境卫生

第一条　保护生态环境，搞好环境绿化美化和家庭卫生。

村民各家各户，门前院内要保持清洁，清除垃圾，清理卫生死角，清除废弃堆积物。养成良好的卫生习惯。

第二条　搞好公共卫生和村容整洁。禁止在公共场所乱吐乱扔，乱倒垃圾。村内道路是供通行之用，不要因自己停车堆草、堆放建筑物而占用道路，影响车辆、行人通行。凡有上述情况者，应自觉纠正。

2007 年 8 月

35.（湖北省宜昌市长阳土家族自治县龙舟坪镇）津洋口村村规民约①

第一条　为切实保障村民的合法权益，维护社会稳定局面，创造和谐有序的生产、生活环境，促进本村物质文明、政治文明和精神文明的协调发展，根据我国有关的法律和政策，特制定本村规民约，望全体村民自觉遵守，互相监督和共同管理。

第二条　本村规民约是群众性自我约束、自我管理的行为规范准则，适用于辖区内的全体村民，由村民委员会和公民道德理事会共同负责监督执行。

第三条　全体村民要自觉学习贯彻执行党和国家的路线、方针、政策，遵守国家的法律法规以及本村的各项规章制度，

① 来自：陈晓丹：《当代土家族地区村规民约研究——以湖北省长阳土家族自治县为个案》，中南民族大学 2011 年硕士学位论文。

主动维护改革发展稳定的大局，创造和谐的发展环境。

第四条　积极支持各项社会公益事业，不在国家工程、重点项目以及村集体公益事业建设中“敲竹杠”“扯横皮”。正确处理国家、集体、个人三者之间的利益关系，提倡奉献社会，在个人利益与国家和集体利益发生冲突时，要优先把国家和集体利益摆在首位。按政策程序依法维护自己的合法权益，不搞过激行为，不集体上访，不无理缠访，自觉遵守社会公共秩序。

第五条　生活方式健康，自觉抵制黄、赌、毒，反对封建迷信及其他不文明行为。不参加任何邪教。不在非宗教活动场所从事宗教活动。提倡喜事新办，丧事从简，移风易俗，不请神弄鬼，不算卦相面，不看风水，不听、看、传播迷信和淫秽书刊音像制品。

第六条　建立和谐的人际关系，不搞宗派活动，反对家族主义。邻里之间和睦相处，与人为善，互助尊重，互相帮助，不吵架、不斗殴，不侮辱、诽谤他人；彼此坦诚相见，相互谦让宽容，有话当面说清，不在背后造谣惑众、拨弄是非。

第七条　尊老爱幼，不歧视妇女，不虐待老人，反对家庭暴力，子女必须依法对老人尽义务，不得互相推诿责任，不得遗弃、虐待老年人，要为老年人提供有保障的衣食住行、看病就医和文化娱乐等条件。

第八条　保护生态环境，搞好环境绿化、美化和村容整洁。不乱砍滥伐，不随意开山炸石，不在房前屋后乱堆柴草、乱倒垃圾，禁止畜禽放养，粪土污水要及时清理。日常穿戴整洁，庭院勤打扫，厕所常冲洗，室内摆设条理化，培养良好的卫生习惯。

第九条　在生产经营、经济借贷、生活交往过程中，应遵循平等、自愿、互利的原则，自觉履行诺言，依法诚信纳税，对自己的各种社会承诺主动承担责任，不偷奸耍滑，不投机取巧，不占小便宜。

第十条　谈吐文明，举止大方，待人处事不讲粗话、脏话。讲究公共卫生，不随地吐痰、丢垃圾，不在公共场所高声喧哗。自觉维护社会秩序和公共安全，不偷盗、不打架斗殴，不酗酒滋事，不聚众赌博，不阻碍公务人员执行公务，树立良好公民形象。

第十一条　提倡奉献社会乐于助人，主动关心和帮扶老、弱、病、残者，力所能及地帮助他们解决生产生活上的实际困难。每个家庭一年至少要为社会做一至二件有益的事。

第十二条　爱护公共财产，不侵占集体财产和他人财产，节约用电、用水、用地，不得损坏水利、交通、供电、生产、广播电视等公共设施。

第十三条　父母、继父母承担未成年或无生活能力子女的抚养教育。不准虐待、歧视病残儿童，继子女和收养的子女。家长要依法保证子女完成九年制义务教育。男女对父母遗产享受平等的继承权。

第十四条　认真执行计划生育国策，提倡晚婚晚育，优生优育，鼓励和提倡一对夫妇只生一个孩子。反对非法婚姻和计划外生育。

第十五条　加强财务管理，严把支出关。村建立三人理财小组，实行“三签一审”制。每季度书面公布一次账目，每年向村民代表会口头公布两次。不得贪污挪用集体公款。不得超标准支出。

第十六条　依法保护和使用土地。严禁村民在高压线、通信线下建房；严禁占道建房；不准无证建房；批小做大；不准卖房后又建房和一户多居。

第十七条　违反村规民约的，轻者由村民委员会或公民道德理事会给予批评教育，责令作出书面检讨，并向他人赔礼道歉，赔偿有关损失；经教育仍不改正的，记入公民道德档案；情节严重触犯刑律的，由司法机关依法处理。

第十八条　本村规民约于 2009 年 8 月 1 日经村民代表大会讨论通过，自通过之日起正式执行。

龙舟坪镇津洋口村村委会

二〇〇九年八月一日

36．（湖北省宜昌市长阳土家族自治县龙舟坪镇）厚丰溪村村规民约[①]

第一条　为切实保障村民的合法权益，维护农村社会稳定局面，创造和谐有序的生产、生活环境，促进本村物质文明、

① 来自：陈晓丹：《当代土家族地区村规民约研究——以湖北省长阳土家族自治县为个案》，中南民族大学 2011 年硕士学位论文。

政治文明和精神文明的协调发展，根据我国有关的法律和政策，特制定本村规民约，望全体村民自觉遵守、互相监督和共同管理。

第二条　本村规民约是群众性自我约束、自我管理的行为规范准则，适用于辖区内的全体村民，由村民委员会和公民道德理事会共同负责监督执行。

第三条　全体村民要自觉学习贯彻执行党和国家的路线、方针、政策，遵守国家的法律法规以及本村的各项规章制度，主动维护改革发展稳定的大局，创造和谐的发展环境。

第四条　积极支持各项社会公益事业，不在国家工程、重点项目以及村集体公益事业建设中“敲竹杠”“扯横皮”。正确处理国家、集体、个人三者之间的利益关系，提倡奉献社会，在个人利益与国家和集体利益发生冲突时，要优先把国家和集体利益摆在首位。按政策程序依法维护自己的合法权益，不搞过激行为，不集体上访，不越级上访，不无理缠访，自觉遵守社会公共秩序。

第五条　生活方式健康，自觉抵制黄、赌、毒，反对封建迷信及其他不文明行为。不参加任何邪教。不在非宗教活动场所从事宗教活动。提倡喜事新办，丧事从简，移风易俗，不请神弄鬼，不算卦相面，不看风水，不听、看、传播迷信和淫秽书刊音像制品。

第六条　建立和谐的人际关系，不搞宗派活动，反对家族主义。邻里之间和睦相处，与人为善，互相尊重，互相帮助，不吵架、不斗殴，不侮辱、诽谤他人；彼此坦诚相见，相互谦让宽容，有话当面说清，不在背后造谣惑众、拨弄是非。

第七条　尊老爱幼，不歧视妇女，不虐待老人，反对家庭暴力。子女必须依法对老人尽赡养义务，不得相互推诿责任，不得遗弃、虐待老年人，要为老人提供有保障的衣食住行、看病就医和文化娱乐生活等条件。

第八条　保护生态环境，搞好环境绿化、美化和村容整洁。不乱砍滥伐，不随意开山炸石，不在房前屋后乱堆柴草、乱倒垃圾，禁止畜禽放养，粪土污水要及时清理。日常穿戴整洁，庭院勤打扫，厕所常冲洗，室内摆设条理化，培养良好的卫生习惯。

第九条　在生产经营、经济借贷、生活交往过程中，应遵循平等、自愿、互利的原则，自觉履行诺言，依法诚信纳税，对自己的各种社会承诺主动承担责任，不偷奸耍滑，不投机取巧，不占小便宜。

第十条　谈吐文明，举止大方，待人处事不讲粗话、脏话。讲究公共卫生，不随地吐痰、丢垃圾，不在公共场所高声喧哗。自觉维护社会秩序和公共安全，不偷盗、不打架斗殴，不酗酒滋事，不聚众赌博，不阻碍公务人员执行公务，树立良好公民形象。

第十一条　提倡奉献社会，乐于助人，主动关心和帮扶老、弱、病、残者，力所能及地帮助他们解决生产生活上的实际困难。每个农村家庭一年至少要为社会做一至二件有益的事。

第十二条　爱护公共财产，不侵占集体财产和他人财产，节约用电、用水、用地，不得损坏水利、交通、供电、生产、广播电视等公共设施。

第十三条　父母、继父母承担未成年或无生活能力子女的抚养教育。不准虐待、歧视病残儿童、继子女和收养的子女。家长要依法保证子女完成九年制义务教育。男女对父母遗产享受平等的继承权。

第十四条　认真执行计划生育国策，提倡晚婚晚育，优生优育，鼓励和提倡一对夫妇只生一个孩子。反对非法婚姻和计划外生育。

第十五条　违反村规民约的，轻者由村民委员会或公民道德理事会给予批评教育，责令作出书面检讨。并向他人赔礼道歉，赔偿有关损失；经教育仍不改正的，记入公民道德档案；情节严重触犯刑律的，由司法机关依法处理。

第十六条　本村规民约于2006年12月1日经村民代表大会讨论通过，自通过之日起正式执行。

37.（湖北省宜昌市长阳土家族自治县龙舟坪镇）高家堰村村规民约[①]

第一条　为切实保障村民的合法权益，维护农村社会稳定局面，创造和谐有序的生产、生活环境，促进本村物质文明、

① 来自：陈晓丹：《当代土家族地区村规民约研究——以湖北省长阳土家族自治县为个案》，中南民族大学2011年硕士学位论文。

政治文明和精神文明的协调发展，根据我国有关的法律和政策，特制定本村规民约，望全体村民自觉遵守、互相监督和共同管理。

第二条　本村规民约是群众性自我约束、自我管理的行为规范准则，适用于辖区内的全体村民，由村民委员会和公民道德理事会共同负责监督执行。

第三条　全体村民要自觉学习贯彻执行党和国家的路线、方针、政策，遵守国家的法律法规以及本村的各项规章制度，主动维护改革发展稳定的大局，创造和谐的发展环境。

第四条　积极支持各项社会公益事业，不在国家工程、重点项目以及村集体公益事业建设中“敲竹杠”“扯横皮”。正确处理国家、集体、个人三者之间的利益关系，提倡奉献社会，在个人利益与国家和集体利益发生冲突时，要优先把国家和集体利益摆在首位。按政策程序依法维护自己的合法权益，不搞过激行为，不集体上访，不越级上访，不无理缠访，自觉遵守社会公共秩序。

第五条　生活方式健康，自觉抵制黄、赌、毒，反对封建迷信及其他不文明行为。不参加任何邪教。不在非宗教活动场所从事宗教活动。提倡喜事新办，丧事从简，移风易俗，不请神弄鬼，不算卦相面，不看风水，不听、看、传播迷信和淫秽书刊音像制品。

第六条　建立和谐的人际关系，不搞宗派活动，反对家族主义。邻里之间和睦相处，与人为善，互相尊重，互相帮助，不吵架、不斗殴，不侮辱、诽谤他人；彼此坦诚相见，相互谦让宽容，有话当面说清，不在背后造谣惑众、拨弄是非。

第七条　尊老爱幼，不歧视妇女，不虐待老人，反对家庭暴力。子女必须依法对老人尽赡养义务，不得相互推诿责任，不得遗弃、虐待老年人，要为老人提供有保障的衣食住行、看病就医和文化娱乐生活等条件。

第八条　保护生态环境，搞好环境绿化、美化和村容整洁。不乱砍滥伐，不随意开山炸石，不在房前屋后乱堆柴草、乱倒垃圾，禁止畜禽放养，粪土污水要及时清理。日常穿戴整洁，庭院勤打扫，厕所常冲洗，室内摆设条理化，培养良好的卫生习惯。

第九条　在生产经营、经济借贷、生活交往过程中，应遵循平等、自愿、互利的原则，自觉履行诺言，依法诚信纳税，对自己的各种社会承诺主动承担责任，不偷奸耍滑，不投机取巧，不占小便宜。

第十条　谈吐文明，举止大方，待人处事不讲粗话、脏话。讲究公共卫生，不随地吐痰、丢垃圾，不在公共场所高声喧哗。自觉维护社会秩序和公共安全，不偷盗、不打架斗殴，不酗酒滋事，不聚众赌博，不阻碍公务人员执行公务，树立良好公民形象。

第十一条　提倡奉献社会，乐于助人，主动关心和帮扶老、弱、病、残者，力所能及地帮助他们解决生产生活上的实际困难。每个农村家庭一年至少要为社会做一至二件有益的事。

第十二条　爱护公共财产，不侵占集体财产和他人财产，节约用电、用水、用地，不得损坏水利、交通、供电、生产、广播电视等公共设施。

第十三条　父母、继父母承担未成年或无生活能力子女的抚养教育。不准虐待、歧视病残儿童、继子女和收养的子女。家长要依法保证子女完成九年制义务教育。男女对父母遗产享受平等的继承权。

第十四条　认真执行计划生育国策，提倡晚婚晚育，优生优育，鼓励和提倡一对夫妇只生一个孩子。反对非法婚姻和计划外生育。

第十五条　违反村规民约的，轻者由村民委员会或公民道德理事会给予批评教育，责令作出书面检讨。并向他人赔礼道歉，赔偿有关损失；经教育仍不改正的，记入公民道德档案；情节严重触犯刑律的，由司法机关依法处理。

第十六条　本村规民约于 2006 年 12 月 1 日经村民代表大会讨论通过，自通过之日起正式执行。

38.（湖北省宜昌市长阳土家族自治县龙舟坪镇）何家坪村村规民约[①]

为了促进本村经济发展、社会稳定，推动两个文明建设，保障村民正常的生产生活秩序，特制定村规民约。

---

① 来自：陈晓丹：《当代土家族地区村规民约研究——以湖北省长阳土家族自治县为个案》，中南民族大学 2011 年硕士学位论文。制定时间不详。

一、坚持“四项基本原则”，热爱党、热爱社会主义制度。认真学习贯彻执行党的路线、方针、政策、严格遵守国家的宪法、法律、法规。

二、村民委员会严格按照《村民委员会组织法》依法治村，实行自我管理、自我教育、自我服务，村民委员会在村民监督下开展工作。

三、村内重大事宜、公益事业性建设及大的开支必须经村民代表讨论通过方可实施。

四、村财务实行统一管理、定期公开、民主监督。

五、村委会成员按时按质完成上级下达的各项工作任务。

六、加强精神文明建设，自觉遵守社会公德，讲文明、礼貌，正确处理好邻里、家庭成员关系，树立良好的社会风气。

七、要讲正气，自觉抵制歪风邪气，敢于同坏人坏事作斗争。

八、正确处理好国家、集体、个人三者之间的关系，认真履行自己的权利和义务，努力学科学，大力发展商品生产，努力实现勤劳致富。

九、搞好社会治安综合治理，加强安全防范，及时化解民事纠纷，确保无集体上访，无越级上访，无民转刑案件发生。

十、搞好计划生育和优生优育，提高人口质量，杜绝计划外生育。

十一、积极参与公民思想道德建设活动，努力为构建和谐社会做出贡献。

39.（湖北省宜昌市长阳土家族自治县龙舟坪镇）三渔冲村村规民约①

为了促进本村经济发展、社会稳定，推动两个文明建设，保障村民正常的生产生活秩序，特制定村规民约。

一、坚持“四项基本原则”，热爱党、热爱社会主义制度。认真学习贯彻执行党的路线、方针、政策，严格遵守国家的宪法、法律、法规。

二、村民委员会严格按照《村民委员会组织法》依法治村，实行自我管理、自我教育、自我服务，村民委员会在村民监督下开展工作。

三、村内重大事宜、公益事业性建设及大的开支必须经村民代表讨论通过方可实施。

四、村财务实行统一管理、定期公开、民主监督。

五、村委会成员按时按质完成上级下达的各项工作任务。

六、加强精神文明建设，自觉遵守社会公德，讲文明、礼貌，正确处理好邻里、家庭成员关系，树立良好的社会风气。

七、要讲正气，自觉抵制歪风邪气，敢于同坏人坏事作斗争。

八、正确处理好国家、集体、个人三者之间的关系，认真履行自己的权利和义务，努力学科学，大力发展商品生产，努

① 来自：陈晓丹：《当代土家族地区村规民约研究——以湖北省长阳土家族自治县为个案》，中南民族大学2011年硕士学位论文。制定时间不详。

力实现勤劳致富。

九、搞好社会治安综合治理，加强安全防范，及时化解民事纠纷，确保无集体上访，无越级上访，无民转刑案件发生。

十、搞好计划生育和优生优育，提高人口质量，杜绝计划外生育。

十一、积极参与公民思想道德建设活动，努力为构建和谐社会做出贡献。

40.　（湖北省宜昌市五峰土家族自治县湾潭镇）锁金山村村规民约[①]

为了推进我村民主政治建设，保障村民自治权利，树立良好的民风、村风，创造安居乐业的社会环境，实现村民自我管理、自我教育、自我服务，促进本村经济和社会各项事业的和谐发展，根据《中华人民共和国宪法》《中华人民共和国村民委员会组织法》及相关法律规定，特制定本村规民约，本村规民约已经全体村民代表大会三分之二以上代表讨论通过并报湾潭镇政府备案，希望全体村民自觉遵守。

一、遵纪守法

第一条　坚决拥护中国共产党的领导，认真执行党的路线、方针、政策，正确处理国家、集体、个人三者之间的利益

① 来自：《锁金山村村规民约》，载“锁金山村”微信公众号，2018 年 3 月 18 日，2020 年 1 月 29 日最后访问。

关系。

第二条　每个村民要自觉学法、尊法、守法、用法，自觉维护法律尊严，积极同一切违法犯罪行为作斗争。

第三条　每个村民应做到不信教、不传教，不听、不看邪教组织散发的各种资料，发现可疑邪教组织人员及时上报。

第四条　村民之间应团结友爱，和睦相处，不打架斗殴，不酗酒滋事，严禁侮辱、诽谤他人，严禁造谣惑众、拨弄是非。

第五条　自觉维护社会秩序和公共安全，不扰乱公共秩序，不阻碍公务人员执行公务。

第六条　严禁偷盗、敲诈、哄抢国家、集体、个人财物，严禁赌博、放高利贷，严禁替罪犯藏匿赃物。

第七条　严禁非法生产、运输、储存和买卖爆炸物品；经销烟花、爆竹等易燃易爆物品须经公安机关等有关部门批准。不得私藏枪支弹药和各类毒品，发现可疑枪支弹药或毒品的，要及时向公安机关报告。

第八条　爱护公共财产，不得损坏水利、道路交通、供电、通信等公共设施。

第九条　严禁非法限制他人人身自由或非法侵犯他人住宅，不准隐匿、毁弃、私拆他人邮件。

第十条　严禁私自砍伐国家、集体或他人的林木，保护生态环境，多植树植好树，不得随意滥挖滥采风景花卉林木。每个村民都有保护土家民居和保护具有文物观赏价值的风景点（物），为全域旅游创造条件。严禁损害他人庄稼、瓜果及其他农作物，加强牲畜看管，严禁乱放猪、牛、羊等家畜家禽。

第十一条　不造谣、不传谣、不借故违法上访，村民有诉求的应先向村委会反映，按程序求得解决。

二、防火防盗

第十二条　加强野外用火管理，严防山火发生。

第十三条　家庭用火做到人离火灭，严禁将易燃易爆物品堆放户内，定期检查、排除各种火灾隐患。

第十四条　对村内、户内电线要定期检查，损坏的要请电工及时修理、更新，严禁乱拉乱接电线。

第十五条　加强村民尤其是少年儿童安全用火用电知识宣传教育，提高全体村民消防安全意识。

第十六条　加强区域性的防盗组织建设，鼓励农户之间开展屋场联防、山头联防、公路沿线联防等防盗活动，鼓励有条件的农户在自家门前安装摄像头，不断提升本地的治安防控水平。

三、移风易俗

第十七条　提倡社会主义精神文明，反对封建迷信及其他不文明行为，积极学习科学文化知识，树立良好的民风、村风。

第十八条　红白喜事要本着喜事新办、丧事简办的原则，反对铺张浪费、大操大办。除婚丧嫁娶外，其他无事酒一律禁止操办，一律不得参与。村民操办合规酒宴，必须提前十五天向村委会提出书面申请，经村委会批准并签订安全责任书后方可实施。

第十九条　树立健康的娱乐观，要多看健康有益的书籍和电视节目，积极参加各类文体活动，不听、不看、不传播淫秽书刊和音像。

第二十条　建立正常的人际关系，不搞宗派活动，反对家族主义。

第二十一条　积极开展文明乡村建设，搞好公共卫生，加强村容村貌整治，推进绿色殡葬、集中安葬，严禁在公路沿线、景区景点、居民区安葬。严禁在公路上晾晒农作物及生活用品，严禁随地乱倒乱堆垃圾，柴草、粪土应定点、整齐堆放。

第二十二条　建房应服从村镇建设规划，经村委会和上级有关部门批准，不得擅自动工，不得违反规划或损害四邻利益。

四、邻里和睦

第二十三条　村民之间要互尊、互爱、互助，和睦相处，建立良好的人际关系。

第二十四条　农户之间在生产、生活、社会交往过程中，应遵循安全、平等、自愿、互利互惠的原则，形成良好的邻里关系。

第二十五条　邻里纠纷，应本着团结友爱、依法依规的原则平等协商解决，协商不成的可申请村调解委员会进行调解，也可依法向人民法院起诉，树立依法维权意识，不得以打骂等方式激化矛盾。

五、孝老爱亲

第二十六条　遵循婚姻自由、一夫一妻、男女平等、尊老爱幼的原则，建立团结和睦幸福的美好家庭关系。

第二十七条　婚姻大事由本人作主，反对包办干涉，反对索要高额彩礼。

第二十八条　自觉遵守计划生育法律、法规、政策，实行计划生育，提倡每对育龄夫妇优生优育两个小孩，严禁无计划生育或超生。

第二十九条　夫妻地位平等，共同承担家务劳动，共同管理家庭财产，严禁家庭暴力。

第三十条　父母应尽抚养、教育未成年子女的义务，子女应尽赡养老人的义务，不得歧视、虐待老人。

六、见义勇为

第三十一条　对外来我村游客要热情接待，禁止欺客宰客。

第三十二条　对外来行踪可疑人员要及时盘问，必要时及时报告村委会或公安派出所。

第三十三条　对破坏公私财物的行为要坚决制止，难以制止的要及时报告村委会或派出所。对肇事者拒绝赔偿的，要勇于出庭作证将肇事者绳之以法。

第三十四条　提倡对困难家庭、残疾人、受灾户、常年生病的家庭和个人等提供无私帮助。对精神病患者、智障患者等弱势群体要给予关爱（监护）。

第三十五条　在突发事件或自然灾害发生时，要最大限度地勇救他人生命和公私财物。

七、奖励与处罚

第三十六条　村委会根据镇诚信守法档案建设领导小组的要求，为本村全体村民建立个人诚信守法档案，该档案将作为村换届选举、村民入党、公务员招录、企事业单位聘用、征兵、评先树优及村级各类福利派发的初审依据。记入个人诚信守法档案的诚信守法行为和失信违法行为将在村红黑榜进行公布。

第三十七条　鼓励村民与村民之间相互监督，对诚实守信、遵纪守法、带头履行本村规民约有突出表现和贡献的，村委会将予以表彰和奖励，同时记入个人诚信守法档案。

第三十八条　对违反本村规民约情节轻微的，由村委会批评教育，责令改正；对违反本村规民约倡导性条款造成严重后果的、对违反本村规民约禁止性条款的或受到主管机关处罚的，均直接记入个人诚信守法档案。个人记入诚信守法档案失信违法行为的，其家庭均取消享受或者暂缓享受村组各种优惠待遇。

第三十九条　记入诚信守法档案的失信违法情形三年内无再犯可恢复正常村民待遇；个人三条诚信守法行为抵消销号一条失信记录。

第四十条　本村规民约由村党支部和村委会负责解释，自2018年3月9日起实行。

41．（湖北省宜昌市五峰土家族自治县傅家堰乡）傅家堰村村规民约[①]

为了推进我村民主法治建设，维护社会稳定，树立良好的村风、民风，创建安居乐业的社会环境，促进经济社会发展，建设文明卫生新农村，经全体村民代表讨论通过，制定本《村规民约》，全体村民共同遵守。

一、每个村民都必须做到爱党、爱国、爱集体，服从村民代表大会的决议，支持村级经济发展，一切从集体利益出发。

二、每个村民都要学法、知法、守法，自觉维护宪法尊严，积极有效同一切违法犯罪行为作斗争。

三、村民之间应团结友爱，和睦相处，不准打架斗殴，不准酗酒滋事，严禁侮辱、诽谤他人，严禁造谣惑众、拨弄是非。

四、自觉维护社会秩序和公共安全，不得故意扰乱公共秩序，不得阻碍公务人员执行公务。

五、严禁偷盗、敲诈、哄抢国家集体个人财产，严禁赌博、严禁替罪犯藏匿赃物。

六、严禁非法生产、运输、储存和买卖爆炸物品；经销烟花、爆竹等易燃易爆物品必须经公安机关等有关部门批准。不得私配枪支弹药，拾得枪支弹药、爆炸物品，要及时上交公安

① 来自：《傅家堰村村规民约新鲜出炉》，载“醉美堰域傅家堰村”微信公众号，2018年3月18日最后访问。

机关。

七、爱护公共财产，不得损坏水利、道路交通、供电、通信、生产等公共设施。

八、严禁非法限制他人人身自由或非法侵犯他人住宅，不准隐匿、毁弃、私拆他人邮件。

九、严禁私自砍伐国家、集体或他人的林木，严禁损害他人庄稼、瓜果及其他农作物。

十、加强野外用火管理，严防山火发生。自行承担因私自野外用火造成的火灾损失和法律责任。

十一、家庭用火做到人离火灭，严禁将易燃易爆物品集中堆放户内，定期检查、排除各种火灾隐患。

十二、对村内、户内电线要定期检查，损坏和老化的要请电工及时修理、更新，避免因用电不慎产生火灾，严禁乱拉乱接电线，偷盗用电。

十三、加强村民（尤其是少年儿童）安全用火用电知识宣传教育，提高全体村民消防安全知识水平和意识。

十四、提倡社会主义精神文明和核心价值观，移风易俗，反对封建迷信及其他不文明行为，树立良好的民风、村风。

十五、红白喜事：喜事新办，丧事从简，破除陈规旧俗，反对铺张浪费，一切从勤俭出发。只允许办理婚宴（婚宴未办理的可以生第一个小孩办理一次）、丧葬。

十六、不请神弄鬼或装神弄鬼，不搞封建迷信活动，不听、看、传淫秽书刊和音像，不参加非法组织和邪教。

十七、建立正常的人际关系，反对拉帮结派，不搞宗派活动，反对家族主义。

十八、服从村委会统一安排，积极开展文明卫生村级建设，搞好公共卫生，加强村容村貌整治，严禁随地乱倒乱堆垃圾，严禁污水随意流放，修房盖屋建筑垃圾应及时清理，柴草、粪土应定点堆放。

十九、村民建房应服从村庄建设规划，未经村委会和乡政府村镇办批准不得擅自动工，不得违反规划或损害四邻利益。

二十、远亲不如近邻，村民之间要互尊、互爱、互助，和睦相处，建立良好的邻里关系。

二十一、在生产、生活、社会交往过程中，以和为贵，应遵循平等自愿、互惠互利的原则，遵循《中国人民共和国合同法》，借钱必须按照借款时约定的时间按时归还。有借有还，再借不难。依法打击老赖，发扬社会主义新风尚。

二十二、邻里纠纷，以和为贵，应本着团结友爱、互惠互让的原则平等协商解决，协商不成的可由村调解委调解，也可通过依法向人民法院起诉，树立依法维权意识，不得以牙还牙，以暴制暴，激化矛盾。

二十三、遵循婚姻自由，婚姻大事由本人作主，反对包办干涉。弘扬尊老爱幼，建立团结互爱、和睦相处的家庭关系。

二十四、自觉遵守计划生育法律、法规，实行计划生育，倡导生育二孩政策，提倡优生优育。

二十五、夫妻地位平等，共同承担家务劳动，共同管理家庭财产，杜绝家庭暴力。

二十六、父母应尽抚养义务、教育未成年子女的义务，杜绝重男轻女，禁止歧视、虐待、遗弃女婴，破除生男才能传宗接代的坏风气。仁善孝为先，子女必须应尽赡养老人的义务，不得歧视老人、严禁虐待老人。

二十七、自觉养路护路，维护道路畅通，不准在村道、主道边搭建违章建筑，堆放废土、乱石、杂物，不准在路道上乱挖排水沟，不准在路肩上种植作物，侵占路面。

二十八、对于村民尊老爱幼、热心公益、邻里和睦、遵纪守法的村民，每年进行一次表彰，经代表大会通过、公示，村委会给予表彰奖励。

二十九、违反本村规民约，除触犯法律由有关执法部门依法处理外，村民委员会可以提请三分之二以上村民代表表决通过后作出如下处理：

（1）予以通报批评教育；

（2）责令当事人写出悔过书，在村公示栏予以公示，计入公民诚信黑榜档案；

（3）对他人财产有损失的，责令其恢复原状或作价赔偿；

（4）对村集体财产造成损失的，视情况给予经济处罚；

（5）取消享受或者暂缓享受村组各种优惠待遇；

（6）本年度不能参与先进和星级文明户的评选。

对于依照村规民约作出处罚的村民，可以在其违反村规民约行为消除后向村民委员会提出申请，经三分之二以上村民代表表决通过，恢复正常村民待遇。

本村规民约根据农村社会、经济发展情况，适时进行修订。

本村规民约有与国家法律、法规、政策相抵触的按国家规定执行。

本村规民约于 2018 年 3 月 13 日由全体村民代表表决通过，对本村全体村民具有约束力，2018 年 4 月 1 日正式实施。

42.（湖北省宜昌市五峰土家族自治县长乐坪镇）石桥沟村村规民约[①]

（二〇一八年一月二十二日讨论通过）

为了推进我村民主政治建设，保障村民自治权利，树立良好的民风、村风，创造安居乐业的社会环境，实现村民自我管理、自我教育、自我服务，促进本村经济和社会各项事业的和谐发展，根据《中华人民共和国宪法》《中华人民共和国村民委员会组织法》及相关法律规定，特制定本村规民约，本村规民约已经全体村民代表大会三分之二以上代表讨论通过并报长乐坪镇党委、政府备案，特制定如下村规民约，希全体村民共同遵守。

一、遵纪守法

第一条　坚决拥护中国共产党的领导，认真执行党的路线、方针、政策，正确处理国家、集体、个人三者之间的利益关系。

---

① 来自：宜昌文明网，http：//yc. wenming. cn/wmcz/201912/t20191205_6185943. html，2020 年 2 月 15 日最后访问。

第二条　村民要自觉学法、尊法、守法、用法，自觉维护法律尊严，积极同一切违法犯罪行为作斗争。

第三条　村民应做到不信邪教、不传邪教，不听、不看邪教组织散发的各种资料，发现可疑邪教组织人员及时上报。

第四条　村民之间应团结友爱，和睦相处，不打架斗殴，不酗酒滋事，严禁侮辱、诽谤他人，严禁造谣惑众、拨弄是非。

第五条　自觉维护社会秩序和公共安全，不扰乱公共秩序，不阻碍公务人员执行公务。

第六条　严禁偷盗、敲诈、哄抢国家、集体、个人财物，严禁赌博、放高利贷，严禁替罪犯藏匿赃物。

第七条　严禁非法生产、运输、储存和买卖爆炸物品；经销烟花、爆竹等易燃易爆物品须经公安机关等有关部门批准。不得私藏枪支弹药和各类毒品，发现可疑枪支弹药或毒品的，要及时向公安机关报告。

第八条　爱护公共财产，不得损坏水利、道路交通、供电、通信、航空、气象、生产等公共设施。

第九条　严禁非法限制他人人身自由或非法侵犯他人住宅，不准隐匿、毁弃、私拆他人邮件。

第十条　严禁私自砍伐国家、集体或他人的林木，严禁损害他人庄稼、瓜果及其他农作物，加强牲畜看管，严禁乱放猪、牛、羊等家畜家禽。

第十一条　不造谣、不传谣、不借故违法上访，村民有诉求的应先向村委会反映，按程序求得解决。

二、防火防盗

第十二条　加强野外用火管理，严防山火发生。

第十三条　家庭用火做到人离火灭，严禁将易燃易爆物品堆放户内，定期检查、排除各种火灾隐患。

第十四条　对村内、户内电线要定期检查，损坏的要请电工及时修理、更新，严禁乱拉乱接电线。

第十五条　加强村民尤其是少年儿童安全用火用电知识宣传教育，提高全体村民消防安全知识水平和意识。

第十六条　加强区域性的防盗组织建设，鼓励农户之间开展屋场联盟、山头联盟、公路沿线联盟等防盗活动，鼓励有条件的农户在自家门前安装摄像头，不断提升本地的治安防控水平。

三、移风易俗

第十七条　提倡社会主义精神文明，反对封建迷信及其他不文明行为，积极学习科学文化知识，树立良好的民风、村风。

第十八条　红白喜事要本着喜事新办、丧事简办的原则，反对铺张浪费、反对大操大办。除婚丧嫁娶（嫁娶未请客的生小孩后可请一次客）及 80 岁、90 岁、100 岁整岁祝寿外，其他的无事酒一律禁止操办。除丧事外，村民准备操办喜事的，必须提前十天向红白理事会提出书面申请，经红白理事会批准并签订安全责任书后方可实施。

第十九条　树立健康的娱乐观，要多看健康有益的书籍和电视节目，积极参加各类文体活动，不听、不看、不传播淫秽书刊和音像。

第二十条　建立正常的人际关系，不搞宗派活动，反对家族主义。

第二十一条　积极开展文明乡村建设，搞好公共卫生，加强村容村貌整治，严禁在公路上晾晒农作物及生活用品，严禁随地乱倒乱堆垃圾，柴草、粪土应定点堆放。

第二十二条　建房应服从村镇建设规划，经村委会和上级有关部门批准，统一安排，不得擅自动工，不得违反规划或损害四邻利益。

四、邻里和睦

第二十三条　村民之间要互尊、互爱、互助，和睦相处，建立良好的人际关系。

第二十四条　农户在生产、生活、社会交往过程中，应遵循安全、平等、自愿、互利互惠的原则，形成良好的邻里关系。

第二十五条　邻里纠纷，应本着团结友爱、依法依规的原则平等协商解决，协商不成的可申请村调解委员会进行调解，也可依法向人民法院起诉，树立依法维权意识，不得以打骂等方式激化矛盾。

五、孝老爱亲

第二十六条　遵循婚姻自由、男女平等、一夫一妻、尊老爱幼的原则，建立团结和睦幸福的美好家庭关系。

第二十七条　婚姻大事由本人作主，反对包办干涉，反对索要高额彩礼。

第二十八条　自觉遵守计划生育法律、法规、政策，实行计划生育，提倡晚婚晚育，提倡每对育龄夫妇优生优育两个小孩，严禁无计划生育或超生。

第二十九条　夫妻地位平等，共同承担家务劳动，共同管理家庭财产，反对家庭暴力。

第三十条　父母应尽抚养、教育未成年子女的义务，禁止歧视、虐待、遗弃女婴，破除生男才能传宗接代的陋习。子女应尽赡养老人的义务，不得歧视、虐待老人。

六、见义勇为

第三十一条　对外来我村旅游客人要热情接待，禁止欺客宰客。

第三十二条　对外来行踪可疑人员要及时盘问，必要时及时报告村委会或公安派出所。

第三十三条　对破坏公私财物的要及时制止，难以制止的要及时报告村委会或派出所。对肇事者拒绝赔偿的，要勇于出庭作证将肇事者绳之以法。

第三十四条　要尊老爱幼，尊敬老人，爱护幼童。

第三十五条　在突发事件或自然灾害发生时，要最大限度地勇救他人生命和公私财物。

七、奖励与处罚

第三十六条　村委会根据镇诚信守法档案领导小组的要求为本村全体村民建立个人诚信守法档案，该档案将作为公务员招录、企事业单位聘用、劳务用工、征兵、评先树优及村级各类福利派发的初审依据。记入个人诚信守法档案的诚信守法行为和失信违法行为将在村红黑榜进行公布。

第三十七条　对诚实守信、遵纪守法、带头履行本村规民约有突出表现和贡献的，经道德理事会评议后，报村委会将予以表彰和奖励，同时记入个人诚信守法档案。

第三十八条　对违反本村规民约情节轻微的，由道德理事会批评教育，责令改正并写检讨；对违反本村规民约倡导性条款造成严重后果的、对违反本村规民约禁止性条款的或受到主管机关处罚的，均直接记入个人诚信守法档案。个人记入诚信守法档案失信违法行为的，其家庭均取消享受或者暂缓享受村组各种优惠待遇。

第三十九条　记入诚信守法档案的失信违法情形三年内无再犯可恢复正常村民待遇；个人三条诚信守法行为抵消销号一条失信违法行为记录。

43.　（湖南省湘西土家族苗族自治州永顺县青坪镇中山村）村规民约[①]

中山村、山水清、民风淳、环境好、风景美、避暑地；
遵守法、民本分、若违法、必查纠、犯案科、必严惩；
水电费、每月清、按时交、不乱整、凭课率、早完成；
敬祖宗、要诚心、称长辈、不呼名、孝父母、尽顺从；
教子女、戒辱骂、循诱导、以身教、讲道理、忌溺爱；
勤读书、苦磨炼、学诗书、长知识、求上进、精学业；

① 来自：代玉龙：《西部乡村治理中村规民约研究》，西华师范大学 2019 年硕士学位论文。制定时间不详。

避懒惰、勿旷事、毋荡颓、少游戏、禁赌博、力劳作；
崇简朴、尚节约、粒米贵、除浪费、丝缕艰、莫奢侈；
存忠厚、取诚信、从业绩、守信誉、遇争端、先自省；
慎戏谑、谨言行、作风端、为人正、尊老幼、品行纯；
恤贫困、惜孤寡、帮茕鳏、救急难、济病寒、扶伤残；
睦亲邻、倡和睦、重友情、同体谅、共帮助、多谦让；
讲卫生、爱清洁、整环境、勤洒扫、灭毒菌、祛病患；
尊宗教、反邪教、破迷信、崇科学、求实效、用辩证；
重安全、防隐患、去陋习、勿违规、事小心、灭灾难；
促文明、懂礼貌、容颜悦、语气和、谦受益、满招损。

44.（湖南省湘西土家族苗族自治州永顺县和平乡）双凤村封山护林公约①

为了保护林业和创造良好的自然环境，经村党支部和村委会研究，交村民大会通过，报乡人民政府批准，特制定封山护林公约如下：

一、村境内山林全部实行禁封，严禁任何人乱砍滥伐。

二、本村境内禁止烧炭、挖树蔸、砍山竹和扯竹笋，不准捕捉野生动物。

三、严禁外村村民进入本村境内砍柴，本村村民只能到自

① 来自：马翀炜、陆群主编：《中国民族村寨调查 土家族 湖南永顺县双凤村调查》，云南大学出版社2004年版，第202页。

己的责任山内捡柴，未经他人允许，不得随意超出范围。

四、本村风景林区内，严禁砍伐一草一木，不准捡干柴，不许放牧。

五、实行专人看管，群众监督举报，对违者坚决严厉处罚，视其情节，轻者处以罚款，重者依照法律进行制裁。

六、保护森林，人人有责，望大家自觉遵守护林条款，创造美好的环境，造福子孙后代。

双凤村党支部　双凤村村委会

二〇〇一年五月

45. （湖南省湘西土家族苗族自治州永顺县和平乡双凤村）管电条款细则[①]

一、管电实行包干责任制。每度电价收费捌角，2～4 安的电表每块电表底度定为三度。如各户电表有误，由用户自己负责校表。变压器需要换表，由村里集体负责。

二、管电员负责低压电路的管护和维修。如在负责范围内出现线路故障，必须在两日之内修好通电，费用由管电员负责。如在管电过程中出现伤亡事故，由个人负责。

三、管电员负责养护好变压器，除雷击损坏以外，其他修理、换油等均由管电员自己负责。

① 来自：马翀炜、陆群主编：《中国民族村寨调查 土家族 湖南永顺县双凤村调查》，云南大学出版社 2004 年版，第 197－198 页。

四、用户如电表损坏，由用户自己及时维修或换表，否则管电员有权停止供电。

五、各用户必须按时缴纳电费。除管电员允许延期以外，拒交者管电员可以停止供电。

六、管电员有权砍掉一切妨碍线路的竹木。

七、加工电表必须和照明电表分开，否则电表底度由管电员自定。

八、管电合同期限为壹年，满期后管电员有优先承包权。此条款自签字之日起生效。

永顺县和平乡双风村村民委员会

2002 年 4 月 29 日

46.（湖南省湘西土家族苗族自治州泸溪县武溪镇）红岩村村规民约①

1. 村民应孝亲敬老，互谅互让，互帮互助。一家有难，全村帮扶。

2. 房前屋后、室内干净整洁，鸡鸭圈养，公共区域不准放养牛羊等牲畜。

3. 爱护公共财物，不得损毁和私自占有（用），损坏照价赔偿。

① 来自：http：//zh. voc. com. cn/wx/view. php？ topic = 42&cid = 1248&tid = 107531，2020 年 4 月 27 日最后访问。制定时间不详。

4. 反对“等、靠、要”，勤劳致富，勤俭持家，严禁偷盗、赌博。

5. 守护青山绿水，严禁乱砍乱伐。

6. 饮用水源地周边200米内禁养家禽，辛女溪禁止电鱼药鱼。

7. 结婚和老人去世办酒席可邀请亲属外的组（寨）民参加，其他喜事不得邀请。老人去世每户必须派代表参加，不能参加可找人代替或捐200元交入寨上的互助基金。

8. 卖稻花鱼、搞乡村旅游要诚信经营，不得以次充好、以假乱真、短斤缺两。

9. 村上公益事业每户必须派人参加。如遇特殊情况不能参加，事后义务劳动补工。

10. 村民违反以上任意一条，村议事会可视情形采取提醒劝告、严重警告、列入黑名单、报请执法部门处理等方式进行约束。列入黑名单者，村议事会提请村委会取消该户非法定的扶持政策，村上其他人都不参加其家里的一切事情。

47. （湖南省常德市石门县子良乡廖家冲村）村规民约[①]

总 则

为了贯彻实施廖家冲村民委员会组织法，发扬社会主义民

① 顾庆康于2019年8月26日提供。

主，健全社会主义法制，教育村民遵纪守法，维护社会治安和社会秩序，实行“村民自治、自我管理、自我约束”的原则，根据《中华人民共和国宪法》《中华人民共和国村民委员会组织法》以及相关的法律法规，结合我村风土人情，地形地貌，创建和谐宜居环境，把我村建设成为社会主义新农村，特制定本村规民约。

目的意义：有法必依，违法必究，执法必严，高度自治，共创和谐文明村庄。

第一章　土地管理

第一条　农村的所有土地，除了法律规定属于国家所有的以外，村民的宅基地、自留地、自留山等所有权属于集体，个人只有经营使用权；凡占用集体所属空坪、荒地建杂房、厕所和猪圈并经批准入册的，受相关法律保护，未经批准占用集体土地非法乱建的，村集体有权收回作另行处理。

第二条　有下列情形之一者，给予相应的制约，并收回使用权：

1. 不准乱占耕地，随意改变耕地用途，擅自掠夺土地资源或在承包的水田内葬坟建房，违者，根据面积大小进行裁定。

2. 严禁土地私人进行买卖、转包、租赁、出让等行为，如条件允许需转包、租赁、出让的须申请村委会同意，并办理协议。如签证存档，需交档案费 1000 元。

3. 房屋买卖必须先申请村委会同意，不准随同将征地、自留地、山林等变卖，违者，收违约金 1000 元，并收回转户使用权。

4. 农户占用新地需经村委会共同讨论同意，再行办理手续并交纳一定的土地补偿费。

5. 原宅基地翻修也须先申请换证并交纳工本费，农户在村规划内易地建房，需按每间 1000 元的标准交纳公益金。

6. 农户建房未批先建，不按国土规划建房的，每起每间房处以 1000—2000 元的违约金。

第二章　计划生育

第一条　男女双方达到法定年龄（女满 20 周岁，男满 22 周岁，以口本为准）已办理结婚证并申领一孩准生证的方可怀孕生育，提倡晚婚晚育和男女平等。

第二条　夫妻双方生育第一孩后，要按计生部门要求采取节育措施，出生后 45 天上套避孕，三个月内上环，如经医院诊断不能上环的可采取其他避孕措施，如符合生育二孩条件的，必须首先向村委会申请，待上级主管部门批准，领取二孩准生证后方可怀孕生育。

第三条　凡夫妻双方生育二孩后，三个月内必须自觉采取节扎手术，特殊情况不能结扎的必须有医院诊断证明和计生部的批准文件，方可采取其他避孕措施。

第四条　在家育妇必须按时参加生殖健康监测检查，外出育妇必须按规定寄回孕检证。

第五条　夫妻双方有下列情形者，将追究不同的违约责任，并强制兑现或进行手术：

1．每季度一次生殖健康监测检查，缺一次处违约金50元。

2．外出育龄妇女每年寄回孕检证必须达到两次，缺一次处违约金100～200元。

3．不按规定及时上环服药避孕的，处违约金200元。

4．违反计生规定，造成计外怀孕生育的，处违约金2000元，三个月之内未按时结扎，除强制采取节育措施外，另处违约金50元，并足额缴纳社会抚养费。

5．凡生育二胎，必须先申请办证，并交纳结扎保证金2000元。虽符合生育二胎条件而未办理二胎手续先孕的，视同计外生育。

6．在各项工作迎检中，不经村委会同意，村组干部在场出具证明材料或签字的农户处违约金1000元，如因出证而造成邻里矛盾或关系不和者，另处当事人违约金200元。

7．凡违反计生规定的夫妻双方，两年之内村委会不提供任何证明材料。

第六条　对不实行计划生育或围攻、谩骂、殴打计划生育工作人员的，视情节轻重予以处罚，直至追究法律责任。

第三章　公共卫生

第一条　保持饮水卫生，不准在水井边一米内清洗脏物（衣、裤蔬菜及其他食物等）、洗澡。违者除责成其洗井外并罚款200元。

第二条　对于有病的畜生，不准出卖，对于病死畜生要深埋村外。否则，每头罚款200元。

第三条　保持村容清洁卫生，不准在村里巷道、公路和村公共场所等堆放猪、牛栏肥，不准在河流、溪沟、堰塘内丢扔任何垃圾，违者除限期予以清除外，罚款 100 至 200 元。

第四章　水利和村公共设施

第一条　我村西湾水库和各大小山塘，所储水源都属于集体所有。承包水库、放鱼人员有保护水源储存、灌溉农田的责任，任何个人不准擅自乱开水闸放水。

第二条　不准任何人毁坏堤坝、田埂和山水主要流域等综合水利基础实施，违者除责其恢复原状外，并处罚款 200 至 500 元。

第三条　村民都有维护村公共财产的责任和义务，对于损毁村公共财产的除责令其恢复原状外，同时处罚 500 至 1000 元。

第五章　森林防火

第一条　护林防火，人人有责。万一发现野外火源，无论如何村民都要设法在第一时间里向村支两委报告，接到火警的任何人都要在最速时间内号召广大群众赶赴现场扑火，对不听从指挥者，罚款 500 元。

第二条　森林防火执行“三严禁”：一是严禁携带火种进入林区；二是严禁在林区烧渣积肥；三是严禁在林区、坟地烧香点蜡烛、放鞭炮祭祖。如出现森林火警，每处处违约金 500 元，如发生森林火灾，每处处违约金 1000 元，并交执法部门处理。

第三条　凡擅自盗伐集体和个人林木者，视其情节轻重，罚被盗伐林木价值的 5 至 10 倍；夜间盗伐林木者，加倍处罚，重者交林业部门处理。

第四条　凡有田埂、坝堤垮塌，需砍伐林木兴修者，必须经村委会批准后方能砍伐。未经批准擅自砍伐者，按本章盗伐林木条款处理。

第五条　凡退耕还林地，不按规定复垦者，扣抵粮补 200 元，严重者取消资格。

第六章　社会治安综治维稳

第一条　凡民事纠纷需要调处的，必须首先向村委会申请，申请方交纳调解费 200 元，经处理，肇事方交违约金 400 元。

第二条　邻里乡亲应以和为贵，共谋发展，如肆意恶语中伤，侮辱人格，轻者，每起收违约金 200 元进行说服教育；重者，追究法律责任。

第三条　凡申请治调组织调处的案件，严禁黑恶势力参与，违者交 500 元。

第四条　凡发生的民事纠纷，须申请治调组织的调解或自行协商处理，不得私人擅自拦路、设卡、扣物或请社会帮派参与斗殴要挟，违者交 500 元。

第五条　全社会应扶贫济弱，主动承担起社会责任，凡突发事件，如抗洪抢险、灭火、传染病扑灭、救人等，如村委会通知，无故逃避不参加者，每人次收违约金 200 元。

第六条　恶意虐待家庭成员，不履行赡养抚育义务的，每起收违约金200元。

第七条　凡故意毁坏、盗窃、偷摸集体和个人财物者，除追究回原物外，处罚200至5000元。夜间出动偷摸者加倍处罚。

第八条　圈好看好牲畜是每个村民的职责。不准猪、牛、羊、鸭、鸡等牲畜毁坏糟蹋集体和个人的农作物。违者，除赔偿损失外，罚款200至300元。

第九条　凡是聚众闹事，煽动宗派纠纷，故意殴打他人，造成直接损伤的，除赔偿医疗费外，损失和损坏财物，除依法追究责任和照价赔偿外，并处罚款500至2000元。

第七章　交通安全与道路建设

第一条　本村驾驶员必须遵从“以人为本，安全第一”的原则。

第二条　凡驾驶机动车辆的车主，首先必须申办两证（驾驶证、行驶证）和交纳规费。

第三条　有下列情形之一者，将处以不同的违约金。

1. 严禁无证驾驶机动车辆，违者交执法部门处理；

2. 严禁农用车载客，违者每人次处违约金100元，重者交执法部门处罚；

3. 严禁报废车辆上路营运，违者处违约金500元，并交执法部门没收财产；

4. 严禁对村、组公路乱占、乱挖、改形等，违者每起处违约金 200 元，并限期恢复。不准在村组公路上堆放一切建筑材料和堆晒任何粮食作物，在村组道路附近施工时，及时对道路卫生进行清扫干净，违者罚款 200 元。

第八章　财务管理会务制度

第一条　凡属农户欠村往来，不管数额大小必须一次性交清，否则村委会一律不办理任何手续，不出具任何证明，且（农户）不享受国家的有关补贴及优惠政策。

第二条　共产党员、村组干部有义务参加支村两委组织召开的不同层次会议，无特殊情况每缺席一次，处违约金 50 元，将视为不合格家庭。

第九章　防疫、检疫

第一条　强化防疫，严格检疫，以人为本。

第二条　人、畜、家禽应按规定进行防疫、检疫（含植物及果实）并交纳防、检费。

第三条　无正当理由，拒绝防疫或阻碍的，除强制防疫外，每只每头收取 10 ~ 100 元的违约金。

第四条　国家禁令的人畜、疾病（动、植物）拒绝防检的，将追究相应的法律责任。

第十章　电力通信

第一条　用电、安装电话、电脑、有线电视须先申请，再按章按律使用，并按期缴纳各种费用。

第二条　有下列情形之一者，追究相应的违约责任：

1．私拉、乱接或改变、移动有线网络、开封表计按主管部门处罚外，违者除罚款外并收违约金500元。

2．损坏户外杆件及电力、通信、网络设备，违者收违约金500元，并限时整改。

3．偷、窃电等行为，违者每起收违约金500元，并交执法部门处理。

4．在电力、通信设施限距内作业者，每起收100～200元违约金。

第十一章　崇尚礼仪

崇尚礼仪是中华民族的优良传统，宴请客人是我国的传统习俗，是亲友沟通情感、增进友谊的一种方式。但是，近年来，我村乱办滥办酒席，已严重超越了我村村民的经济承受能力，大部分村民对此苦不堪言，严重影响村民正常的生产生活，同时，造成了不必要的浪费，群众反映强烈。为营造健康文明的社会风气，遏制滥办酒席的陋习，促进乡风文明，构建社会主义和谐新农村，经全村村民代表、党员和支村两委共同协商讨论并通过，特对我村《村规民约》进行如下补充：

一、建立规章制度，划清赈酒红线

（一）赈酒项目

1．结婚酒：应为本人、本人子女或本人直接监护的亲属嫁娶办酒。

2．丧事酒：应为家庭成员（指赡养、抚养、扶养的人员）去世，由本人负责安葬办酒。

3. 凡本户（包括居住地父母、分户子女）在五年内没有赈酒的农户，必须首先向村委会申请并得到批准后方可办酒席。

除以上规定两个项目赈酒外，其他任何理由杜绝赈酒。

（二）赈酒规模

1. 倡导结婚酒宴请人数一般不超过 200 人，礼金共计不得超过五万元。

2. 丧事酒严格控制规模，厉行节约，倡导礼钱共计不超过五万元。

3. 对五年来未赈酒而需要整酒农户，首先向村委会提出书面申请，再由村委会报乡政府备案进行审批，然后进行公示，公示期满后方可按要求进行。

二、奖惩措施

1. 村干部、党员是倡导乡村文明赈酒的主要组织队伍。村党支部书记为第一责任人。对倡导城乡文明赈酒新风工作队伍中人员进行严加管控，发现一起，查处一起，决不姑息。

2. 发现一起村干部违规整酒和吃酒的，取消当年度全部绩效考核工资并责令当事人作书面检查；发现三起以上的，并提请村民代表大会依法按程序进行罢免，是党员的开除党籍，对一般党员参与违规整酒、吃酒，发现一起罚款 500 元，三次以上者给予相关责任人开除党籍处分。

3. 我村居民均应自觉遵守文明赈酒规定，坚决抵制和举报滥办酒席行为，实名举报一起奖 200 元现金，如有不听村干部和党员劝告者，违规整酒按以下规定予以处理。

（1）未提出申请和备案的赈酒者，视为顶风滥办酒席，村委会干部要提前介入并予以制止。对不听劝告仍违规赈酒者，召集村民代表进行会议决议，取消该户各种政策待遇。

（2）对未提出申请和备案赈酒的低保户、五保户、精准扶贫户、计划生育补助户、退役军人生活补助户、残疾生活补助户，发现一起，召集村民代表会议决定，取消其政策待遇资格，也不得享受其他项目中一切优惠待遇。

（3）村干部需赈酒者应向镇政府登记备案，违反规定赈酒的按照程序免职。

三、破旧立新，移风易俗

在生儿育女、升学、入伍、生日庆典、乔迁新居等喜庆事宜时，自觉抵制盲从攀比、跟风宴席等行为，自觉除陋习、树新风，做到不请客、不送礼、不收礼，不讲排场，不比阔气。亲朋好友间通过一束鲜花、一条短信、一杯清茶、一句问候等文明方式，表达贺意，增进感情。

四、要求党员干部带头，做好表率

广大党员干部要自觉带头，率先垂范，自觉反对铺张浪费，做到“红白喜事”不滥发请帖，不大操大办，做移风易俗、勤俭节约、文明办事的表率；要动员自己的家属及亲朋好友积极行动起来，反对奢靡浪费之风，形成良好的社会氛围。

五、倡议抵制违规赈酒，从我做起

为维护良好的村居环境，广大村民群众对违规操办酒席的（即红白喜事外的酒席）要坚决抵制，不去帮忙、不去送礼，共同维护文明操办酒席氛围。

本村规民约由全村共产党员、村民代表共同制定，若有与国家法律、法规相抵触之处应以国家法律法规为准，适用于本村村民及在本村范围之列的人或事，望共同遵照执行。

本村规民约从公布之日起实施。

子良乡廖家冲村村民委员会

二〇一八年五月二十五日

48.　（湖南省常德市石门县夹山镇）杨坪社区村规民约[①]

1. 全员坚守，爱国守法思想美。吃水不忘挖井人，一颗红心报党恩。热爱祖国热爱党，爱咱社区是本份。明礼义，讲诚信，遵纪守法须认真。敬业奉献当自强，团结友善情义深。

2. 全民齐为，尊老爱幼心灵美。全民齐为德最重，社会和谐孝当前。尊老敬老爱幼小，心灵美丽显非凡。讲平等，互尊重，夫妻携手永恩爱。勤俭持家奔小康，日子红火幸福来。

3. 全心付出，邻里守望亲情美。远亲不如近邻，远水救不了近火。一个篱笆三个桩，一个好汉三个帮。退一步海阔天空，让三分其乐无穷。

4. 全居推广，格言治家文化美。治家有格言，字字不平凡。格言入肺腑，朗朗千万遍。牢记格言诗，子孙福昌绵。传

① 来自：http：//zh. voc. com. cn/wx/view. php？ topic = 42&cid = 1248&tid = 107509，2020 年 4 月 27 日最后访问。制定时间不详。

承续家风，美德盛空前。

5. 全力倡导，移风易俗风尚美。浪费一世穷，节约合家欢。文明办喜事，少让鞭炮喧。迷信莫相信，邪教不沾边。不做违法事，头上有青天。

6. 全域覆盖，保护环境家园美。青山绿水阳光柔，乡村景色处处秀。要想家园时时美，一把扫帚放心头。

7. 全程维护，保障权益公信美。祖国正盛世，莫叹老来痴。养老有保障，病灾有人知。愿您存爱心，援手不说迟。国强靠大家，才能美如诗。

8. 全身参与，居民自治社会美。春风阵阵扑面来，一切听从党安排。居民义务尽力行，热忱公益满心怀。

9. 全面行动，振兴社区奉献美国家政策利农村，要靠大伙来振兴。你出计来我献策，小康路上齐飞奔。

10. 全体协力，化解矛盾和谐美。邻里生纠纷，互谅自调停。都是一家人，乡里又乡亲。远离黄赌毒，更让黑恶尽。不搞懒散庸，营造乡风清。

49. （湖南省张家界市永定区王家坪镇）马头溪村古村落保护村规民约[1]

为加强马头溪村自然环境特色，历史文化风貌，历史形成

[1] 来自：湖南省张家界市永定区王家坪镇马头溪村志编委会编：《中国名村志丛书 马头溪村志》，方志出版社 2017 年版，第 15－16 页。

的村落格局保护，经村民代表大会讨论通过，特制定马头溪村古村落保护村规民约。

一、土家吊脚楼保护。对全村土家吊脚楼造册登记，建档立卡，签订村、组、户保护责任状，挂牌保护，严禁修建砖房，杜绝拆楼房建砖房。

二、对明清以来损坏的吊脚楼，修缮加固，扳爪翘角、粉檐垛脊，对原建砖房穿衣戴帽，突出土家民居建筑特色，融入村落整体风貌。

三、民俗建筑保护。境内的风雨桥、水碾坊、木榨油坊、旱碾坊、古槽门等民俗建筑和碓码、磨子、老水井等民俗设施登记造册，建立文字、图片、视频档案，责任到组、到户、到人挂牌重点保护，等级很高的申报文物部门特殊保护。

四、民间艺术保护。抢救、挖掘、整理、传承土家民歌、舞蹈、戏剧、农耕文化艺术，傩技巫术，保护民间老艺人，成立传承队伍，培养土家文化艺术人才，弘扬光大土家民间艺术。

五、土家生产生活用具保护。对传统犁、耙、水车、筒车等农耕用具、蓑衣、斗笠等雨具，筛箩簸箕，锅火碗砧，陶罐土钵、风车斗垫等生产生活用具一是使用，二是收藏陈列。

六、农耕习俗保护。传承保留土家糊仓、薅草锣鼓、土家打夯、打草上树、鸡罩捕鱼等农耕文化习俗。

七、年俗保护。传承一年一度的写春联、贴春联、杀年猪、炕腊肉、灌香肠、打粑粑、炒炒米、推豆腐、顿猪脚、熬猪头、祭祖上坟等土家年俗。

八、婚俗保护。传承订婚发八字、配鸾书、拦门下马、花轿迎亲、告祖上花、讲茶禀席、升神匾、升号匾等土家婚俗。

九、土家工匠工艺保护。开展民间工匠、工艺普查，登记造册，保护土家工匠老前辈，传承土家民间工艺，培养土家民间工匠工艺新人。

十、生态环境保护。全村范围内山上禁伐，溪河禁渔，成立森林、渔业资源保护组织，建立禁伐禁渔巡查队伍。

十一、卫生环境保护。建立环境卫生治理领导小组，成立环境卫生清扫队伍，户有垃圾桶，组有垃圾点，村有垃圾处理场，垃圾实行户集、组拖、村处理，不留盲点、死角，村容村貌卫生整洁。

十二、本村规民约经村民代表大会讨论通过，未尽事项可补充，解释权归马头溪村村民委员会所有。

王家坪镇马头溪村村民委员会

二〇一七年五月八日

50. （湖南省张家界市永定区王家坪镇）石堰坪村禁渔公约[①]

禁渔时间：每年 4 月 1 日至 6 月 31 日为产卵禁渔期，禁渔期间，禁止一切捕鱼活动。

---

① 来自：冯彦明主编：《石堰坪村调查 土家族》，中国经济出版社 2015 年版，第 46 页。制定时间不详。

禁渔范围：石堰坪村境内所有溪河。

禁渔内容：①禁止毒鱼、炸鱼、电鱼、卡鱼等非法捕捞行为。②禁止商店及其他流动摊贩非法生产、经销电鱼、毒鱼、炸鱼所需渔具。

奖惩措施：①对电鱼、毒鱼、炸鱼、卡鱼等破坏渔业资源的方式进行捕捞的，一经发现，没收渔获物和违法所得，将捕鱼工具现场予以销毁，并处以 5000 元以下的经济处罚；情节严重构成犯罪的依法追究刑事责任。②对非法生产、经销电鱼、毒鱼、炸鱼所需渔具的个体户、商店，一经查实，处以 5000 元以下的罚款；情节严重构成犯罪的依法追究刑事责任，并查封店铺进行整顿。③实行举报奖励制度。对于举报电鱼、毒鱼、炸鱼等破坏渔业资源行为的，经核实无误，由镇人民政府按照罚款金额 50% 的标准给予举报人一次性奖励。

51. （湖南省张家界市武陵源区协合乡）杨家坪村村规民约[①]

遵纪守法，勤劳致富；团结互助，邻里和睦；
文明兴村，移风易俗；诚实孝善，尊老爱幼；
讲究卫生，爱护公物；公益事业，积极带头；
村组干部，为民服务；村务公开，接受监督；

① 来自：http：//zh. voc. com. cn/wx/view. php？ topic = 42&cid = 1248&tid = 107512，2020 年 4 月 27 日最后访问。制定时间不详。

家乡建设，乐于付出；上下一心，协力奋斗；
村民自治，共画蓝图；以上民约，共同遵守。

52. （贵州省铜仁市思南县香坝镇沈家坝村）村规民约①

为了推进民主法制建设，维护社会稳定，树立良好的民风、村风，创造安居乐业的社会环境，促进经济发展，建设文明卫生新农村，根据《村民委员会组织法》的规定，经 2019 年 1 月 24 日全体村民代表大会讨论通过，制定以下村规民约。

一、精神文明建设

1. 所有村民必须树立爱国爱家乡爱集体思想，诚实守信，重承诺，讲信义，家庭和睦，邻里友善，积极建设新农村。

2. 提倡社会主义精神文明，移风易俗，反对封建迷信及其他不文明行为，坚持社会主义核心价值观，树立良好的民风、村风。

3. 不请神弄鬼或装神弄鬼，不搞封建迷信活动，不听、不看、不传淫秽书刊音像，不参加邪教组织和相关活动。

4. 除婚丧嫁娶以外，严禁违规操办酒席敛财聚财。

5. 提倡尊老爱幼、夫妻和睦，不酗酒闹事，严禁侮辱、诽谤他人，严禁造谣惑众、搬弄是非。父母应尽抚养、教育未成年

① 来自：《【村民自治】沈家坝村村规民约》，载“共建和谐沈家坝”微信公众号，2019 年 4 月 17 日最后访问。

子女的义务，子女应尽赡养老人的义务，不得歧视、虐待老人。

6. 每年民主评选“卫生家庭”“诚信之家”“好婆媳”“致富能手”“模范夫妻”等各种荣誉称号，并给予相应精神和物质的奖励。

7. 每年举办迎新春运动会及新春团拜会、成功人才座谈会及各种技能比赛，丰富农民生活，活跃乡村氛围。

二、社会治安管理

1. 严禁故意毁坏、盗窃、偷摸集体和个人财物。

2. 严禁聚众闹事、煽动纠纷、故意殴打他人。

3. 为确保人身安全，保证正常供电，不准擅自接电源。

4. 发生矛盾纠纷或人身财产遭到侵犯时，依法逐级反映合理诉求，积极申请村委会进行调解，自觉配合政府化解矛盾，不组织、不参与非法群体性上访、越级上访或缠访、闹访。

5. 禁止毒鱼、电鱼、炸鱼，严禁休渔期捕鱼等非法捕捞活动。

6. 积极创建无毒村寨，严禁种毒、制毒、贩毒、藏毒、吸毒等行为。

三、加强消防安全

1. 加强野外用火管理，严防山火发生。

2. 家庭用火做到人离火灭，人走电断，严禁将易燃易爆物品堆放户内、寨内，定期检查、排除各种火灾隐患。

3. 加强子女安全教育，遵守交通规则，严禁下河洗澡。70 岁以上的老人禁止单独到河边钓鱼。

4. 对村内、户内电线要定期检查，损坏的要请电工及时修理、更新，严禁乱拉乱接电线。

5. 加强村民尤其是少年儿童安全用火用电知识宣传教育，提高全体村民消防安全知识水平和意识。

6. 所有车辆和船舶必须执证运行，禁止一切非法营运行为，严格按照交通海事局规定进行有序的水上陆路交通。

四、公共卫生与食品安全管理

1. 农户执行公共卫生区域责任制度。

2. 保证入户道路清洁卫生畅通，室内室外卫生整洁。

3. 保持村容清洁卫生，各户房前屋后堆放整齐，不准在村内公路和村公共场所等堆放杂物，乱倒垃圾，乱排污水。

4. 加强人畜粪便的处理，严禁寨内裸露堆放，粪水外流。

5. 加强食品安全意识，设家宴50人以上必须及时上报村委会，由村委会按照相关规定报镇政府备案。

6. 对于有病的牲畜，不能进行买卖，对于病死的牲畜根据畜牧部门要求进行无害化填埋处理。

五、保障人畜饮水安全

1. 我村山泉水源属于集体所有。当干旱缺水时首先保证人畜饮水。

2. 保护自来水管道人人有责，水管上严禁栓牲畜，发现水管渗漏，及时报告村支两委。

3. 主管道的维修费用由集体负责，入户分支管道的维修费用由农户自行负责。

六、道路交通设施管理

1. 严禁在公路上取土、挖石、挖坑、挖沟及损毁路边水沟。

2. 在公路上晾晒粮食不得妨碍交通，在公路两旁放牧牲畜必须有人看管。

3. 不得损害公路所有附属设施，包括各种标识、道路交通广角镜、路灯、护栏、限行路墩、风景树。

4. 公路上禁止堆放砂石及杂物。如因建房必须堆放的，不得影响车辆通行，在规定的时间内尽快完工，并清理公路杂物。

5. 公路两旁严禁放养家禽，管好猫狗，不得妨碍交通，若被过往车辆压死将不予赔偿。

七、土地管理

1. 农村的所有土地，除了法律规定属于国家所有的以外，村民的宅基地、自留地、自留山等所有权属于村集体，个人只有使用权。严禁未经批准占用集体土地非法乱建。

2. 自觉保护并合理使用耕地，防止水土流失，严禁将土地荒废。

3. 五保户死亡之后，原则上由近亲属负责安葬，其承包田地、山林、房屋等财产归负责安葬的人。

4. 各类土地的承包经营权均不得转让给本村以外的其他任何人。外村人不得在本村土地上埋坟。外村因基础设施建设确需占用本村土地，必须经村委会同意。

八、公益事业与社会福利

1. 所有村民均有参与公益活动、劳动的义务，服从组织安排，响应组织号召，积极参与；低保户、五保户、贫困户等享受国家特殊政策村民，应承担一定的公益劳动。

2. 当集体的公益基金积累到一定数量时，由村委会提议，经村民代表大会通过后，可以用于救济特殊困难群众，奖励优秀学子，慰问高龄老人，代缴医疗保险，代缴养老保险，奖励优秀家庭和个人，举办集体活动及其他公益事业。

九、奖惩办法

1. 对非法捕鱼行为将处以 500～2000 元罚款，没收非法捕捞工具并移送司法机关处理。对线索提供者给予罚款 30% 的奖励。

2. 损坏公共设施照价赔偿，故意破坏加倍赔偿，并处以 200～500 元罚款。

3. 对所有偷盗、扒窃行为，除追回原物外，还视其情节轻重移交司法部门处理。

5. 对聚众闹事、煽动纠纷、故意殴打他人，造成直接损伤的，除赔偿医疗费用外，损失和损坏财物，应照价赔偿。

6. 野外用火导致森林火灾的，按过火面积 20 元/平方米进行赔偿，情节严重的移交司法部门处理。

7. 在公路上堆放杂物达半个月以上未清理者，将责令限期清理，并处以 200～1000 元罚款。

8. 凡是违反以上规定的，下一年度不再享受国家所有优惠政策，情节严重的将移送司法机关处理。

十、附则

1. 积极号召本村在外的公务人员、知名人士、致富能手及社会的爱心人士为家乡的发展献计献策，出资出力，共谋发展。

2. 本村规民约若与国家法律、法规、政策相抵触的，按国家规定执行。

3. 本村规民约只适用于在沈家坝村居住的村民，大家共同遵守。

4. 村委会收取的各种罚款纳入村级办公经费，严格按照财经纪律制度管理，用于全村的各项公益事业和集体事务开支。

5. 村委会每年组织村民代表对村规民约进行适当修订完善，公布后执行。

6. 本村规民约由村委会负责解释，由全体村民和村民事务监督委员会监督执行。

7. 本村规民约自公布之日起执行！

思南县香坝镇沈家坝村村民委员会

2019 年 01 月 24 日

53. （贵州省铜仁市江口县闵孝镇）鱼良溪村村规民约[①]

1. 认真贯彻落实党的路线、方针和政策，自觉遵守国家法律法规，全体村民的一切社会活动必须严格置于国家法律和社会公德范围。

2. 认真贯彻执行《村组法》，建立健全各项民主管理制

① 来自：王旭：《村规民约的主要样态及其价值基础的讨论——以铜仁样本为基础的研究》，载《民间法》2012 年。制定时间不详。

度，强化村民自治，村民有权监督村委会各项活动。

3. 严格执行计划生育基本国策，全体村民要自觉实行计划生育和晚婚晚育，严禁非婚生育和计划外生育。

4. 牢固树立“社会治安，人人有责”意识，认真落实社会治安综合治理各项措施，学法用法，勇于与违法犯罪行为作斗争。

5. 积极开展“五讲”“四美”“三热爱”活动，自觉维护老人、妇女、儿童的合法权益，全体村民要争当“五好家庭户”和“治安模范户”。

6. 爱护居住环境，维护生态平衡。做到不弃荒良田、不毁林开荒、不毁坏水利设施和其他公共设施。

7. 关心集体，热心公益，助残济贫，重教尊师，家庭和睦，邻里相亲，争当“有理想、有道德、有贡献”的三有公民。

8. 认真贯彻落实《安全生产法》《道路交通安全法》《消防法》等法律法规。

54. （四川省达州市宣汉县渡口土家族乡）甘溪村村规民约①

甘溪村，是宝地；将你我，来养育；建设好，旅游区；本条约，要牢记；

爱国家，爱集体；跟党走，志不移；讲和谐，创业绩；谋

① 来自：代玉龙：《西部乡村治理中村规民约研究》，西华师范大学2019年硕士学位论文。制定时间不详。

发展，同受益；

务正业，勤劳作；庸懒散，不救济；立新风，树正气；不赌博，无劣迹；

讲卫生，好习气；环境美，有秩序；倒垃圾，不随意；砖瓦柴，摆整齐；

猪狗羊，鸭兔鸡；要围养，重管理；建房子，经审批；遵章法，守规矩；

用水电，不违纪；公家物，要爱惜；公益事，要积极；占土地，不谈利；

好青年，服兵役；戍边疆，保社稷；红白喜，要简易；乱办酒，必打击；

倡晚婚，讲优育；生男女，都满意；葬逝者，惜土地；听安排，不挑剔；

敬老人，尊伦理；爱儿童，重教育；邻里间，有情谊；互帮助，如兄弟；

讲文明，行礼义；宽待人，严律己；此条约，大家立；执行好，都受益。

55.　（重庆市奉节县龙桥土家族乡阳坝村）村规民约[①]

勤劳致富光荣，懒惰贫穷可耻；

---

① 来自：周苇亚:《龙桥土家族乡开展村规民约学习活动》，http：//mini.eastday. com/a/180801145428988. html，2020 年 4 月 17 日最后访问。制定时间为 2018 年 7 月。

清洁家园光荣，不爱卫生可耻；
邻里和谐光荣，谩骂打架可耻；
尊老爱幼光荣，不孝不尊可耻；
厚养薄葬光荣，豪华修墓可耻；
喜事小办光荣，无事整酒可耻；
厉行节约光荣，糟蹋浪费可耻；
诚实守信光荣，撒谎失信可耻；
弘扬正义光荣，挑唆矛盾可耻；
维护荣誉光荣，自私自利可耻。

56. （重庆市万州区恒合土家族乡箱子村）抵制无事酒承诺书[①]

（恒合土家族乡箱子村全体村居干部、党员、村民代表）

全体父老乡亲：

为进一步弘扬中华民族优良传统，反对铺张浪费，倡导勤俭节约，抵制大操大办，树立文明新风，认真落实好《恒合土家族乡人民政府关于整治“无事酒”的通告》和《箱子村（居）整治“无事酒”的村规民约》的规定要求，箱子村全体村居干部、党员、村民代表向大家作出如下承诺：

① 来自：张倩、崔洪平：《恒合土家族乡箱子村：村规民约告别“无事酒”树立文明乡风》，http：//www.jpwzwz.com/news/78894.html，2020 年 4 月 17 日最后访问。

1. 个人不举办生日宴、乔迁宴、上学宴等之无事酒；

2. 个人若举办规定范围内的酒席，提前提出申请，经审批通过后再举办酒席，不占用公共区域，自觉交纳保证金，处理好生活垃圾；

3. 自觉做好村里无事酒整治工作的宣传；

4. 自觉抵制身边无事酒，如发现身边人举办无事酒，及时站出来，敢于较真，坚决制止；

5. 不参加身边的无事酒。

承诺人：（26 人签字按手印）

承诺日期：2018 年 6 月 14 日

57. （重庆市秀山土家族苗族自治县平凯街道晓教村）新型冠状病毒感染的肺炎疫情防控“十个一律”村规民约①

为落实重庆市重大突发公共卫生事件一级响应要求，确保打赢疫情防控阻击战，保障人民群众身体健康和生命安全，特制定本村（社区）疫情防控“十个一律”村规民约，现通知如下：

一、所有市外来乡、返乡人员一律在第一时间向本村

① 来自邱勇：《平凯街道：“十个一律”构筑联防联控、群防群控严密防线》，http：//www. zgcqxs. net/news/show－45223. html，发表时间：2020 年 2 月 10 日，2020 年 3 月 1 日最后访问。

（社区）报告。

二、出入本村（社区）的车辆和人员一律实行登记备案。出入村（社区）一律进行体温检测。其中：1. 鄂、浙、粤等重点疫区车辆一律原地封停，人员居家隔离观察 14 天以上；2. 重点疫区以外其他省市车辆和人员一律进行登记备案并实行居家隔离观察；3. 县外本市车辆和人员一律做好登记备案。4. 所有车辆及人员有异常特殊情况一律第一时间向村（社区）报告，由村（社区）管理人员做好登记备案并第一时间上报街道。

三、一律禁止人员聚集。所有村民（居民）一律不串门、不集聚、不走亲戚、不访友，尽量不外出。除特殊需要外，倡议每户家庭每三天只指派 1 名家庭成员外出采购生活物资。

四、所有村民（居民）出入公共场所一律要佩戴口罩。

五、“红事”一律停办，“白事”一律从简，提倡“只帮忙，不吃饭”，并提前报村委会或社区居委会备案。

六、非涉及居民生活必需的公共场所一律关闭。超市、药店等场所要合理安排营业时间，定期进行消杀。

七、村（居）民出现发热、咳嗽等症状，一律第一时间向村委会或社区居委会报告，并立即到指定医院发热门诊就诊，严禁瞒报、漏报、迟报。

八、房屋出租者一律加强对承租人员的管控，及时向村委会或社区居委会报告出租人员信息，尤其是来自疫情集中发生地的人员信息。如出租屋发生疫情而未及时报告，将依法追究房东责任。

九、居家隔离医学观察对象未经批准一律不得外出，不得拒绝接受检测、隔离观察等防控措施。

十、所有村（居）民必须遵守国家、市、县出台的疫情防控各项规定，严禁散布谣言、谎报疫情。对违反有关防控规定的，一律依法追究责任，从重从快处罚。

上述防控措施解除时间视疫情防控形势另有通知。

晓教村

2020 年 2 月 8 日